평안북도 의주방언의 음운론

한성우

月印

머리말

고창 해리에서 만난 유연석 할아버지, 충남 당진에서 만난 한득수 할아버지, 충남 아산에서 만난 오춘분 할머니, 두만강가의 삼합진에서 만난 진분옥 할머니, 서울 황학동의 임귀동 할머니, 그리고 압록강가의 동항시에서 만난 김옥성 할머니……. 저자에게 말을 가르쳐 주시고, 연구해야 할 것을 주시고, 삶의 자세까지 가르쳐 주신 분들이다. 비록 돌 지나며 말을 배웠지만 진정한 말은 이 분들에게서 배웠고 그 배움 덕분에 지금까지 연구를 지속해 올 수 있었다.

특히 의주 건너편 중국 땅 동항시에서 만난 김옥성 할머니는 저자에게 의주방언의 모든 것을 들려주셨다. 비록 고향을 등지고 중국 땅에서 살아야 했지만 의주의 말을 고스란히 간직하고 계셨고 덕분에 130년 전의 의주말과 상세하게 비교할 수 있었다. 그리 길지 않은 기간이지만 그 사이에 있었던 음운체계의 변화와 규칙의 변화는 국어의 변화를 이해하는 데 많은 도움을 주었다.

이 책은 평안북도 의주방언에 대해 연구했던 저자의 박사논문을 정리한 것이다. 방언에 대한 연구는 일찍부터 활발히 이루어졌으나 여러 가지 이유로 연구 대상지역이 제한되었다. 중부방언은 표준어와 크게 다르지 않다는 이유로 다른 방언에 비해 상대적으로 소홀하게 다루어졌다. 이런 지역적 편중성을 보완하고자 저자는 석사논문을 충남방언의 한 하위 방언인 당진방언을 대상으로 썼다.

북한 지역은 정치적인 이유로 방언연구에서 완전히 제외될 수밖에 없었다. 그러나 온전한 모습의 국어를 연구하기 위해서는 이 지역도 결코 소홀히 할 수 없다. 이러한 생각 하에 저자는 박사논문의 연구 대상 지역을 서북방언으로 정했다. 서북방언의 여러 지역 중 의주 지역은 19세기 후기의 이 방언이 반영된 *Corean Primer*가 있다는 면에서 관심이 높았다. 따라서 저자는 의주 지역을 대상으로 하여 현재의 언어와 *Corean Primer*에 반영된 언어를 비교하기로 하였다.

이러한 의도에서 이 책에서는 의주방언의 현재 상태를 서술하고, 19세기 후기의 의주방언과 비교하였다. 이러한 연구를 통해 국어의 연구 대상 지역이 확장되고, 국어에 대한 이해가 증진되기를 바란다. 또한 짧은 기간이지만 변화의 양상까지 살펴볼 수 있기를 바란다.

방언에 대해 관심을 가지고 여러 지역을 돌아다니며 우리말을 다시 배우게 된 것은 순전히 저자의 지도교수이신 최명옥 선생님 덕이다. 선생님께서는 일찍이 국어학의 즐거움을 일깨워 주셨고, 방언의 중요성을 일깨워 주셨으며, 연구의 자세와 방법까지 상세하게 일러 주셨다. 한눈팔기 좋아하고 아둔하기까지 한 저자가 지금까지 국어학을 계속할 수 있게 이끌어 주신 선생님께 다시 한 번 진심으로 감사를 드린다. 자상하신 가르침에도 불구하고 부족한 연구 결과를 내놓게 된 것이 한없이 부끄러울 따름이다.

학문의 향기를 늘 풍기셨던 이기문 선생님, 구도자적인 자세로 학문을 해야 함을 일깨워 주신 김완진 선생님의 은혜를 다시 떠올리지 않을 수 없다. 학문의 즐거움과 사람을 만나는 즐거움을 동시에 알려 주셨던 이병근 선생님, 부임하시자마자 철없는 학생들을 데리고 문헌을 읽으며 꼼꼼히 지도해 주신 이현희 선생님에게 뒤늦은 감사의 말씀을 드린다. 또한 일일이 성함을 거론하기에는 가르침을 너무 따르지 않아 죄송하기만 한 서울대 국어국문학과의 모든 선생님께 감사를 드린다.

곽충구 선생님과 송철의 선생님께서는 심사보다는 격려와 지도를 해

주시면서 부족한 논문을 보완해 주셨다. 정승철 선생님과 배주채 선생님께서는 논문 한 줄 한 줄을 모두 읽으신 후 자료와 논의 모두를 고쳐 주셨다. 네 분 선생님의 지도와 격려 그리고 조언이 없었다면 이 책은 세상에 나올 꿈도 꾸지 못했을 것이다. 다시 한 번 네 분 선생님께 감사를 드린다.

정인호 선생님과 김현 선생님은 중국 땅까지 동행해서 조사와 연구를 도와 주셨다. 두 분의 도움이 없었다면 자료 수집 단계부터 어려움을 겪었을 것이다. 학기마다 요일을 바꿔가며 매주 모여서 술잔을 기울이며 국어학에 대해 논할 수 있었던 '구락부' 동료들 덕에 연구의 지평을 조금씩 넓혀 갈 수 있었다. 모두에게 감사드리며 이 전통이 이어지길 바라는 마음 간절하다.

국어국문학의 발전을 위해 늘 애쓰시는 박성복 사장님께 진심으로 감사의 말씀을 드린다. 부족한 원고지만 깔끔하게 편집해 주신 월인 출판사 식구 모두에게도 감사를 드린다.

충청도 토박이 양가 부모님들은 내가 충청 방언을 잊지 않도록 늘 자료와 직관을 주시니 감사할 따름이다. 교육공학 연구자이자 구현자로서 늘 열심인 아내는 내가 어떻게 가르쳐야 할지에 대해 늘 알려주니 고맙기 그지없다. 기발한 표현과 문장을 구사해 혹시라도 아비의 뒤를 잇지 않을까 기대 반 걱정 반을 갖게 하는 서연이와 음성의 단계에서 음소의 단계로 넘어가느라 애를 쓰고 있는 수민이에게 이 책을 바친다.

2006년 4월 20일
오이스트라흐가 연주하는
그라나도스의 스페인 무곡을 들으며 저자 씀.

차 례

<표 차례>

<그림 차례>

1. 서론

1.1. 연구 목적

이 책은 19세기 후기의 의주방언과 현대의 의주방언에 대한 음운론적 연구를 목적으로 한다. 보다 구체적으로는 19세기 후기의 문헌자료와 현재의 현지조사를 바탕으로 19세기 후기의 의주방언의 모습과 현재의 의주방언의 모습을 정리하고자 한다. 나아가 이 자료를 바탕으로 이 방언의 음운체계와 음운현상을 두 시기 모두에 걸쳐 살펴보고 이들을 비교하여 변화양상을 고찰하고자 한다.

방언 연구는 주로 특정 시기의 특정 지역에 대한 현지조사 자료를 바탕으로 이루어진다. 그런데 현지조사는 조사가 가능한 시점에, 조사가 가능한 지역에서 이루어지기 때문에 이를 바탕으로 한 방언 연구는 많은 제약을 받을 수밖에 없다. 따라서 연구 대상 방언에 대한 이전 시기의 조사 자료가 없다면 그 방언에 대한 역사적인 연구는 불가능하다. 또한 현지에 대한 직접적인 조사를 할 수 없다면 그 방언에 대한 연구는 거의 불가능하다. 이러한 이유로 국어의 방언에 대한 연구는 지역적 제약을 크게 받을 수밖에 없었다. 특히 분단으로 인해 북한 지역에 대한 직접적 조사가 불가능해 북한 방언에 대한 본격적인 연구는 부족할 수밖에 없었다.

방언 연구는 해당 방언을 반영한 문헌을 대상으로 이루어질 수도 있다. 간행된 시기의 방언이 충실하게 반영된 문헌이 있다면 그 시기를 대상으로 한 방언 연구의 기초적인 자료가 될 수 있는 것이다. 그러나 문헌자료를 바탕으로 한 방언 연구는 현지조사 자료를 바탕으로 한 연구보다 더 큰 제약을 받는다. 왜냐하면 지방에서 간행된 문헌이 많지 않을 뿐만 아니라 지방에서 간행되었더라도 그 지방의 방언을 충실하게 반영한 문헌은 매우 드물기 때문이다. 따라서 문헌자료를 바탕으로 한 방언 연구는 극히 제한적일 수밖에 없었다. 또한 방언이 충실하게 반영된 문헌자료가 없기 때문에 현지조사 자료와의 비교 연구도 이루어질 수 없었다.

이 책의 연구 대상인 의주방언은, 이 방언이 충실히 반영된 문헌을 가지고 있다는 점에서 관심을 끈다. 1877년에 John Ross 목사에 의해 간행된 *Corean Primer*가 바로 이 문헌으로서 당시의 의주방언을 충실하게 반영하고 있는 것으로 믿어진다(김정현 1982). 그 동안 이 문헌에 의지하여 의주방언 또는 서북방언에 대한 연구가 활발하게 이루어졌다(최명옥 1985a, 1985b, 1986, 1987 ; 김영배 1982, 1983a, 1985a, 1985b). 그러나 이 방언에 대한 직접적인 현지조사가 불가능하기 때문에 현대의 의주방언과의 비교나 대조는 이루어질 수 없었다.

따라서 이 책에서는 의주와 인접한 중국 丹東지역 현지조사 자료와 *Corean Primer*를 바탕으로 19세기 이후 의주방언의 음운체계와 음운현상을 고찰하고자 한다. 중국 丹東지역은 압록강을 사이에 두고 평안북도 의주와 마주하고 있다. 이 지역에 거주하는 조선족 중에는 의주에서 나고 자라 이곳으로 이주한 후 다른 방언이나 외국어의 간섭을 최소한도로 받은 화자가 많이 있다. 따라서 이들을 대상으로 한 현지조사는 현재의 상황에서 최선의 방법이라 할 수 있다. 비록 이들의 언어가 약간의 변화를 겪었을지라도 그 뿌리는 의주방언에 두고 있으므로 현재로서는 의주방언 연구의 자료로 삼을 수 있다. 따라서 이 현지조사 자료와 *Corean Primer*의 자료를 비교하면 130여 년 간에 일어난 음운체계와 음운현상의 변화를 파악할 수 있을 것이다. 또한 그 동안 소홀히 다루어졌던 서북방언의 면모도 파악할 수 있을 것이다.

1.2. 연구 방법

이 책에서는 이 방언에 대한 일반언어학적 연구를 주로 한다. 방언을 대상으로 하는 연구에는 '방언학적 연구'와 '일반언어학적 연구'의 두 가지 방법이 있는데(최명옥 1990) 이 책에서는 일반언어학적 연구 방법을 따른다. 이에 따라 이 책에서는 이 방언을 독립적인 언어로 보고 이 방언의 음운체계와 음운현상 전반에 대해 체계적으로 연구한다. 이 방법은 현재의 이 방언에 대해서뿐만 아니라 *Corean Primer*에 반영된 19세기 후기의 이 방언에 대해서도 그대로 적용될 것이다. 두 시기의 음운체계와 음운현상을 독립적으로 다루되 두 시기의 음운체계와 음운현상을 상호 비교·대조할 것이다.

이 책에서는 크게 음운체계와 음운현상으로 나누어 이 방언에 대해 연구할 것이다. 음운체계는 현재의 음운체계와 19세기 후기의 음운체계를 각각 살펴본 후 그 변화에 대해 논의할 것이다. 음운현상은 다시 형태소 내부에서의 음운현상, 파생과 합성에서의 음운현상, 곡용과 활용에서의 음운현상으로 나누어 서술할 것이다. 음운현상은 형태소 내부, 파생과 합성, 곡용과 활용 등 형태론적인 조건에 따라 다르게 나타날 수도 있고 같게 나타날 수도 있다. 따라서 각각의 형태론적 조건에 따른 음운현상을 면밀히 검토하고 이들을 비교·대조할 것이다.

이 책에서는 모든 음운현상을 교체, 첨가, 탈락, 축약으로 분류하여 기술한다. 교체는 특정 음운의 자질이 바뀌는 것을 의미하고, 첨가는 없었던 음운이 새로이 추가되는 것을 의미하고, 탈락은 음운이 사라지는 것을 의미하고, 축약은 둘 이상의 음운이 합쳐져 하나의 음운으로 되는 것을 의미한다. 이러한 분류는 곡용과 활용에 한정된 것이었지만 형태소 내부 및 파생과 합성에까지 확대하여 적용한다.

1.3. 연구사

의주방언에 대한 연구는 현지조사 자료를 바탕으로 한 연구와 문헌자료를 바탕으로 한 연구로 분류될 수 있다. 현지조사 자료를 바탕으로 한 연구는 해방 이전까지 거슬러 올라갈 수 있으나 최근의 남한 학자들에 의한 연구는 찾기 어렵다. 반면 *Corean Primer*를 바탕으로 한 연구는 활발하게 이루어졌다.

의주방언에 대한 해방 이전의 연구는 이 방언의 단편적인 특징을 언급하는 데 그쳤다. 小倉進平(1944)에서는 서북방언 전체의 특징을 정리하면서 의주방언의 음성적 특징에 대해 보고하였다. 해방 이후 이 방언에 대한 북한 학자의 연구로는 한영순(1956a, b)가 있다. 이는 한영순이 1954년 4월과 5월 두 달에 걸쳐 이 방언을 조사한 후 두 편의 논문으로 발표한 것이다. 한영순(1956a, b)를 통해 19세기 후기와 현재 사이 중간 단계의 이 방언의 면모를 파악할 수 있다. 그러나 이 방언에 대한 남한 학자의 본격적인 연구는 찾을 수 없다.

이 방언 및 상위방언인 서북방언에 대한 연구는 월남한 이 지역 화자들을 대상으로 개별적 언어현상에 대한 연구와 방언사전 및 자료집을 편찬하는 방향으로 이루어졌다. 김영배(1969) 이후의 여러 논문에서 평안방언의 음운체계, 구개음화와 비구개음화, 미래시제 선어말어미 등에 대한 고찰이 이루어졌다. 김이협(1981)은 편자의 고향인 평북 강계 자료를 중심으로 약 21,600여 개의 방언 표제어를 제시하고 뜻풀이를 해 놓은 사전이다. 김영배(1997b)는 小倉進平(1944), 김영배(1977, 1984), 김병제

(1980)의 자료에 자신이 수집한 자료를 추가하여 편찬되었다.

韓中 수교 이후 중국 내 조선족의 언어에 대한 조사가 가능해짐에 따라 중국에 거주하는 평안도 출신 화자들에 대한 현지조사 연구가 시작되었다. 왕한석(1997)에서는 遼寧省의 原平安方言에 대한 언어인류학적 연구가 이루어졌다. 이병근·정인호(1999, 2003)은 중국 瀋陽 인근에 거주하는 平安北道 龍川 출신 화자를 대상으로 음운론적 특징과 문법적 특징에 대해 연구하였다. 신홍예(1997)에서는 중국 瀋陽 지역의 평북 자성, 철산 방언을 대상으로 한 음운론적 연구가 이루어졌다.

*Corean Primer*에 대해서는 비교적 많은 연구가 이루어졌다. 김영배(1983a)에서는 *Corean Primer*의 음운과 표기에 대한 논의가 이루어졌다. 김영배(1983a, b)에서는 *Corean Primer*의 음운현상에 대한 연구가, 김영배(1985a, b)에서는 *Corean Primer*의 어휘에 대한 연구가 이루어졌다. 최임식(1984)에서는 『예수셩교젼셔』와 함께 *Corean Primer*의 음운체계에 대해 논의되었다. 최명옥(1985a)에서는 *Corean Primer*의 文敍述語에 대한 연구가 이루어졌고, 최명옥(1985a)와 최명옥(1986)에서는 *Corean Primer*를 바탕으로 음운체계와 음운현상에 대한 연구가 이루어졌다.

1.4. 자료

이 책에서는 중국 丹東지역에서의 현지조사 자료와 *Corean Primer*를 주된 자료로 이용한다. 그리고 이 두 시기 사이의 변화를 확인하기 위해 小倉進平(1944)와 한영순(1956a, b)를 보조적으로 이용한다.

의주방언 자료를 수집하기 위하여 저자는 평북 의주에서 가장 가까운 중국 丹東 지역을 조사지역으로 삼았다. 이 지역에 거주하고 있는 평북 의주 지역 출신 화자 중 대대로 의주 지역에서 살던 집안에서 출생하여

성장한 이후 중국으로 이주한 화자를 선정하여 중국 현지조사를 실시하였다.[1)]

방언 자료를 바탕으로 한 연구에서 해당 지역에 오랫동안 거주하며 그 방언의 특징을 가장 잘 보존하고 있다고 생각되는 제보자를 선정하여 조사하는 것은 매우 중요하다. 그러나 현재는 북한 내 의주 지역에 대한 현지조사가 불가능하다. 이런 상황에서 찾을 수 있는 대안은 다른 지역에 거주하고 있는 그 지역 출신자들을 대상으로 조사하여 연구하는 것이다. 방언조사에서 제보자의 성장지와 거주지는 매우 중요한 조건이기는 하지만 현실적으로 그러한 조건을 충족시키기 어렵다면 성장과 거주 과정에서 다른 방언의 간섭이 비교적 적었을 것으로 추정되는 제보자를 선정하는 것이 필요하다.

현실적으로 가능한 제보자는 남한 내의 의주 출신 월남 화자, 중국에 거주하는 의주 출신 화자, 최근 탈북한 의주 출신 화자 등인데 이들은 각기 장단점을 가지고 있다. 월남한 화자들은 남한 내에 숫자도 많고 지역도 가까워 조사가 쉽지만 다른 방언의 간섭을 많이 받았을 가능성이 높다. 대개는 해방과 한국전쟁을 전후하여 남한으로 이주한 사람들인데 이들은 여러 지역에 흩어져 소수자로 지내면서 해당 지역의 방언에 노출되어 많은 영향을 받을 수밖에 없는 처지이다. 중국 내의 화자들은 조사가 어렵기는 하지만 동일한 지역에서 이주한 사람들끼리 한 지역에 모여 사는 경우가 많았기 때문에 다른 방언의 간섭을 거의 받지 않았다. 이들이 중국 내에 거주하기 때문에 중국어의 간섭을 예상할 수도 있지만 조사 지역에 거주하는 대부분의 조선족이 조선족 집단에서만 살았기 때문에 중국어를 거의 하지 못한다. 저자에게 도움을 준 제보자들 또한 모두

1) 조사지역과 제보자를 선정할 때는 瀋陽, 丹東, 東港 소재 민족사무위원회의 도움을 받았다. 지역 및 제보자 선정과 조사를 도와준 민족사무위원회의 여러분께 감사를 드린다.

중국어를 거의 하지 못하거나 극히 일상적인 중국어만을 구사한다. 따라서 이들의 언어가 중국어의 영향을 받았을 가능성은 거의 없다. 최근에 북한을 탈출하여 남한에 정착한 의주 지역 출신 화자들은 숫자가 많지 않을 뿐만 아니라 연령이 너무 낮다는 문제점이 있다.

따라서 현재 상황에서 가장 적합한 제보자는 중국 내에 거주하고 있는 의주 지역 출신 화자들이다. 현재의 의주 방언 자료 수집에 도움을 준 제보자들은 모두 의주에서 출생하여 성장한 후 현재의 지역으로 이주하였다. 이들은 조선족 집단촌에서 주로 살았고 배우자들도 모두 동일 지역 출신이다. 현지 조사 과정과 제보자들에 대한 구체적인 정보는 다음과 같다.

(1a) 1차 조사

조사지역 : 中國 遼寧省 東港市

조사일시 : 1998.1.17～2.2

제보자 : 金玉聖, 女, 73세(조사 당시의 나이, 1926년생), 平安北道 義州郡 廣坪面 출생, 부모 모두 평북 의주 출신, 13세에 중국으로 이주.

b) 2차 조사[2)]

조사지역 : 中國 遼寧省 鳳城市

조사일시 : 1999.3.23～3.28

제보자 : 崔玉珠, 女, 71세(조사 당시의 나이, 1929년생), 平安北道 義州郡 水鎭面 출생.

姜順子, 女, 67세(조사 당시의 나이, 1933년생), 平安北道 義州 출생, 15세에 이주.

2) 2차 조사는 延邊社會科學院의 金德模 선생에 의해 이루어졌다. 조사항목은 1차 조사와 동일했으며 모든 자료는 녹음 테이프를 다시 들은 후 선별하여 이용했다. 어려운 조사를 대신 해 주신 김덕모 선생께 감사의 말씀을 드린다.

c) 3차 조사[3)]

조사지역 : 中國 遼寧省 東港市

조사일시 : 2002.7.16～7.20

제보자 : 1차 조사와 같음

저자가 수집한 자료의 주제보자이자 1, 3차의 제보자인 金玉聖은 平安北道 義州郡 廣坪面 출신으로서 13세에 부모와 함께 중국으로 건너와 丹東市 인근에 있는 長山의 조선인 집단촌에서 주로 살았다. 부모 모두 의주 출신이며 남편 또한 의주 출신이다. 현재는 丹東市 남쪽의 東港市에서 차남과 함께 살고 있다. 제보자 金玉聖은 발음이 또렷하고 기억력이 좋아 다양하고도 정확한 자료를 제공해 주었다. 부제보자인 崔玉珠와 姜順子는 丹東市 북쪽의 鳳城市 大堡鎭에 거주하고 있다. 鳳城市는 滿族 自治市로 불리울 만큼 滿族이 많이 거주하고 있는 지역이지만 두 제보자가 거주하고 있는 마을은 평안북도 출신 조선족이 집단으로 거주하고 있는 곳이다.

또한 이 책에서는 小倉進平(1944)의 자료와 한영순(1956a, b)의 자료를 보조적으로 이용한다. 서북방언에 대한 小倉進平의 조사는 1929년 이전에 초등학교 상급생을 대상으로 이루어졌다(방언연구회 2001:248, '서북방언'). 조사 자료는 상권에 실려 있고 서북방언에 대한 연구는 하권의 pp.249-296에 종합되어 있어 참고할 수 있다. 한영순(1956a, b)에서는 조사 자료가 별도로 제시되어 있지 않지만 본문의 예를 참조할 수 있다.

19세기 후기의 이 방언에 대한 연구를 위해서는 *Corean Primer*를 이용한다. *Corean Primer*는 John Ross 목사에 의해 1877년에 출간된 한국어 교본으로서 의주 출신 李應贊의 언어가 반영되었다(김양선 1967). 특

3) 3차 조사는 1, 2차 조사의 추가 조사로 이루어졌다. 1, 2차 조사에서 빠진 항목과 추가적으로 조사가 필요한 항목에 대해 조사하였고 일부 불분명한 항목에 대해 확인조사를 하였다.

히 *Corean Primer*에는 한글 전사뿐만 아니라 영문 전사까지 함께 실려 있어 정밀한 음성 분석까지 가능하다는 면에서 130여 년의 짧은 기간이지만 이 기간 동안의 음운변화를 정밀하게 관찰할 수 있는 자료이다.

제보자들의 출신지와 조사지의 .지도는 다음과 같다.

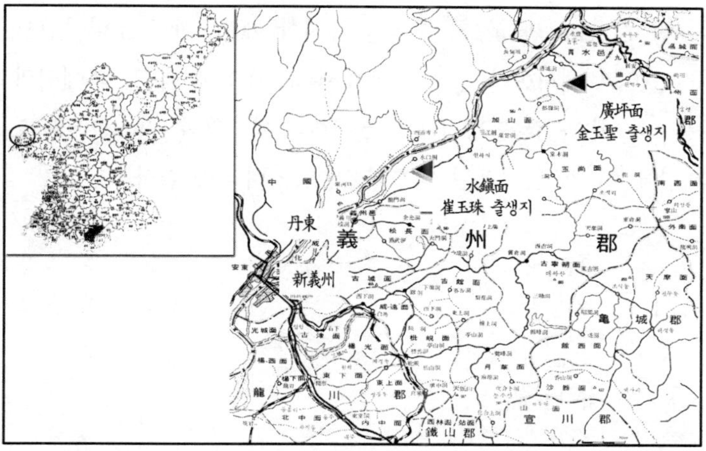

[그림 1] 의주 지역 지도

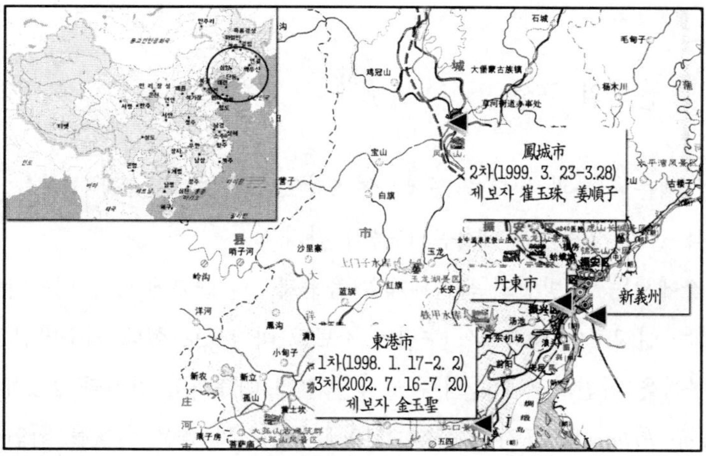

[그림 2] 단동 지역 지도

이 책의 방언형 전사는 한글전사를 원칙으로 하되 음성을 정밀하게 나타낼 필요가 있으면 음성기호를 사용한다. 한글전사를 할 때는 해당 어형에 적용된 모든 음운규칙을 반영하여 표기한다. 단 체언과 조사, 용언 어간과 어미의 구별을 위하여 모음으로 시작되는 조사와 어미가 자음으로 끝난 체언 및 용언과 결합될 때에는 분리하여 적는다(예 : 닭이, 읽어라 등). *Corean Primer*의 자료를 제시할 때는 '한글 로마자전사(출처, 의미)' 순으로 제시한다. 출처는 과(Lesson, 총33과)와 각 과에서의 일련 행수를 '과-행'과 같은 방법으로 제시한다(예 : ᄭᅩᆺ과 gótgwa(코8-12, 花)).

그 밖에 이 책에 사용된 약호나 기호는 다음과 같다.

/ /	음운 표시	C	자음	>, ∨	통시적 변화
[ ]	음성 표시	V	모음	→, ↓	공시적 변화
*X	부적격형 또는 재구형	V:	장모음		
		X~	鼻母音		
#	휴지(休止)				
##	어두				
a～b	공존형				

1.5. 논의의 구성

이 책은 서론과 결론을 포함하여 6장으로 구성되며 1장 서론을 제외한 각 장의 구체적인 내용은 다음과 같다.

2장에서는 이 방언의 음운체계와 음운체계의 변화에 대해 다룬다. 2.1.에서는 현지조사 과정에서 수집된 자료를 바탕으로 현대 의주방언의 음운 목록을 확인하고 이들의 음성적 특징에 대해서도 밝힌다. 2.2.에서는 *Corean Primer*의 표기를 분석해 19세기 후기의 음운 목록을 확인한다.

2.3.에서는 두 시기 사이에 일어난 음운체계의 변화에 대해 살펴본다.

3, 4, 5장에서는 각각 형태소 내부에서의 음운현상, 파생과 합성에서의 음운현상, 곡용과 활용에서의 음운현상에 대해 살펴본다. 각 장은 교체, 첨가, 탈락, 축약으로 나누어 살펴보되 19세기 후기와 현대 의주방언의 음운현상을 비교한다.

6장은 결론으로서 각 장의 논의를 요약한다. 그리고 3, 4, 5장의 음운현상들을 환경별로 비교 · 대조한다.

2. 음운체계

이 장에서는 19세기 후기 이후의 음운체계와 음운체계의 변화에 대해서 다룬다. 이를 위하여 먼저 현재 이 방언의 음운체계와 19세기 후기의 음운체계를 수립한다. 현대 의주방언의 음운체계는 현지조사 자료를 바탕으로 수립한다. 19세기 후기의 음운체계는 *Corean Primer*의 표기를 면밀히 검토하여 수립한다. 다음으로 개별 음운의 변화를 기술한다. 19세기 후기 이후 자음체계는 변화를 겪지 않았지만 이 시기를 거치면서 ㅈ의 조음위치 이동이라는 음성적인 변화가 일어났다. 이는 비록 음성적인 변화이지만 이 방언의 역사적 변화에서 매우 중요하므로 이 장의 논의에 포함시킨다. 또한 ㅅ의 음성적인 변화도 다소 복잡한 양상을 보이므로 이 장의 논의에 포함시킨다. 모음체계의 변화에서는 이중모음의 변화양상을 중심으로 살펴본다.

2.1. 현대 의주방언의 음운체계

이 방언의 음운체계는 자음체계, 모음체계, 활음과 이중모음체계로 나누어 살펴본다. 현대 의주방언의 자음체계는 중부방언과 큰 차이가 없다. 서북방언의 ㅈ, ㅉ, ㅊ은 조음위치가 중부방언과 다르다(김영배 1997a, 이기문 1972a, 방언연구회 2001). 그런데 의주방언도 서북방언의 하위

방언이기는 하지만 ㅈ, ㅉ, ㅊ의 조음위치는 중부방언의 그것과 유사하다. 따라서 이 자음들은 음성적인 특징까지 면밀히 살펴본다. 이 방언의 모음체계도 중부방언의 그것과 별 차이가 없다. 다만 후설 모음 계열의 높낮이와 원순성이 다른 방언과 차이가 있다.

2.1.1. 자음체계

이 방언은 국어의 다른 방언과 마찬가지로 20개의 자음을 가지고 있다. 20개의 자음 중 몇몇 자음은 제한적인 분포를 보인다.

이 방언의 어두자음체계를 확인할 수 있는 예는 다음과 같다.

(1a) ㅂ - 발(足) ; 발:(簾) ; 벌(罰) ; 벌:(蜂)
ㅃ - 빨:쭈~이(물부리) ; 빨래(빨래) ; 빨:구, 빨:더라, 빨아라(吸)
ㅍ - 팔(臂) ; 파:리(파리) ; 파구, 파두, 파라(掘) ; 팔구, 팔더라, 팔아라(賣)
b) ㄷ - 달(月) ; 다리(刼) ; 달구, 달더라, 달아서(甘)
ㄸ - 딸(女息) ; 뜨구, 떠두, 떠서(浮) ; 딸따, 딸떠라, 딸꾸(短)
ㅌ - 탈:(假面) ; 타구, 타두, 타라(乘) ; 트구, 터두, 터서(龜)
c) ㄱ - 갓(冠) ; 가매(旋毛) ; 가구, 가두, 가라(去) ; 갈:구, 갈:더라, 갈아라(磨)
ㄲ - 까:치(鵲) ; 깔:구, 깔아두, 깔아라(伸)
ㅋ - 칼(刀) ; 코(鼻) ; 클마니(祖母) ; 크구, 커두, 커서(大)
d) ㅅ - 사:(四) ; 사슴(鹿) ; 사구, 사두, 사라(買) ; 살:구, 살:더라, 살아라(生)
ㅆ - 쌀(米) ; 싸움(鬪) ; 싸구, 싸두, 싸라(包) ; 쓰구, 써두, 써서(苦)
e) ㅎ - 하루(一日) ; 하뿜(하품) ; 하구, 해:두, 해:라(爲)
f) ㅈ - 자루(袋) ; 자갈(礫) ; 자구, 자두, 자라(宿)

ㅉ – 짝짱(짝짜꿍) ; 짜구, 짜두(鹽)

ㅊ – 차무(참외) ; 차구, 차두, 차라(蹴)

g) ㅁ – 말:(言) ; 맛(味) ; 말:구, 말:더라, 말아라(捲)

h) ㄴ – 낫(鎌) ; 날(日) ; 날구, 날더라, 날아라(飛)

(1)에서 보듯이 어두 위치에서는 17개의 자음만을 확인할 수 있다. 고유어 중에서 어두에 ㄹ을 가진 단어는 없으며, ㄹ로 시작되는 한자도 어두에 놓이게 될 경우 ㄴ으로 바뀌어 한자어에서도 어두의 ㄹ을 확인할 수가 없다. 그러나 비어두위치의 음절초에서는 ㄹ이 자유롭게 나타난다(거리, 허리, 다리, 꼬리, 머리 등). ㅇ은 어두 위치이든 비어두 위치이든 음절초에 나타나는 경우는 없다.

음절말 자음체계를 확인할 수 있는 예는 다음과 같다.

(2a) ㅂ – 밥(밥이, 밥을, 食) ; 법(법이, 법을, 法) ; 압(앞이, 앞을, 前) ; 엽(옆이, 옆을, 側) ; 입(잎이, 잎을, 葉)

b) ㄷ – 갇(갓이, 갓을, 冠) ; 빋(빗이, 빗을, 梳) ; 빋(빚이, 빚을, 負債) ; 빋(빛이, 빛을, 光) ; 끋(끝이, 끝을, 末)

c) ㄱ – 각(각이, 각을, 角) ; 악(악이, 악을, 惡) ; 팍(팍이, 팍을, 赤豆)

d) ㄴ – 간:(간:이, 간:을, 肝) ; 판(판이, 판을, 板)

e) ㄹ – 팔(팔이, 팔을, 臂) ; 달(달이, 달을, 月)

f) ㅁ – 감:(감:이, 감:을, 柿) ; 밤:(밤:이, 밤:을, 栗) ; 삼(삼이, 삼을, 蔘)

g) ㅇ – 강(강이, 강을, 江) ; 양(양이, 양을, 羊)

(2)에서 보듯이 음절말에서는 ㄱ, ㄴ, ㄷ, ㄹ, ㅁ, ㅂ, ㅇ 7개의 자음만 확인할 수 있다.

이 방언의 자음을 조음방법과 조음위치에 의해 분류하면 [표 2-1]과 같다.

분 류			양순음	치음	경구개음	연구개음	성문음
장애음	폐쇄음	평 음	ㅂ p	ㄷ t		ㄱ k	
		경 음	ㅃ p'	ㄸ t'		ㄲ k'	
		유기음	ㅍ p^h	ㅌ t^h		ㅋ k^h	ㆆ ʔ[1)]
	마찰음	평 음		ㅅ s			ㅎ h
		경 음		ㅆ s'			
	파찰음	평 음			ㅈ ʧ		
		경 음			ㅉ ʧ'		
		유기음			ㅊ $ʧ^h$		
공명음	비 음		ㅁ m	ㄴ n		ㅇ ŋ	
	유 음			ㄹ r			

[표 2-1] 현대 의주방언의 자음체계

[표 2-1]에서 보듯이 현대 의주방언의 자음 목록과 분류체계는 국어의 다른 방언과 전혀 차이가 없다. 그런데 일부 자음은 국어 전체 및 서북방언의 그것과 비교했을 때 몇 가지 특징을 보이고 있다.

이 지역어의 ㅈ, ㅉ, ㅊ은 다른 서북방언과는 달리 경구개음 [ʧ, ʧ', $ʧ^h$]으로 발음된다. 서북방언의 특징을 논할 때 자주 지적되는 것이 이 방언의 ㅈ, ㅉ, ㅊ이 다른 방언과는 달리 구개음이 아닌 치조음이라는 것이다. 小倉進平(1944)에서는 서북방언의 ㅈ, ㅉ, ㅊ이 치조음으로 발음됨을 밝히고 ㄷ, ㅌ의 구개음화도 일어나지 않음을 보고하고 있다. 이기문(1972a, b)에서는 서북방언의 ㅈ, ㅉ, ㅊ이 치조음임을 밝히면서 중세국어의 조음위치가 그대로 보존되어 있음을 밝히고 있다. 또한 김영배(1997a)에서도 서북방언 전체에서 ㅈ은 치조 위치에서 조음됨을 밝히고 있다. 그런데 의주방언에서는 ㅈ, ㅉ, ㅊ이 치조 위치가 아닌 경구개 위치에서 조음된다는 사실은 몇 가지 문제를 제기한다.

1) ㆆ는 '핡-(할꾸, 할떠라, 할아서, 舐)'에서만 확인된다. 이 자음이 독립적으로 쓰이는 경우는 없다.

첫 번째로 제보자의 신뢰성 문제가 제기될 수 있으나 신뢰성에는 문제가 없다. 비록 제보자가 의주 출신이더라도 현재는 의주가 아닌 중국에 거주하고 있기 때문에 중국 내의 다른 한국어 화자의 방언에 동화되었을 가능성이나 중국어의 영향을 받았을 가능성을 생각해 볼 수 있다. 그러나 주제보자 金玉聖은 丹東 인근의 서북 출신 조선인 집단촌에 거주했었고 현재는 서북 출신의 화자들이 주로 살고 있는 東港에 거주하고 있다. 그리고 이전에 거주하던 마을의 주민 대부분은 평안북도 출신임을 밝히고 있다. 제보자가 주로 접촉한 화자의 대부분이 서북 출신이기 때문에 만약 제보자가 다른 한국어 화자의 발음에 영향을 받았다면 ㅈ, ㅉ, ㅊ이 오히려 치조 위치에서 조음되어야 할 것이다. 또한 제보자는 가장 기초적인 생활회화를 제외하고는 중국어를 거의 구사하지 못하기 때문에 중국어의 영향을 받았을 가능성도 거의 없다. 이러한 정황을 감안해 볼 때 제보자가 서북방언 이외의 방언이나 중국어와 접촉하는 과정에서 ㅈ, ㅉ, ㅊ의 발음이 변화되었을 가능성은 거의 없다.2)

두 번째로 제기될 수 있는 문제는 현재의 ㅈ, ㅉ, ㅊ 발음이 기원적인 것인가 특정 시기에 변화를 겪은 것인가 하는 문제이다. 즉 이 방언에서 ㅈ, ㅉ, ㅊ이 아주 이른 시기부터 치조음이 아닌 구개음으로 조음되었는

---

2) 2차 조사의 제보자 崔玉珠와 姜順子의 ㅈ, ㅉ, ㅊ 발음 양상도 金玉聖과 같았다. 또한 다른 기회에 의주 인근의 龍川 출신 제보자를 조사했을 때도 마찬가지의 양상이었다. 이러한 점을 고려한다면 적어도 서북 서해안 일부 지역에서는 서북방언 전체와는 다르게 ㅈ, ㅉ, ㅊ이 치조음이 아닌 구개음으로 발음된다고 가정할 수 있으나 그 범위를 확정하는 데는 보다 광범위한 확인 조사가 필요하다.

제보자의 아들, 손자 세대는 ㅈ, ㅉ, ㅊ을 치조음으로 발음한다. ㅈ, ㅉ, ㅊ이 치조음에서 경구개음으로 바뀌는 변화를 입었다면 젊은 세대들은 제보자 세대보다 경구개음으로 발음하는 경향이 강해야 할 것이다. 그럼에도 불구하고 젊은 세대가 오히려 고형을 사용하고 있는 것에는 언어 외적인 요인이 작용한 것으로 보인다. 즉, 이 젊은 세대가 중국에서 다른 방언권 화자들과 섞여 살면서 그들로부터 영향을 받았거나, 북한의 문화어 발음에 영향을 받았을 것으로 추정된다. 이에 대한 확실한 결론을 내리기 위해서는 사회언어학적인 조사가 더 필요하다.

가 아니면 이전에는 치조음이었다가 그리 오래지 않은 시기에 구개음으로 조음 위치가 바뀌었는가 하는 문제이다. 이른 시기의 이 방언의 모습을 알기는 어렵지만 이른 시기부터 ㅈ, ㅉ, ㅊ이 구개음이었을 가능성은 없다. 국어 음운사나 이 방언에 인접한 서북방언을 고려해 보았을 때 유독 이 방언에서만 이른 시기에 ㅈ, ㅉ, ㅊ이 구개음으로 조음될 개연성이 없다. 따라서 이 방언의 ㅈ, ㅉ, ㅊ은 치조음이었다가 현재로부터 멀지 않은 시기에 구개음으로 바뀌었다는 가정이 합리적이다.

세 번째로 제기될 수 있는 문제는 이러한 변화가 일어난 시기가 언제인가 하는 것이다. 이 변화의 시기는 문헌을 통하여 추정할 수밖에 없는데 이 방언 자음의 음가 변화를 정확히 추정하는 데 이용될 수 있는 문헌으로 *Corean Primer*가 있다. 후술하겠지만 *Corean Primer*에서는 ㅈ의 전사에 많은 혼란이 나타나는데 이러한 혼란은 *Corean Primer* 집필의 기초가 된 제보자의 ㅈ, ㅉ, ㅊ이 치조음에서 경구개음으로 바뀌고 있었다는 가정을 할 때 설명이 가능하다. 치조음이었던 ㅈ, ㅉ, ㅊ이 '이'나 y 앞에서 구개변이음으로 실현되다가 그 이외의 환경에서도 구개음으로 실현되는 과정이었기에 이러한 표기 양상이 나타나는 것이다. 따라서 *Corean Primer*의 표기를 감안할 때 ㅈ, ㅉ, ㅊ의 구개음화 시기를 *Corean Primer*가 집필된 19세기 말기까지 끌어올릴 수 있다.

네 번째로 제기될 수 있는 문제는 왜 유독 의주방언에서만 이러한 ㅈ, ㅉ, ㅊ의 조음 위치 변화가 일어났는가 하는 것이다.[3)] 이 문제에 대해서는 명확한 해답을 내리기 어렵지만 의주방언은 적어도 19세기 말기까지는 다른 서북방언과 마찬가지로 ㅈ, ㅉ, ㅊ이 치조파찰음으로 발음되었

3) 저자의 현지 조사에 의하면 ㅈ, ㅉ, ㅊ의 조음위치 변화는 의주방언에 국한된 것은 아닌 것으로 보인다. 그러나 그 범위를 결정하기 위해서는 서북방언 전체를 대상으로 한 조사가 필요하기 때문에 의주방언만을 대상으로 한 이 책에서는 이러한 변화가 의주방언에만 한정된 것으로 기술하기로 한다.

을 것으로 보인다. 그런데 다른 서북방언과는 달리 의주방언에서만 ㅈ, ㅉ, ㅊ의 조음위치 변화가 일어난 것은 다른 방언과의 접촉에 의해 촉발된 것으로 보인다. 한영순(1956b:53, 58)에서는 표준어의 규범 또는 다른 방언들의 영향 아래에서 이루어지는 변화로 보고 있다. 또한 小倉進平(1944)에서도 서북방언의 특징을 서술하면서 서북방언 주변부 지역에서는 서북방언 전반과는 다른 특징이 나타남을 지적하고 있는데 그 원인은 방언접촉에 있는 것으로 보인다. 이러한 원인 설명은 가장 타당성이 있어 보이기는 하나 보다 정밀한 논의를 필요로 한다.4)

이 방언의 ㄷ, ㄸ, ㅌ ; ㅅ, ㅆ ; ㄹ, ㄴ은 다른 방언에 비해 매우 앞쪽에서 조음된다. 김영배(1992)에서 언급되었듯이 이는 의주방언뿐만 아니라 서북방언 전체에 공통적으로 나타나는 조음상의 특징이다. *Corean Primer*의 introduction 부분에서도 ㄷ, ㅌ은 혀끝이 윗니의 끝 부분에 닿아 조음됨을 밝히고 있는데 이 또한 ㄷ, ㅌ의 발음상 특징을 지적하고 있는 것으로 보인다.5) 현재 이 방언에서 ㄷ, ㅌ과 ㄴ은 윗니 바로 뒤나 윗니와 아랫니 사이에서 조음되는 경우가 많다.

ㅅ, ㅆ, ㄴ, ㄹ은 모음 '이'와 결합될 때 구개음으로 실현되지 않는 경향이 있다. '시'의 경우 자연발화에서는 경구개 위치에서 조음되나 단독형으로 주의 깊게 발음할 때는 치조나 치조 바로 뒤에서 조음된다. '리, 니'에서도 '시'와 마찬가지로 구개음화가 잘 나타나지 않는다. 오히려 '시'의 경우보다 구개음화가 더 일어나지 않아 자연발화에서도 구개음이

4) 의주가 지리적 특성상 교통과 교역의 중심지였다는 점(의주군민회 1975:102)에서 다른 방언과의 활발한 접촉 가능성을 생각해 볼 수 있다. 이 지역이 중국 무역의 중심지였을 뿐만 아니라 압록강 수운의 요충지였기 때문에 서북의 다른 지역에 비해 다른 방언의 영향을 강하게 받을 가능성을 추론해 볼 수 있는 것이다.

5) ......and *d, t,* like the Chinese, are pronounced with the tip of the tongue from the edge of the upper row of teeth, instead of from the roof of the mouth(p.7, Note 2). 최명옥(1986:752)에서는 *Corean Primer*의 이러한 언급이 ㄷ, ㅌ, ㄸ, ㄴ, ㄹ이 치음임을 말하는 것으로 보았다.

아닌 치조음으로 발음된다.[6)]

2.1.2. 모음체계

현대 의주방언은 8개의 단순모음을 가지고 있다. 현대 의주방언의 모음체계를 확인할 수 있는 예는 다음과 같다.

(3a) 이 – 비(雨) ; 띠(帶) ; 기(旗) ; 시(時)
 b) 에 – 베(禾) ; 떼(群) ; 테(環)
 c) 애 – 배(船) ; 때(垢) ; 태(胎) ; 개(犬) ; 새:(鳥)
 d) 으 – 그네(鞦) ; 그릇(皿)
 e) 어 – 거:마리(거머리) ; 거울(鏡) ; 거무(거미)
 f) 아 – 사:(四) ; 아바지(父) ; 바주(壁)
 g) 우 – 구(九) ; 수(數)
 h) 오 – 소(牛) ; 초(醋) ; 코(鼻)

(3)에서 보듯이 현대 의주방언에서는 8개의 단순모음이 확인되는데 이는 서북방언의 일반적인 모음 목록과 일치된다. 서북방언의 단순모음은 일반적으로 '외, 위'를 제외한 '이, 에, 애, 으, 어, 아, 우, 오' 8개라고 보고 있다(한영순 1956a:66-67, 김영배 1992). 중부방언에서 단순모음으로 분류되는 '외'는 현대 의주방언에서 이중모음 [wɛ]로 발음된다. '위'도 주로 이중모음 [wi]로 발음되지만 단어에 따라 단순모음 [ü]로 발음되기도 한다(쉰:(五十), 쉬(卵), 쥐(鼠), 뒤(後) 등).[7)] '에'와 '애'는 비어두 위

---

6) 이는 중부방언의 일부 화자에서 나타나는 특징이기도 하다. 중부방언 화자들도 'ㄹ, ㄴ'는 구개음이 아닌 치조음으로 발음하는 경우가 많다. 그러나 이 방언에서는 이 정도가 더 심하여 중부방언에서보다 더 앞쪽에서 조음된다.
7) '외, 위'의 변화에 대해서는 각각 2.3.2.1.과 2.3.2.2.에서 보다 자세히 다룰 것이다.

치에서 변별되지 않는 경우가 많다.

이 방언에서 음장은 변별적 기능을 한다. 그 구체적인 예는 다음과 같다.

(4a) 일(一) : 일:(事), 이(蝨) : 이:(二), 배(梨) : 배:(倍), 눈(眼) : 눈:(雪)
  b) 울:구 : 울어두(울:-, 泣), 강:꾸 : 감아두(감:-, 捲), 앙:꾸 : 안아두(안:-, 抱)
  c) 티구 : 테:서(티-, 打), 지구 : 제:서(지-, 負), 치구 : 체:서(치-, 渴)
  d) 잠닐(잡+일:), 싸랑눈(싸락+눈:)

(4a)에서 보듯이 단모음(短母音)과 장모음이 최소대립쌍을 이루기도 하고 (4b, c)에서 보듯이 단모음과 장모음이 교체되기도 한다. 그러나 (4d)에서 보듯이 음장은 어두 위치에서만 변별된다. '어'의 장모음 '어:'는 중부방언에서는 조음위치가 상승되어 '으'와 변별되지 않는 경우가 있으나 이 방언에서는 이러한 상승이 나타나지 않는다.

이 방언에서는 단어에 따라 비모음이 종종 발견된다. 이 비모음은 모음 사이의 자음이 약화되면서 나타나는데 음성적으로는 확인되지만 변별적 기능을 수행하지는 않는다.[8)]

(5) 널판대기~널판대˜이(板子), 덜긋공이~덜긋고˜이(절긋공이), 깡냉이~깡내˜이(옥수수), 과팽이~과패˜이(고무래), 탕냉이~탕내˜이(턱), 궝이~궈˜이(게), 나이~나˜이(냉이)

현대 의주방언의 모음을 혀의 높이와 전후 위치, 그리고 입술모양에 의해 분류하면 [표 2-2]와 같다.

---

8) 한영순(1956b:50)에서도 이러한 현상이 보고되어 있다.

구 분	전 설 모 음		후 설 모 음	
	평순모음	원순모음	평순모음	원순모음
고 모 음	이 i(이: i:)		으 ɨ(으: ɨ:)	우 u(우: u:)
중 모 음	에 e(에: e:)		어 ə(어: ə:)	오 o(오: o:)
저 모 음	애 ɛ(애: ɛ:)		아 a(아: a:)	

[표 2-2] 현대 의주방언의 모음체계

[표 2-2]에서 보듯이 모음의 목록은 '외, 위'가 없는 것을 제외하고는 중부방언과 별 차이가 없다. 또한 '에'와 '애'의 대립이 비어두 위치에서 약화되는데 이것 또한 국어의 다른 방언과 큰 차이가 없다.

현대 의주방언의 후설모음 '어'와 '오'는 음성적으로 거의 변별되지 않는다. 이 방언의 '어'는 중부방언에 비해 후설에 가까운 위치에서 조음되며 원순성이 매우 강하다. 또한 '오'는 중부방언에 비해 낮은 위치에서 조음된다.[9] 따라서 이 방언의 '어'와 '오'는 원순성 및 전후 위치로 변별되는 것이 아니라 높낮이에 의해서 구별된다. 그러나 이러한 높낮이에 의한 구별도 분명한 것은 아니어서 두 모음은 합류되는 과정에 있는 것으로 보인다. 한영순(1967)에서는 '어'와 '오'뿐만이 아니라 '으'와 '우'의 합류 현상이 서북방언의 젊은 세대에게서 발견됨을 언급하고 있다. 그러나 이 방언에서는 '으'와 '우'의 합류는 발견되지 않는다.[10]

2.1.3. 활음과 이중모음체계

다른 방언과 마찬가지로 이 방언의 활음에는 y와 w가 있다. 활음은 순수모음과 결합할 때만 나타나는데 활음이 순수모음 앞에 놓이면 상향이

---

9) 곽충구(2003)에서는 서북방언에서는 '어'와 '오'가 합류되어 음성적으로는 [ɔ̈]임을 밝히고 있다.

10) '어'와 '오'의 합류는 2.3.2.3.에서 다룰 것이다.

중모음으로, 활음이 순수모음 뒤에 놓이면 하향이중모음으로 분류된다. 현대 의주방언의 상향이중모음을 확인할 수 있는 예는 다음과 같다.

(6) y계 상향이중모음

a) 예[ye] : 예:수(Jesus), 옌장(쟁기), 예드레미(여드름), 예순(예순), 옌:주빼미(연지볼), 옘:병(染病), 옟-(옌저라, 옌즈문, 옝꾸, 置)
고예서(고이-+-어서, 溜), 오예두(오이-+-어두, 暗記)

cf. 폐(肺), 그게(機械), 시게(時計)

b) 여[yə] : 여물(여물), 염주(念珠), 결온(結婚), 명녕(命令), 벽(壁), 편지(便紙), 혁대(革帶), 형데(兄弟)
강변(江邊), 남편(男便), 만년필(萬年筆), 면:경(面鏡)

cf. 겐노리(<곁노리, 새참), 베(<벼, 禾), 뻬(<뼈, 骨), 겝니불(<겹이불), 베리-(<벼리-, 摩), 베루(<벼루), 메누리(며느리), 헤때기(舌), 헤-(<혀-, 點火), 게드랑이(<겨드랑이, 腋)
테:서(티-+-어서, 打), 게:서(기-+-어서, 匍)

c) 야[ya] : 야듦(여덟), 양발(양말), 양옌장(양쟁기), 얅-(얄과서, 얄과두, 얄꾸, 薄), 양념(양념), 향뿔(향불)
남양(南向), 탕약(湯藥), 왜양깐(외양간)

d) 유[yu] : 유리(琉璃), 휴가(休暇), 귤(橘)

e) 요[yo] : 요짐(요즘), 요술재~이(요술장이), 교댱(校長)
모욕(沐浴), 비료(肥料)

cf. 포범(표범)

(6)에서 보듯이 의주방언의 y계 상향이중모음에는 '예, 여, 야, 유, 요'가 있으나 분포상으로 많은 제약이 있다. 핵모음의 종류에 따라 정도의 차이는 있지만 '자음 + y계 상향이중모음(이하 CyV)'과 같은 구조에서 y가 탈락되어 단순모음으로 바뀌거나, 이중모음(yV)이 다른 단순모음으로 바뀌는 경우가 대부분이다. 특히 ㅈ, ㅉ, ㅊ ; ㅅ, ㅆ ; ㄷ, ㄸ, ㅌ ; ㄴ, ㄹ

등의 자음과 y계 상향이중모음이 결합되었던 어형에서는 모두 y가 탈락되어 현재에는 CV구조로만 나타난다. 또한 (6b)에서 보듯이 '자음+여'의 연쇄는 '여>에'의 변화를 입는 경우가 일반적인데 이러한 변화는 '이'말음 개음절 어간이 부사형어미 '-아/어'와 결합될 경우에도 활발하게 일어난다. 현재 의주방언에서 CyV의 구조로 남아 있는 단어는 대부분 최근에 차용된 한자어로 보인다.

의주방언에서 w계 상향이중모음을 확인할 수 있는 예는 다음과 같다.

(7a) 웨[we] : 쉐:수(세수), 궤:방(훼방), 휌:(헤엄), 궁뒝이(궁둥이), 자췌기(재채기)
쉐:서(쉬:-+-어서, 休), 뛔:(뛰:-+-어, 走)
b) 왜[wɛ] : 왜놈(倭人), 뙈(잔디), 뙐(윷놀이의 도), 쐐:기(쐐기), 왜:지(자두)
왜양깐(외양간), 왜삼촌(外三寸), 열:쐐(열쇠), 쇄스랑(쇠스랑), 쇗대~(쇳덩이)
c) 워[wə] : 원두막(원두막), 궘병(꾀병), 궐런(권련), 궝이(게), 꿩, 한 퀀(券)
구월, 대궐
꿔:서(꾸-+-어서, 夢), 기워라(기우-+-워라, 縫), 불쿼서(불쿠-+-어서, 불리-), 둔눠서(둔누-+-어서, 臥), 메워라(메우-+-어라, 埋)
d) 와[wa] : 와달비(소나기), 왁:새(황새), 과잘(과자), 광지(광주리), 화:리(화로), 환당(環帳)
치왈(전부, 대개), 곡꽝이(곡괭이), 디과(고구마), 문퐝(돌쩌귀), 벌꽝이(도둑고양이)
말콰서(말쿠-+-아서, 裁), 바꽈서(바꾸-+-어서, 換)

(8a) 위[wi] : 귀(耳), 위(胃)
b) 위[ü] : 쉬:[ʃü:](卵), 쥐[cü](鼠), 쥔:[cü:n](主人), 뀌:-[k'ü:-](뀌:구, 뀌:믄, 방귀를~)
c) 위[uy] : 퓌-[pʰuy-](퓌구[pʰuygu], 퓌더라[pʰuydəra], 풰:서[pʰwe:sə], 開花),
뷔-[puy-](뷔구[puygu], 뷔더라[puydəra], 붸:서[pwe:sə], 空)

(7, 8)에서 보듯이 의주방언의 w계 상향이중모음에는 '웨, 왜, 워, 와, 위'가 있는데 y계 상향이중모음에 비해 자음과 자유롭게 결합할 수 있다. 따라서 '자음 + w계 상향이중모음(이하 CwV)'의 연쇄를 가진 단어는 CyV의 연쇄를 가진 단어에 비해 변화를 거의 겪지 않았음을 알 수 있다. 또한 활용 과정에서 나타나는 CwV도 특별한 변화를 겪지 않는다.

'웨'와 '왜'는 현재의 이 방언에서 변별이 된다. '웨'는 (7a)와 같은 일부의 단어에서 존재를 확인할 수 있다. '왜'는 기원적으로는 '외'였던 단어에서 발견된다. 서북방언에 '웨'와 '왜'가 함께 존재한다는 사실은 김영배(1977)에서 확인할 수 있고, 중국 심양의 原龍川方言을 대상으로 한 이병근 · 정인호(1999:11)에서도 확인할 수 있다. 그리고 기원적으로는 '외'였던 것이 서북방언에서는 '왜'로 나타난다는 사실도 일찍부터 알려졌다(小倉進平 1944, 한영순 1956a:67, 김영배 1997:149, 이병근 · 정인호 1999:11).[11] 이 방언의 경우도 서북방언의 일반적인 경우와 마찬가지로 '웨, 왜'가 변별된다.

(8)의 '위'에 대해서는 보다 정밀한 검토가 필요하다. 현재 이 방언에서 '위'는 이중모음 [wi], [uy]나 단모음 [ü]로 발음된다. 이 때문에 현대 의주방언에서 주변이음(主變異音)을 무엇으로 설정할 것인가가 문제가 된다. 김영배(1977)에서 서북방언의 '위'는 이중모음 [wi]로 본 것을 감안하면 이 방언의 '위'의 주변이음을 [wi]로 설정하는 것이 타당해 보인다. 또한 이 방언에서 '위'가 [ü]로 발음되는 경우가 많지만 서남방언처럼 모든 환경에서 동일한 양상을 보이지 않는다는 점도 고려할 수 있다. 서남방언의 '위'는 선행 자음과 관계없이 모두 단모음 [ü]로 발음되지만 이 방언에서는 선행자음의 종류에 따라 이중모음으로 발음되기도 하고 단모음으로 발음되기도 한다. 더욱이 선행자음이 없는 '위'조차 이중모

11) '외'가 어떤 과정을 거쳐 '왜'가 되었는지에 대해서는 보다 자세한 고찰이 필요하다. 이에 대해서는 2.3.2.2.에서 다룬다.

음 [wi]로 발음되기 때문에 [ü]를 주변이음으로 하기는 어렵다. 따라서 이 책에서는 현재 이 방언의 '위'의 주변이음을 [wi]로 본다.

현대 의주방언에서는 하향이중모음이 발견되지 않는다. 기원적으로 y계 하향이중모음이었던 '의, 에, 애, ᄋᆡ, 위, 외' 중 중부방언에는 '의'가 하향이중모음으로 남아 있으나 이 방언에서는 모두 단순모음화가 일어나 하향이중모음이 발견되지 않는다.

(9a) 이주(義州), 씨우-(씌우-), 으사(醫師)
헤:두(히-+-어두, cf. 히구, 히더라, 白)
b) 퓌-[p^huy-](퓌구, 풰:두, 퓌더라, 開花), 뷔[puy-](뷔:구, 붸:두, 뷔더라, 斬)
c) 하퓜[hap^huym](<하픰<*하핌, 하품)
cf. 글프(<글픠, 글피), 거무(<거믜, 거미), 무누(<무늬, 紋)

(9a)는 기원적으로 '의'를 가졌던 단어들로서 현대 의주방언에서는 모두 '이'나 '으'로 나타난다. 특히 '희-(白)'의 경우 완전히 '히-'로 재구조화되어 '이'말음 어간과 같은 활용 양상을 보여준다. (9b, c)는 음성적으로 하향이중모음 [uy]가 나타나는 예들이다. 이들 어형은 기원적으로는 '순음 + 의'의 구조였는데 원순모음화에 의해 '의 > 위'의 변화를 겪은 후 현재까지도 이중모음으로 남아 있다.

이상의 활음과 이중모음체계를 정리하면 다음과 같다.12)

전설평순	후설원순
y	w

[표 2-3] 현대 의주방언의 활음체계

12) 이 책의 방언형 전사에 쓰인 '위'는 현재 이 방언의 이중모음 [wi]를 뜻한다. 특별히 하향이중모음임을 밝힐 필요가 있을 경우에는 '위[uy]'라고 쓴다.

	전설평순	전설원순	후설평순	후설원순
고모음				유 yu(유: yu:)
중모음	예 ye(예: ye:)		여 yə(여: yə:)	요 yo(요: yo:)
저모음			야 ya(야: ya:)	

[표 2-4] 현대 의주방언의 y계 상향이중모음체계

구 분	전설평순	전설원순	후설평순	후설원순
고모음	위 wi(위: wi:)			
중모음	웨 we(웨: we:)		워 wə(워: wə:)	
저모음	왜 wɛ(왜: wɛ:)		와 wa(와: wa:)	

[표 2-5] 현대 의주방언의 w계 상향이중모음체계

2.2. 19세기 후기 의주방언의 음운체계

이 방언의 19세기 후기 음운체계는 *Corean Primer*를 통하여 확인할 수 있다. *Corean Primer*의 Introduction과 Corean Alphabet에는 한글자모의 음가와 이를 전사하기 위해 사용된 로마자에 대해 설명되어 있다. 또한 본문에는 한글 전사와 로마자 전사가 동시에 실려 있다. 따라서 Introduction 및 Corean Alphabet의 설명과 본문의 전사를 통해 19세기 후기의 음운체계를 확인할 수 있다. *Corean Primer*의 음운체계에 대해서는 김영배(1984)와 최명옥(1986)에서 상세히 논의되었다. 이 절에서는 김영배(1984)와 최명옥(1986)의 논의를 참고하되 현대 의주방언의 음운체계와 음운현상을 고려하여 약간의 수정을 가하고자 한다.

2.2.1. 자음체계

*Corean Primer*의 자음체계는 먼저 다음의 자료를 통해 확인할 수 있다.

먼저 초성의 전사에 사용된 로마자와 한글 자음의 대응은 다음과 같다.

(10a) 자음 전사에 사용된 로마자와 음가

Alphabet	Value	Alphabet	Value	Alphabet	Value
b	*ban*	*ch*	*chum*	*d*	*dare*
ds	*lands*	*g*	*began*	*h*	*happy*
j	*jam*	*k*	*can*	*l*	*low*
m	*man*	*n*	*no*	*p*	*pan*
r	*ran*	*s*	*son*	*t*	*tan*
ts	*rents*	*v*	*van*		

b) 자음 전사에 사용된 로마자와 한글 자음의 대응

한글	Alphabet	한글	Alphabet	한글	Alphabet
ㄱ	g	ㄴ	n	ㄷ	d
ㄹ	r, l	ㅁ	m	ㅂ	b, v
ㅅ	s	ㅇ	ng	ㅈ	ds, j
ㅊ	ts, ch	ㅋ	k	ㅌ	t
ㅍ	p	ㅎ	h		

(10a)에서 문제가 되는 것은 ds와 j, ts와 ch, r과 l 등이다. *Corean Primer*의 주석(Note 1)에서는 한글 자음 하나가 두 가지 음을 나타냄을 밝히고 있다.[13] 이는 각 쌍이 한 음운의 이음임을 말해준다. 즉 ds와 j는 ㅈ의 이음임을, ts와 ch는 ㅊ의 이음임을, r과 l은 ㄹ의 이음임을 말해준다(최명옥 1986:753). 또한 b와 v도 문제가 된다. 이에 대해서는 별도의 언급은 없으나 v는 ㅂ의 유성마찰변이음 [β]을 나타내는 것으로 보인다.[14] 이를 한글 자음과 전사에 사용된 로마자를 대응시키면 (10b)와 같다.

다음으로 종성의 전사에 사용된 로마자와 한글 자음의 대응은 다음과 같다.

13) The same Corean letter stands for *ds* and *j* ; for *ch* and *ts* ; for *l* and *r*(p.6).
14) 최명옥(1986:754) 참조. 본문에서 v는 '집(집안이 jivăni, 코6-9), 집을 jivool, 코7-8)'과 '아바니(avani, 코27-1)' 두 단어를 전사할 때만 쓰였다.

(11) 종성 전사에 사용된 로마자와 한글 자음의 대응

g	*n*	*d*	*r & l*	*m*	*b*	*s & t*	*i*	*ng*
ㄱ	ㄴ	ㄷ	ㄹ	ㅁ	ㅂ	ㅅ	ㅣ	ㅇ

(11)에서는 ㄹ, ㅅ, ㅣ 등이 문제가 된다. 'ㅣ'를 자음에 포함시킨 것은 전통적인 반절표를 따른 것으로 보이므로 종성 자음에서 제외시켜야 한다.[15] ㄹ의 이음으로는 [r]과 [l]이 있지만 음절말에는 [l]밖에 올 수 없다. 따라서 (11)이 종성의 음가를 설명하는 것이라면 ㄹ의 음가는 l만 제시되어야 할 것이다.

종성 ㅅ에 대해서는 보다 자세히 검토해야 할 필요가 있다. (11)에서 보듯이 종성ㅅ에 대해서는 s와 t가 음가로 제시되었다. Note 4에서는 후행 자음이 ㅅ일 경우에는 s로 발음되고 그 외의 자음 앞에서는 후행자음에 동화됨을 밝히고 있다.[16] 또한 본문의 표기에서도 후행자음이 ㅅ일 경우에는 음절말의 ㅅ도 s로 적고 그 외의 환경에서에는 t로 적고 있다.

그러나 ㅅ 앞에서의 음절말 ㅅ이 [s]로 발음된다는 것은 현실음을 반영한 것이라고 보기는 어렵다. Note 4에서 음절말의 ㅅ은 후행 자음이 ㄷ, ㅌ일 경우에는 ㄷ으로 동화되고, 후행자음이 ㄱ, ㅋ일 경우에는 ㄱ으로 동화되며, 후행자음이 ㄴ일 경우에는 ㄴ으로 동화된다고 밝히고 있다. 이는 음절말 ㅅ이 ㅅ을 포함한 모든 자음 앞에 놓이게 될 경우 ㄷ으로 바뀌는 것을 전제로 한다. 따라서 '왓슴 wassum(코1-13)'과 같은 경우에 '왓-+-슴 → 왇슴 → 왇씀 → 와씀'과 같은 과정을 겪어야 할 것이다. 만약 ㅅ 앞에서 음절말의 ㅅ이 [s]로 발음된다면 '왓-+-슴'은 [wassɨm]으로

15) 김영배(1983a)에서는 하향이중모음을 Vi(V는 핵모음)와 같은 형식으로 적으면서 i를 이중모음의 부음으로 보아 종성으로 생각했을 수도 있다고 보고 있다.

16) Euphony plays strange tricks with these finals, especially with ㅅ which should be *s*, but is so only before an *s*. It is assimilated by the succeeding consonant, becoming English *t*, before *d* or *t* ; *k* before *g*, *k* ; *n*, before *n*, &c(p.7).

발음되어야 하는데 모음 사이에서 [ss]와 같은 발음이 가능하다고 보기도 어렵다.17) 따라서 음절말의 ㅅ을 s로 적은 것은 현실음 표기라기보다는 한글 표기에 이끌린 전사로 볼 수 있다.

자모결합표(Consonants with Vowels Attached)를 통해서도 *Corean Primer*의 자음체계를 확인할 수 있는데 자모결합표는 다음과 같다.

(12) 자모결합표(Consonants with Vowels Attached)

가	갸	거	겨	고	교	구	규	그	기	ᄀᆞ
ga	*gia*	*gu*	*giu*	*go*	*gio*	*goo*	*giw*	*gu*	*gi*	*ga*
나	냐	너	녀	노	뇨	누	뉴	느	니	ᄂᆞ
na	*nia*	*nu*	*niu*	*no*	*nio*	*noo*	*niw*	*nu*	*ni*	*na*
다	댜	더	뎌	도	됴	두	듀	드	디	ᄃᆞ
da	*dia*	*du*	*diu*	*do*	*dio*	*doo*	*diw*	*du*	*di*	*da*
라	랴	러	려	로	료	루	류	르	리	ᄅᆞ
nal	*lia*	*nul*	*liu*	*nol*	*lio*	*nool*	*liw*	*lul*	*lil*	*la*
마	먀	머	며	모	묘	무	뮤	므	미	ᄆᆞ
ma	*mia*	*mu*	*miu*	*mo*	*mio*	*moo*	*miw*	*mu*	*mi*	*ma*
바	뱌	버	벼	보	뵤	부	뷰	브	비	ᄇᆞ
ba	*bia*	*bu*	*biu*	*bo*	*bio*	*boo*	*biw*	*bu*	*bi*	*ba*
사	샤	서	셔	소	쇼	수	슈	스	시	ᄉᆞ
sa or sha	*sia or shia*	*su or shu*	*siu or shiu*	*so or sho*	*sio or shio*	*soo or shoo*	*siw or shiw*	*su or shu*	*si or shi*	*sa or sha*
하	햐	허	혀	호	효	후	휴	흐	히	ᄒᆞ
ha	*hia*	*hu*	*hiu*	*ho*	*hio*	*hoo*	*hiw*	*hu*	*hi*	*ha*
자	쟈	저	져	조	죠	주	쥬	즈	지	ᄌᆞ
dsa or ja	*dsia or jia*	*dsu or ju*	*dsiu or jiu*	*dso or jo*	*dsio or jio*	*dsoo or joo*	*dsiw or jiw*	*dsu or ju*	*dsi or ji*	*dsa or ja*

17) 모음간 ㅅㅅ의 연쇄가 불가능하다는 것은 배주채(1989:99)를 참조할 수 있다.

차	챠	처	쳐	초	쵸	추	츄	츠	치	ᄎᆞ
tsa or cha	*tsia or chia*	*tsu or chu*	*tsiu or chiu*	*tso or cho*	*tsio or chio*	*tsoo or choo*	*tsiw or chiw*	*tsu or chu*	*tsi or chi*	*tsa or cha*
타	탸	터	텨	토	툐	투	튜	트	티	ᄐᆞ
ta	*tia*	*tu*	*tiu*	*to*	*tio*	*too*	*tiw*	*tu*	*ti*	*ta*
파	퍄	퍼	펴	포	표	푸	퓨	프	피	ᄑᆞ
pa	*pia*	*pu*	*piu*	*po*	*pio*	*poo*	*piw*	*pu*	*pi*	*pa*
카	캬	커	켜	코	쿄	쿠	큐	크	키	ᄏᆞ
ka	*kia*	*ku*	*kiu*	*ko*	*kio*	*koo*	*kiw*	*ku*	*ki*	*ka*

(12)에서 주목을 끄는 것은 ㅅ, ㅈ, ㅊ의 자모결합표이다. 다른 자음들에 대해서는 하나의 로마자 표기만을 배정했는데 ㅅ, ㅈ, ㅊ에 대해서는 각각 두 개의 로마자 표기를 배정하고 있다. ㅈ, ㅊ의 자모결합표는 (10)에 제시된 것과 일치하므로 ds와 j는 ㅈ의 이음을 전사하는 데 사용되었고, ts와 ch는 ㅊ의 이음을 전사하는 데 사용되었음을 알 수 있다. ㅅ에 대해서는 (10)의 자모대응표에는 제시되어 있지 않으나 (12)를 통해 ㅅ의 이음을 전사하는 데 s와 sh가 사용되었음을 알 수 있다.[18]

이상의 자료를 통해 확인할 수 있는 *Corean Primer*의 자음은 ㄱ, ㄴ, ㄷ, ㄹ, ㅁ, ㅂ, ㅅ, ㅇ, ㅈ, ㅊ, ㅋ, ㅌ, ㅍ, ㅎ의 14개이다. 그런데 *Corean Primer*의 Introduction과 Corean Alphabet 부분은 문자와 관련된 기술이기 때문에 당시의 자음체계를 충실하게 보여주지 못한다. 위의 14개의 자음목록을 살펴보면 경음이 모두 빠져 있음을 알 수 있다. *Corean Primer*에서 경음의 한글표기는 모두 ㅅ계 합용병서를 통해 나타내고 있는데 이러한 표기에 이끌렸기 때문에 John Ross는 경음을 자음의 연쇄로 파악하여 자음목록에 포함시키지 않았다.[19] 따라서 *Corean Primer*의 완

18) ㅅ, ㅈ, ㅊ에 대해 두 가지 표기가 사용된 것은 이 자음의 구개변이음을 표시하기 위한 것이다.

전한 자음체계는 본문의 전사를 분석함으로써 확인할 수 있다. 또한 변이음의 실현양상도 본문의 전사를 통해 파악할 수 있다.

*Corean Primer*의 본문에서 자음의 목록을 확인할 수 있는 예 중에서 초성과 종성에 모두 쓰인 자음의 예는 다음과 같다.

(13a) ㄱ : *g* 가져오시 *g*ajiuoshi(코1-22, 携), 거두워 *g*udoowu(코3-9, 收), 구녕 *g*ooniung(코7-5, 穴)
둥국 doong*g*oo*g*(코24-2, 中國), 벽다구 biu*g*daghoo(코24-17, 骨)
k 속속키 so*k*so*k*ki(코27-2, 速)
gh 돌또구 doldó*gh*oo(코7-11, 돌쩌귀), 외국 oe*gh*oog(코7-11, 外國), 바그시 ba*gh*ushi(코7-11, 못을~)

b) ㄷ : *d* 디우난 *d*ioonan(코20-6, 釀), 믄딘다 men*d*in*d*a(코20-6, 作), 어드럴디 u*d*urul*d*i(코22-17, 何)
t 다못 damo*t*(코22-24, 但), 잇다 i*t*da(코22-27, 有), 타갓다 tagha*t*da(코23-8, 乘)

c) ㅂ : *b* 부엿슴마 *b*ooyussumma(코14-2, 空), 방안이 *b*angani(코14-7, 房), 사발 sa*b*al(코3-4)
v 집안이 ji*v*ăni(코6-9, 家), 집을 ji*v*ool(코7-8, 家), 아바니 a*v*ani(코27-1, 父)
p 압방 a*p*bang(zh3-10, 前房), 밥 ba*p*(코3-11, 食), 둣눕갓다 doonnoo*p*gatda(코6-7, 臥), 집 ji*p*(코7-1, 家)
cf. 밥이 bă*p*i(코4-8, 食),

d) ㄴ : *n* 나가네 *n*aganê(코5-16, 客), 노싀 *n*ose(코9-4, 騾), 누어서 *n*oousu(코15-17, 臥)
난다 na*n*da(코20-1, 産), 간슈하시 ga*n*shiwhashi(코3-9, 看守)

e) ㅁ : *m* 무랑말을 *m*oorang*m*arul(코12-16, 馬), 무던하다 *m*oodunhada(코12-16, 順)
암말(코12-15, 馬), 숫말이 soo*m*mari(코12-14, 馬), 낫슴마 nassu*m*ma(코12-20)

f) ㅇ : *ng* 동안 do*ng*an(코22-20, 間), 가장 gadsa*ng*(코22-22, 最), 날마당 nalmada*ng*(코22-27, 每日)

19) Note 5의 'When ㅅ precedes a consonat(또, dó) it makes it very acute, like Chinese 4th tone.....'를 통해서 이러한 사실을 파악할 수 있다.

g) ㄹ : *r* 사람은 sa*r*amun(코33-3, 人), 진셔로 jinshê*r*o(코1-15, 眞書)
rr 설러라 su*rr*ura(코4-13, 斷), 잘레갓넌 dsa*rr*êghannun(코4-17, 充)
l 령혼은 *l*iung whonun(코33-1, 靈魂), 물독 moo*l*dog(코4-19)
ll 돌노 do*ll*o(코7-4, 石), 불너 boo*ll*u(코7-10, 呼), 돌녀감 do*ll*iugam (코12-6, 回)

(13a)에서 보듯이 ㄱ은 대부분 *g*로 전사되었다. 종성의 경우에는 *g*와 *k*가 같이 쓰였다. *gh*는 ㄱ의 유성변이음을 적기 위해서 사용되었다. (13b)는 ㄷ의 경우로서 초성은 모두 *d*로, 종성은 모두 *t*로 적힌다. ㄷ말음 어간이 없기 때문에 종성의 ㄷ이 어떻게 적히는지는 확인할 수 없으나 한글 표기에 ㅅ이 종성으로 쓰인 경우를 통해 종성의 ㄷ이 *t*로 적힘을 알 수 있다.[20] ㄱ의 경우와는 달리 ㄷ의 유성변이음이 다른 전사방법으로 적힌 예는 없다. (13c)는 ㅂ의 경우로서 초성은 *b*로 적혔고, 종성은 *p*로 적혔음을 알 수 있다. 또한 *v*는 ㅂ의 유성변이음을 적는 데 사용되었다.

ㄴ, ㅁ, ㅇ은 한 가지 문자로만 전사되었다. (13d)는 ㄴ의 경우로서 초성이나 종성 모두 *n*으로 전사되었다. 또한 (13e)의 ㅁ도 초성이나 종성 모두 *m*으로 전사되었다. (13f)는 ㅇ의 경우로서 종성에서만 나타나며 모두 *ng*로 전사되었다.

(13g)는 ㄹ의 경우이다. 초성의 ㄹ은 *r*로 적히고, 종성의 ㄹ은 *l*로 적히는 것이 일반적이다. 초성 위치에 *l*이 사용된 경우는 '령혼'이 유일한 예인데 한자음에 이끌려 의도적으로 *l*로 표기한 것으로 보인다.[21] ㄹㄹ의 연쇄를 적을 때는 *rr*과 *ll* 표기가 모두 사용되었다.[22]

---

20) *Corean Primer*의 Nine Finals에서 ㅅ이 종성으로 쓰이며 그 음가는 *s*와 *t*라고 밝혀 놓은 것은 바로 이것과 관련이 있다. 즉, 한글 표기에서 ㅅ을 종성으로 쓰되 그 음가는 *t*이므로 ㅅ이 종성으로 쓰일 수 있으며 그 음가는 *t*라고 밝혀 놓은 것이다. 그리고 ㅅ이 종성으로 쓰일 때 *s*일 수도 있다고 밝혀 놓은 것은 '왓슴 wassum(코1-13, 來)'과 같은 경우의 한글 표기에 이끌렸기 때문인 것으로 보인다.

21) 이 방언의 일반적인 한자어 발음에 따르면 '靈魂'은 '녕혼'으로 나타나야 한다.

22) 김영배(1983)에서는 모음간에 *r*을 겹쳐 *rr*로 쓰는 것에 오류가 많음을 지적하고 있

다음으로 초성에서만 쓰이는 자음의 예는 다음과 같다.

(14a) ㅅ : *s* 석갈릐를 *s*uggarrerul(코7-17, 椽), 무섭다 moo*s*upda(코8-15, 恐)
sh 쇼 *sh*o(코9-1, 牛), 시겨 *sh*igiu(코14-40, 使), 실타 *sh*ilta(코7-18, 厭), 일시 yil*shi*(코22-20, 一時)

b) ㅈ : *ds* 잘레가슴메 *ds*arrêghasummê(코4-18, 充), 저울이 *ds*uoori(코16-12, 秤), 조조상 *dsods*osang(코4-2, 朝飯)
j 쟈근 *j*iaghun(코9-8, 小), 져약 *j*iunyag(코21-22, 夕), 죠곰 *j*iogom(코5-18, 少), 지짐 *ji*j*im(코4-9)

c) ㅊ : *ts* 차니 *ts*ani(코6-9, 冷), 초와 *ts*owa(코4-14, 醋), 추판 *ts*oopan(코4-6)
ch 챠를 *ch*iarul(코9-5, 車), 쳔지문 *ch*iunjemun(코2-7, 千字文), 호쵸 ho*ch*io(코4-14, 椒),

d) ㅋ : *k* 크고 *k*ugho(코9-3, 大), 암카이 am*k*ai(코9-18, 雌犬), 낫코 nak*k*o(코9-18, 産), 극키 guk*k*i(코32-11, 極)

e) ㅌ : *t* 틀님업다 *t*ullimupda(코32-12, 正確), 어글러티지 ughurru*t*iji(코33-7, 拒)

f) ㅍ : *p* 페랍다 *p*êrapda(코32-13, 異常), 편지 *p*iunji(코1-14, 便紙), 세련푼 shêriun*p*oon(코6-5, 대야)

g) ㅎ : *h* 함지 *h*amji(코6-6), 해 *h*ai(코6-13, 日), 곤하니 gon*h*ani(코6-7, 困), 흘그로 *h*ulguro(코7-5, 土)

(14a)는 ㅅ의 예로서 *s*, *sh*의 두 가지 표기가 사용되었다. 다소 혼란이 있기는 하지만 y나 모음 '이' 앞에서는 구개변이음을 적기 위하여 *sh*가 사용되었고 그 외의 환경에서는 *s*가 사용되었음을 보여준다. (14b, c)는 ㅈ, ㅊ의 예로서 ㅅ과 마찬가지로 다소 혼란이 있기는 하지만 y나 모음 '이' 앞에서는 구개변이음을 적기 위하여 *j*, *ch*가 사용되었고 그 외의 환경에서는 *ds*, *ts*가 사용되었음을 보여준다. (14d, e, f, g)는 ㅋ, ㅌ, ㅍ, ㅎ의 예로서 각각 *k, t, p, h*가 사용되었음을 보여준다.

다. '소리를 sorrirul(코5-4, 聲)'과 같은 예는 오류임이 분명하지만 '긱실로 gegshirro(코5-13, 客室)'의 경우는 오류라고 보기는 어렵다. 다만 ㄹㄹ의 연쇄를 *ll*이 아닌 *rr*로 적은 것은 여전히 문제가 된다.

경음을 확인할 수 있는 예는 다음과 같다.[23)]

(15a) ㅺ : *gv́* ᄭᅩᆺ과 *gó*tgwa(코8-12, 花), ᄭᅡᆯ고 *gá*lgo(코6-7, 席), 팔ᄭᅩ pal*gó*(코14-35, 賣), 일ᄭᅮᆫ yil*góo*n(코7-9, 일꾼)

ㄱ$ㄱ : *gg* 톡기 to*gg*i(코10-11, 兎), 싁기 se*gg*i(코9-18, 兒), 독구 doggoo(코15-8, 斧)

ㅅ$ㄱ : 밧구러 ba*gg*ooru(코12-4, 換), 집 밧게 jipba*gg*ê(코8-6, 家外)

b) ㅼ : *dv́* ᄯᅩ *dó*(코14-29, 又), ᄯᅡ에는 *dá*ênun(코21-3, 地), 돌ᄯᅩ구 dol*dó*ghoo(코7-11, 돌쩌귀), ᄯᅮᆺᄯᅮᆺ한 *dú*t*dú*t(코32-4), ᄯᅵᆯ광이 *dí*lgwangi(코21-6)

ㅅ$ㄷ : *td* 칫딕 tse*td*ig(코5-10, 鞭), 삿디 sa*td*i(코14-8, 席), 맛당이 ma*td*angi(코25-16, 當)

c) ㅽ : *bv́* ᄲᅡᆯ으다 *bá*ruda(코12-18, 速), ᄲᅡᆺ뎌 *bá*tdiu(코24-21, 溺)

ㅅ$ㅂ : *pb* 밧바 ba*pb*a(코22-21, 忙)

cf. 찻보기 tsa*tb*oghi(코3-7, 茶器)

d) ㅆ : *sv́* 싸으시 *sá*ushi(코7-26, 積), 쓰고 *sú*go(코1-15, 書), 쌍녀여 *sá*ngneyu(코11-63, 借), 싸움을 *sá*umul(코30-2, 鬪), 수시쌀 sooshi*sá*l(코14-28, 수수쌀),

ㅅ$ㅅ : *ss* 빗사 bi*ss*a(코17-24, 高價), 잇서도 i*ss*udo(코25-26, 有)

cf. 왓슴믜 wa*ss*umme(코221-1, 來), 보갓슴 bogha*ss*um(코25-4, 見), 잇슴 i*ss*um(코27-6, 有)

e) ㅾ : *dsv́* ᄶᅡ구 *dsá*ghoo(코25-24, 원문에는 *dá*ghoo, 鹽)

jv́ ᄶᅵ면 *jí*miun(코11-65)

(15)에서 보듯이 *Corean Primer*에서 경음을 표기하는 방식은 두 가지이다. 첫째는, 한글 표기에 ㅅ계 합용병서를 쓰고 로마자 전사에는 후행 모음에 부가기호를 붙이는 방식이다. 둘째는, 선행음절에 같은 자음이나 ㅅ을 겹쳐 쓰는 방식이다.[24)] (15)를 통하여 ㄲ, ㄸ, ㅃ, ㅆ, ㅉ 5개의 경음

---

23) (15)에서 v́는 후행 모음에 부가기호 ' ́ '를 붙였음을 의미한다. 또한 두 자음 사이의 $는 음절경계를 의미한다.

24) 같은 자음이 아닌 ㅅ을 앞 음절의 종성에 쓴 경우는 두 자음이 하나의 경음을 나타내는 것이 아닌, 음절경계를 사이에 두고 두 자음이 연쇄된 것으로 파악할 수도 있다. 즉 '밧구러, 밧바' 등은 각각 [patk'urə, patp'a]를 표기한 것으로 볼 수도 있다. 그러나 현재의 이 방언에서는 이들이 모두 [pak'urə, pap'a]로 발음되므로 이 책

을 확인할 수 있다.

이상의 내용을 종합하여 *Corean Primer*에 나타난 자음 목록 및 변이음을 정리하면 다음과 같다.

(16) *Corean Primer*의 자음 목록

한글	전사	변이음	음운	한글	전사	변이음	음운
ㅂ	*b* *v*	[p] [β]	/p/	ㄷ	*d* *s*	[t] [t˺]	/t/
ㅃ	*bv́* *pb*	[p']	/p'/	ㄸ	*dv́* *td*	[t']	/t'/
ㅍ	*p*	p^{h}	/p^{h}/	ㅌ	*t*	[t^{h}]	/t^{h}/
ㄱ	*g* *gh*	[k, k˺] [g]	/k/	ㅈ	*ds* *j*	[ʦ] [dz] [ʧ] [ʤ]	/ʦ/
ㄲ	*gv́* *gg*	[k']	/k'/	ㅉ	*dsv́* *jv́*	[ʦ'] [ʧ']	/ʦ'/
ㅋ	*k*	[k^{h}]	/k^{h}/	ㅊ	*ts* *ch*	[ʦ^{h}] [ʧ^{h}]	/ʦ^{h}/
ㅅ	*s* *sh*	[s] [ʃ]	/s/	ㅎ	*h*	[h]	/h/
ㅆ	*sv́* *ss*	[s']	/s'/	ㅇ	*ng*	[ŋ]	/ŋ/
ㅁ	*m*	[m]	/m/	ㄴ	*n*	[n]	/n/
ㄹ	*r* *l*	[r] [l]	/l/				

(16)의 자음 목록은 현재 이 방언의 자음 목록과 비교했을 때 ㅈ, ㅉ, ㅊ의 조음위치가 현재와 다르고, ㆆ의 존재를 확인할 수 없다는 점에서

에서는 이 표기를 두 자음의 연쇄가 아닌 경음으로 해석한다.

그리고 '잇서도 issudo(코25-26, 有)'는 매우 흥미롭다. 서북방언 대부분의 지역에선 '있-, -았/었-, -겠-' 등이 '잇-, -앗/엇-, -갓-'으로 나타나는데(방언연구회 2001: 232) 현재의 이 방언에서는 '있-, -았/었-, -갔-'으로 나타난다. *Corean Primer*에서는 '잇서도 issudo'를 제외한 다른 예가 발견되지 않기 때문에 확신할 수 없지만 이 표기가 정확한 것이라면 이 방언에서 '잇-, -앗/엇-, -갓-'에서의 ㅅ의 경음화 시기는 *Corean Primer* 이전까지 끌어올릴 수 있다.

차이가 있다. 2.1.1.에서 살펴보았듯이 현재 이 방언의 ㅈ, ㅉ, ㅊ은 경구개 위치에서 조음될 뿐 다른 변이를 보이지 않기 때문에 경구개음으로 분류된다. 그러나 이 시기의 ㅈ, ㅉ, ㅊ의 주변이음은 치조음이고, 모음 '이'나 y 앞에서 경구개 변이음으로 실현되기 때문에 치조음으로 분류된다. 또한 *Corean Primer*에서는 ㆆ의 존재를 확인할 수 없다. *Corean Primer*의 자료가 한정되어 있기 때문에 현재로서는 당시의 ㆆ의 존재여부를 알 수 없다.

*Corean Primer*의 자음을 조음방법과 조음위치에 의해 분류하면 [표 2-6]과 같다. ㅈ, ㅉ, ㅊ의 조음위치가 다르고 ㆆ이 없는 것을 빼고는 현재 이 방언의 자음체계와 같다.

분 류			양순음	치음	치조음	연구개음	성문음
장애음	폐쇄음	평 음	ㅂ p	ㄷ t		ㄱ k	
		경 음	ㅃ p'	ㄸ t'		ㄲ k'	
		유기음	ㅍ p^h	ㅌ t^h		ㅋ k^h	
	마찰음	평 음		ㅅ s			ㅎ h
		경 음		ㅆ s'			
	파찰음	평 음			ㅈ ʧ		
		경 음			ㅉ ʧ'		
		유기음			ㅊ ʧ^h		
공명음	비 음		ㅁ m	ㄴ n		ㅇ ŋ	
	유 음			ㄹ l			

[표 2-6] 19세기 후기의 자음체계

2.2.2. 모음체계

*Corean Primer*의 모음체계도 자음체계의 경우와 같은 방법으로 확인할 수 있다. *Corean Primer*에서 모음의 전사에 사용된 로마자와 한글 모음의 대응은 다음과 같다.

(17a) 모음 전사에 사용된 로마자와 음가

Alphabet	Value	Alphabet	Value	Alphabet	Value
a	*art*	*e*	met	*ê*	made
i	*it*	*o*	pot(always)	*oo*	moon
u	*fun*				

b) 모음 전사에 사용된 로마자와 한글 모음의 대응

한글	Alphabet	한글	Alphabet	한글	Alphabet
아	*a*	애	*e*	에	*ê*
이	*i*	오	*o*	우	*oo*
어	*u*				

(17)에서는 '으'를 제외한 7개의 단순모음만 확인할 수 있다. '애'와 '에'는 단순모음 [ɛ]와 [e]를 나타낸다(김영배 1983, 최명옥 1986:765-757). 비록 Note 1에서 '애'는 *a*와 *i*가 결합된 것이고 '에'는 *u*와 *i*가 결합된 것이라 설명하고 있지만 실제 전사에서는 늘 하나의 문자 *e*, *é*만을 쓰기 때문에 단순모음으로 보는 데 문제가 없다. 따라서 '애'는 단순모음 [ɛ]를, '에'는 단순모음 [e]를 나타내는 것임을 알 수 있다.

'으'의 존재는 자모결합표에서 확인할 수 있다. 자모결합표 중 초성이 없는 단순모음만 제시하면 다음과 같다.

(18) 자모결합표(Consonants with Vowels Attached)

아	어	오	우	으	이	ᄋᆞ
a	*u*	*o*	*oo*	*u*	*i*	*a*

(18)에서는 '으'를 확인할 수 있으나 필요 없는 'ᄋᆞ'가 포함되어 있고, '에, 애'가 빠져 있다는 사실을 알 수 있다. 자모결합표는 당시의 모든 자음과 모음을 체계적으로 드러내기 위한 것이 아닌, 전통적인 반절표의 형식으로 자음과 모음의 결합만을 보이는 것이기 때문에 'ᄋᆞ'가 포함되고 '에, 애'가 빠진 것이다. 자모결합표에 'ᄋᆞ'가 포함되어 있고 본문에도

'ᄋᆞ'가 쓰였지만 모든 'ᄋᆞ'를 *a*로 전사한 것으로 보아 문자만 남아 있을 뿐 실제 음가는 '아'와 같았을 것으로 보는 데 무리가 없다(김영배 1983, 최명옥 1986:756).

그런데 '으'를 적는 데 로마자 *u*를 쓴 것은 다소 문제가 있다. (17)에서 보았듯이 *u*는 '어'를 적기 위한 문자였는데 '으'를 적을 때도 같은 문자를 사용한 것이다. 로마자 전사에서뿐만 아니라 한글 표기에서도 '으'와 '어'가 혼동된 예가 많이 발견된다(스서로 susuro(코24-24, 自), 근넌 gunnun(코30-9, 걷는), 반더시 bandushi(코23-6, 必) 등). 이러한 사실 때문에 당시에 '어'와 '으'가 구별되지 않았을 것으로 볼 수도 있다.

김영배(1983)에서는 *Corean Primer*에 나타난 '어'와 '으'의 혼기 양상은 당시의 현실음을 반영한 것으로 파악하고 있다. 특히 관형사형어미 '-는'을 비롯한 문법형태소에서 이러한 경향이 많음을 지적하며 ㄴ, ㄷ 뒤에서 '으'와 '어'의 '변이음역의 중복을 가진 개인어의 반영'이라고 보고 있다. 최명옥(1986:576)은 이러한 혼기 양상에도 불구하고 두 모음은 별개의 음운이었을 것으로 보고 있다. '으'와 '어'의 혼기는 비어두 위치에서만 나타나고, 현대 서북방언에서는 두 모음이 별개의 음운으로 나타난다는 것을 그 증거로 삼았다.

'으'와 '어'의 혼기에도 불구하고 두 모음은 별개의 음운으로 보는 것이 타당하다. 이를 입증할 가장 강력한 증거는 현대 의주방언에서 찾을 수 있다. 2.1.1.에서 살펴보았듯이 이 방언에서 '으'와 '어'는 별개의 음운이며 두 음운이 혼동되는 경우는 전혀 없다. 또한 이 방언뿐만 아니라 서북방언 전체에서 '으'와 '어'는 별개의 음운이다(김영배 1977:41). 서북방언 전체에서 '으'와 '어'의 혼동이 나타나는 경우가 없고, 현대 의주방언에서도 그러한 혼동이 나타나지 않으므로 *Corean Primer*가 집필되던 당시에만 두 모음의 혼란이 있었다고 보기는 어렵다.[25)]

이상에서 '아(ᄋᆞ), 어, 오, 우, 으, 이, 에, 애(ᄋᆡ)' 8개의 단순모음을 확인할 수 있다. 이상의 단순모음은 현대 의주방언과 동일하다. 이 단순모음들이 본문에 쓰인 예들은 다음과 같다.

(19a) 아, ᄋᆞ : *a* 아들 *a*dul(코2-6, 子), 맛당이 m*a*td*a*ngi(코1-6, 當), 사람 s*a*r*a*m(코3-20, 人), 못ᄒᆞ갓다 moth*a*gh*a*td*a*(코11-42, 不能)

b) 어 : *u* 어디 *u*di(코11-50, 何處), 어들어소와 *u*dur*u*sowa(코17-19, 何), 어즛 *u*dsut(코29-4, 昨), 도적이웨 dods*u*giwê(코29-10, 盜賊)

c) 오 : *o* 오야지 *o*yaji(코31-4, 李), 오갓슴메 *o*ghassummê(코13-7, 來), 팍글오 paggur*o*(코20-10, 赤豆), 오곡이 *o*gh*o*gi(코21-3, 五穀)

d) 우 : *oo* 우러질 *oo*rujil(코23-6, 雷), 우편에 *oo*piunê(코15-12, 右), 겨울에는 giu*oo*rênun(코23-7, 冬), 북풍이 b*oo*gp*oo*ngi(코23-7, 北風)

e) 으 : *u* 은갑 *u*n-ghap(코16-1, 銀), 즐음길이 ds*u*r*u*mgiri(코11-38, 지름길), 되션은 doeshun*u*n(코20-1, 朝鮮)

f) 이 : *I* 반드시 bandushi(코27-10, 必)

yi 이쟈 *yi*jia(코22-9, 今), 이스면 *yi*sumiun(코22-12, 有), 이무 *yi*moo(코25-4, 旣)

g) 에 : *ê* 에순 *ê*soon(코18-4, 六十), 낭게는 nangg*ê*nun(코21-3, 木), 세 가지 s*ê*ghaji(코21-7, 三), 그적게 gudsugg*ê*(코22-1, 前前日)

h) ᄋᆡ : *e* ᄇᆡ b*e*(코21-5, 梨), ᄆᆡᆺ친다 m*e*chinda(코21-3, 實), ᄯᆡ람마 d*é*ramma(코14-19, 燃), 창ᄭᆡ는 tsangg*é*nun(코20-8, 참깨)

'ᄋᆞ'는 'ᄒᆞ-(爲)'를 적을 때 주로 쓰였지만 '하-'로 적은 예(못하다, 하갓너니, 간슈하시)도 많이 발견되므로 문자만 남아있을 뿐 음가는 '아'와 동일했음을 알 수 있다. 이전 시기에 하향이중모음이었을 것으로 보이는 '에, 애'는 모두 단모음으로 나타난다.[26] 표기상 'ᄋᆡ'가 나타나는데 이는

---

25) 김영배(1983)에서 언급된 '개인어의 반영'은 가능성도 낮고 확인할 수 있는 방법도 없다. '으'와 '어'의 혼란은, *Corean Primer*의 바탕이 된 한국어 화자의 문제라기보다는 John Ross의 문제였을 가능성이 더 크다.

26) '에, 애'가 이전 시기에 하향이중모음이었다는 것은 '머이고 muigo(코29-5)'와 같은

'애'를 적기 위한 것일 뿐 하향이중모음이거나 다른 단순모음을 나타내는 것은 아니다.

그런데 '외'에 대해서는 보다 면밀한 검토가 필요하다. '외'에 대해서는 Introduction에 따로 언급되어 있지도 않고 자모결합표에도 나타나 있지 않다. 따라서 '외'의 음가를 추정하기 위해서는 본문의 전사를 검토해야 한다. *Corean Primer*에서의 '외'는 다음과 같이 다소 복잡하게 전사된다.

(20a) 외국 *oe*ghoog(코7-11, 外國), 변외 biun*oe*(코9-11, 邊外), 회식 h*oe*seg (zh31-4, 灰色), 되션 d*oe*shun(코1-1, 朝鮮), 쇠소한 sh*oe*shohan(코3-8), 되엿슴메 d*oe*yussummê(코4-6, 化), 되 d*oe*(코12-30, 升)
cf. 되션 d*oe*shun(코9-1, 朝鮮), 쇠쇼한 sh*oe*shohan(코11-9)
b) 되야넌야 d*oi*yanunya(코4-5, 化), 못된 mot d*oi*n(코1-14), 못되메 motd*oi*mê (코17-15)
c) 변외예 biun*we*yu(코10-1, 邊外) vs. 변외 biun*oe*(코9-11, 邊外)
cf. 만소웨 mansowe(코1-21, 多)

(20a)에서 보듯이 '외'는 대부분 *oe*로 전사되었다. 비록 '외'를 전사하는 데 모음의 연속체 *oe*를 쓰기는 했지만 해당 한글 단어의 역사적 변화를 살펴볼 때 이것이 모음의 연쇄 '오애'를 나타낼 가능성은 전혀 없다. 최명옥(1986:758-760)에서는 '외'를 적는 데 로마자 두 개가 배정되었다는 이유로 ö > wɛ의 과정을 겪은 이중모음이라고 보았다. 최전승(1987:17)도 이 때의 '외'는 이중모음 we라고 보았으나 oy > we의 과정을 겪은 것으로 파악했다는 면에서 최명옥(1986)과 다르다. 김영배(1983)은 이중모음 [we]로 보았다.

예에서 확인할 수 있다.

그러나 *oe*는 단모음 [ö]를 적은 것으로 보인다. 영어의 음성전사 관례를 살펴보면 *oe*는 단모음 [ö]를 적는 데 주로 사용되었다. 만약 이것이 단모음 [ö]가 아닌 하향이중모음 [oy]라면 *oi*로 전사되었을 것으로 판단된다. 실제로 (14b)에서 알 수 있듯이 '되-(化)'의 경우는 *doi*-로 적힌 경우가 종종 있지만 대부분 *oi*가 아닌 *oe*로 적었다는 사실은 이 때의 '외'가 하향이중모음은 아니라는 사실을 뒷받침하고 있다.

물론 *oe*가 w계 상향 이중모음을 나타내는 것으로 볼 수도 있다. 그런데 이때의 '외'가 상향이중모음 '웨'또는 '왜'로 발음되었다면 *we*또는 *wê*로 적혀야 한다. 이는 *Corean Primer*에서 w계 상향이중모음을 가지는 단어의 표기를 살펴보면 알 수 있다. 자모결합표를 보면 '과, 궈, 와, 워, 솨, 숴, 화, 훠'는 각각 '*gwa, gwu, wa, wu, wa, swu, hwa, hwu*'로 적었고 본문에도 그대로 적용되었다(칼과 kalg*wa*(코3-6, 刀), 권댱으로도 g*wu*ndiangurodo(코32-14, 拳掌) 등). (14c)에서 보듯이 '외'가 *we*로 표기된 예는 하나뿐인데 같은 단어가 다른 곳에서는 *oi*로 표기된다. 이러한 사실은 이 당시의 '외'가 w계 상향이중모음은 아니었다는 것을 말해준다. 이상을 종합해 볼 때 *Corean Primer*가 집필된 시기의 '외'는 단순모음 [ö]로 발음되었을 것으로 보인다.[27)]

이상의 내용을 종합하여 *Corean Primer*의 모음 목록을 정리하면 다음과 같다. 현대 의주방언에서는 '외'가 이중모음인데 이 시기에는 단순모음인 것을 제외하고는 현재의 모음 목록과 같다.

---

27) '되-(化)'가 *oi*로 표기된 예가 있는 것으로 보아 기원적으로 하향이중모음을 가지고 있던 단어 중 일부는 이 시기에도 하향이중모음이었을 것으로 볼 수도 있다. 그러나 '외'가 *oi*로 적힌 예는 '되-(化)'밖에 없기 때문이 하향이중모음이 남아 있을 수 있는 어휘적 조건이나 음운론적 조건을 판단하기는 불가능하다. 또한 '변외(邊外)'가 *we*로 표기된 것으로 보아 이 시기의 '외'가 현대 의주방언과 같이 '왜'로 바뀌기도 했을 가능성을 생각해 볼 수도 있다. 그러나 이 역시 예가 하나밖에 없기 때문에 그 조건을 명확히 밝히기는 어렵다.

(21) *Corean Primer*의 모음 목록

<table>
<tr><th>한글</th><th>전사</th><th>변이음</th><th>음운</th><th>한글</th><th>전사</th><th>변이음</th><th>음운</th></tr>
<tr><td>아, ᄋᆞ</td><td>a</td><td>[a]</td><td>/a/</td><td>이</td><td>i</td><td>[i]</td><td>/i/</td></tr>
<tr><td>어</td><td>u</td><td>[ə]</td><td>/ə/</td><td>에</td><td>ê</td><td>[e]</td><td>/e/</td></tr>
<tr><td>오</td><td>o</td><td>[o]</td><td>/o/</td><td>ᄋᆡ</td><td>e</td><td>[ɛ]</td><td>/ɛ/</td></tr>
<tr><td>우</td><td>oo</td><td>[uʾ]</td><td>/u/</td><td rowspan="2">외</td><td rowspan="2">oe
oi
we</td><td rowspan="2">[ö]
[oy]
[wɛ]</td><td rowspan="2">/ö/</td></tr>
<tr><td>으</td><td>u</td><td>[ɨ]</td><td>/ɨ/</td></tr>
</table>

*Corean Primer*의 모음을 분류하면 [표 2-7]과 같다.[28]

<table>
<tr><th rowspan="2">구 분</th><th colspan="2">전 설 모 음</th><th colspan="2">후 설 모 음</th></tr>
<tr><th>평순모음</th><th>원순모음</th><th>평순모음</th><th>원순모음</th></tr>
<tr><td>고 모 음</td><td>이 i</td><td></td><td>으 ɨ</td><td>우 u</td></tr>
<tr><td>중 모 음</td><td>에 e</td><td>외 ö</td><td>어 ə</td><td>오 o</td></tr>
<tr><td>저 모 음</td><td>애 ɛ</td><td></td><td>아 a</td><td></td></tr>
</table>

[표 2-7] 19세기 후기의 모음체계

2.2.3. 활음과 이중모음체계

*Corean Primer*의 활음과 이중모음체계는 introduction과 자모 전사표, 그리고 본문의 표기를 통해 확인할 수 있다.

(22a) 활음 전사에 사용된 로마자

Alphabet	Value	Alphabet	Value	Alphabet	Value
w	*wan*	*wh(hw)*	*wh*y	*y*	*y*ard

28) *Corean Primer*에는 음장이 표시되어 있지 않기 때문에 장모음의 존재 여부를 확인할 수 없어 모음체계에는 포함시키지 않았다. 그러나 현재 이 방언을 감안하면 당시에도 장모음이 존재했을 것으로 보는 데는 무리가 없다.

b) 자모 결합표 1

야	여	요	유
ia or *ya*	*yu*	*yo*	*yoo*

c) 자모 결합표 2

갸	냐	댜	랴	먀	뱌	샤	햐	쟈	챠	탸	퍄	캬
gia	*ni*	*dia*	*lia*	*mia*	*bia*	*sia* or *shia*	*hia*	*dsia* or *jia*	*tsia* or *chia*	*tia*	*pia*	*kia*
겨	녀	뎌	려	며	벼	셔	혀	져	쳐	텨	펴	켜
giu	*niu*	*diu*	*liu*	*miu*	*biu*	*siu* or *shiu*	*hiu*	*dsiu* or *jiu*	*tsiu* or *chiu*	*tiu*	*piu*	*kiu*
교	뇨	됴	료	묘	뵤	쇼	효	죠	쵸	툐	표	쿄
gio	*nio*	*dio*	*lio*	*mio*	*bio*	*sio* or *shio*	*hio*	*dsio* or *jio*	*tsio* or *chio*	*tio*	*pio*	*kio*
규	뉴	듀	류	뮤	뷰	슈	휴	쥬	츄	튜	퓨	큐
giw	*niw*	*diw*	*liw*	*miw*	*biw*	*siw* or *hiw*	*hiw*	*dsiw* or *jiw*	*tsiw* or *chiw*	*tiw*	*piw*	*kiw*

d) 자모 결합표 3

과	궈	와	워	솨	숴	화	훠
gwa	*gwu*	*wa*	*wu*	*swa*	*seu*	*hwa*	*hwu*

(22a)를 통하여 활음 y와 w를 확인할 수 있다.[29] 두 활음의 음가를 제시한 *wan*과 *yard*를 살펴보면 모두 활음이 핵모음 앞에 쓰여 있다. 따라서 (22a)를 통해 제시된 활음은 상향이중모음에만 나타난다고 가정할 수 있다. 그러나 (22c)의 '규, 뉴, 듀……'에서는 *w*가 핵모음 뒤에 쓰여 있어 하향이중모음에서도 활음이 나타나는 것으로 볼 수 있다. 그러나 이는 표기상의 문제일 뿐 '규, 뉴, 듀……'가 실제로 하향이중모음이었을 가능성은 없다. 본문에서 '규, 뉴, 듀……'의 '유'를 적기 위해 *iw*를 쓰지 않고

29) *w* 이외에 *wh(hw)*도 제시되고 있지만 이는 '화'가 포함된 단어를 적을 때에만 사용되었으므로 *h*를 제외한 *w*만 활음을 나타내는 것임을 알 수 있다.

*ioo*를 썼다는 사실도 이 이중모음이 하향이중모음은 아니라는 것을 뒷받침한다. (22b, c)에서 y계 상향이중모음은 yV가 아닌 iV로 적힌 경우를 볼 수 있다. 그러나 '야'를 *ia* 또는 *ya*로 적을 수 있음을 보인 것으로 보아 표기만 다를 뿐 모음(V) 앞의 y나 i 모두 y임을 알 수 있다.

(22)을 통하여 '야, 여, 요, 유' 4개의 y계 상향이중모음과 '와, 워' 두 개의 w계 상향이중모음을 확인할 수 있다. 그런데 본문에서는 이 6개의 이중모음보다 더 많은 이중모음을 확인할 수 있다. 본문에서 y계 상향이중모음을 확인할 수 있는 예는 다음과 같다.

(23) y계 상향이중모음

a) 야 : *ya* 야들 *ya*dul(코3-6, 八), 젼약 jiun*yag*(코3-12, 夕), 되야넌야 doi*ya*nun*ya*(코4-5, 化), 갈양이 gar*ya*ngi(코9-9, 羊)
ia 치쟈 chij*ia*(코10-2), 쟈가 j*ia*gha(코10-11, 小), 갸반션 g*ia*banshen (코11-60, 帆船)

b) 여 : *yu* 열 *yu*l(코12-28, 十), 여우 *yu*-oo(코17-24, 狐), 여러 *yu*ru(코29-1, 多)
iu 뎡합데 d*iu*nghapdê(코29-11, 定), 관병이 gwanb*iu*ngi(코30-3, 官兵), 못견뎟슴 motg*iu*nd*iu*ssum(코30-5, 耐)

c) 요 : *yo* 용하다 *yo*nghada.(코11-17), 듕용은 dioong*yo*ngun(코2-9, 中庸), 목욕 mog*yo*g(코6-6, 沐浴)
io 됴티 d*io*ti(코11-24, 好), 죠금이면 j*io*ghomimiun(코11-34, 小), 부죡 booj*io*g.(코16-13, 不足)

d) 유 : *yoo* 육신은 *yoo*gshinun(코33-1, 肉身), 흑유가 hug*yoo*ga(코20-9, 黑油), 데육 dê*yoo*g(코9-11)
ioo 뉵빅 n*ioo*gbeg(코18-6, 六百), 즁국에 d*ioo*nggoogê(코22-4, 中國), 이뉵품 yin*ioo*gpoom(코30-1, 六)

(23)에서 보듯이 *Corean Primer*의 본문에서도 y계 상향이중모음은 '야, 여, 요, 유'밖에 확인할 수가 없다.[30] 현대 의주방언을 감안했을 때

30) 최명옥(1986:759)에서는 『예수셩교젼서』의 예(예비, 후예)를 들어 분포의 제약은 있

'예'가 존재할 것으로 생각되는데 그 예를 찾을 수 없다.[31]) 로마자 전사의 예를 보면 자음이 있는 경우에는 iV형으로 쓰고 자음이 없는 경우에는 yV형으로 썼음을 알 수 있다. 이것은 표기상의 차이일 뿐이다.

본문에서 w계 상향이중모음을 확인할 수 있는 예는 다음과 같다.

(24) w계 상향이중모음

a) 와 : *wa* 와쟝이 *wa*jiangi(코7-22, 瓦匠), 왓슴메 *wa*ssummê(코5-5, 來), 왕기웨 *wa*nggewê(코14-14, 王哥), 광이 g*wa*ngi(코9-19, 猫), 화분에 h*wa*boonê(코8-13, 花盆)

b) 워 : *wu* 원졔 *wu*njê(코22-9, 何時), 원수는 *wu*nsoonun (코30-7, 怨讐), 권하니 g*wu*nhani(코25-16, 勸), 굿세워니 goossê*wu*ni(코30-9, 强), 꿩 g*wu*ng(코10-14, 雉)

c) 웨 : *we* 만소웨 manso*we*(코1-21, 多)

wê 못하웨 motha*wê*(코1-19, 不能), 우에 oo*wê*(코24-1, 上)

(24)에서 확인된 w계 상향이중모음 중 '와, 워'는 자모 결합표에서도 제시되었지만 '웨'는 본문에서만 나타난다. *Corean Primer*의 본문에서는 선행 자음이 없는 예만 나타나기 때문에 자음과 결합될 수 있는지는 확인할 수 없다. 그런데 '우에 oowê(코24-1, 上)'와 같은 예에서 곡용시 활음이 첨가되는 것을 확인할 수 있으므로 이 시기에 이중모음 '웨'가 존재했다는 사실은 확신할 수 있다. *Corean Primer*에서 '왜'는 확인할 수가 없다. 현대 의주방언에서 '왜'로 나타나는 어형이 *Corean Primer*에서

지만 이 시기에 이중모음 '예'가 존재했을 것으로 보았다. *Corean Primer*의 본문에는 본문에는 '뙤션, 쇠쇼한' 등과 같이 한글 표기만 보면 마치 삼중모음을 가지고 있는 듯한 예가 발견된다. 그러나 앞에서도 지적했듯이 이는 단모음 '외'를 다르게 적은 것일 뿐 이중모음이거나 삼중모음인 것은 아니다. 김영배(1983a)에서는 '외'를 이중모음 [we]로 보았다.

31) 이는 *Corean Primer*에 '예'를 가진 자료가 나타나지 않는 것일 뿐이다. 당시에 '예'가 존재하지 않았다고 볼 이유는 없다. 현대 의주방언에서 y계 상향이중모음으로 나타나는 '예순'은 *Corean Primer*에서는 '에순 êsoon(코19-4)'로 나타난다.

는 보이지 않기 때문에 이 시기에 '왜'가 있었는지 없었는지 확인할 방법이 없다.

다음은 하향이중모음에 대해 살펴본다. *Corean Primer*의 본문에서 '위, 의' 두 개의 하향이중모음을 확인할 수 있다. 먼저 '위'의 표기양상을 살펴보면 다음과 같다.

(25) y계 하향이중모음 '위'

a) 위 : *ooi* 쉽다 so*oi*pda(코1-7, 易), 뒤에 d*ooi*ê(코5-3, 後), 퓌는[32] po*oi*nun(코8-11, 開花), 뉘 n*ooi*(코9-13, 誰), 쥐 j*ooi*(코9-19, 鼠), 쉬은 sh*ooi*un(코18-4, 五十)

b) 위 : *wei* 귀하다 g*wei*hada(코7-28, 貴), 장귀디 jiangg*wei*di(코11-19, 主人)

c) 위 : *wi* 귀가 g*wi*gha(코24-5, 耳)

d) 우이 : *ooi* 푸이시 po*oi*shi(코3-2, 點火), 두이루 do*oi*ro(코15-10, 後), 수인 석 so*oi*n(코16-6, 五十), 푸여라 po*oy*ura(코6-9, 點火), 부엿슴마 bo*oy*ussumma(코14-2, 空)
cf. 주인 jo*oi*n(코14-13, 主人)

(25)에서 알 수 있듯이 *Corean Primer*에서는 '위'를 *ooi, wei, wi* 세 가지로 적고 있다. 이중 가장 많이 쓰인 것이 (25a)의 *ooi*로서 '위'를 모음 '우'와 '이'의 연속체인 이중모음 [uy]로 파악했음을 보여준다. 왜냐하면 *Corean Primer*에서 '우'는 *oo*로, '이'는 *i*로 적었는데 '위'를 *ooi*로 적었다는 것은 두 모음의 연속체로 파악했다는 사실을 말해주기 때문이다. 비록 *wei, wi*와 같은 표기가 나타나기는 하지만 그것은 산발적인 표기일 뿐이다.

(25d)의 예도 *Corean Primer*의 '위'가 [uy]였음을 강력하게 뒷받침한다. (25d)를 살펴보면 영문 전사에서는 *ooi*를 쓰고 있지만 한글 전사에서

32) 원문에는 '퓌난'으로 적혀 있다.

는 '우이'를 쓰고 있음을 알 수 있다. 즉 '퓌시, 뒤루, 쉰 석'이라고 적어야 할 것을 두 음절로 나누어 적고 있는 것이다. 영문 전사는 같게 하면서도 한글 전사에 이러한 혼란이 나타난 것은 당시의 '위'를 두 모음의 연속체로 파악하기도 했다는 것을 말해준다. 그리고 (25d)에서 나타난 한글 전사와 영문 전사도 '위'가 [uy]일 때의 활용형과 같다는 것도 *Corean Primer*의 편찬자가 '위'를 두 모음 '우이'의 연속체로 파악했다는 것을 말해준다. 물론 *Corean Primer*의 편찬자가 두 모음의 연속체로 파악했지만 이것이 실제로는 하향이중모음 [uy]를 뜻하는 것은 자명하다.

최명옥(1986)과 최임식(1984)는 *Corean Primer*의 '위'가 [wi]였을 것으로 보았다. 최명옥(1986:760)에서는 '귀(耳)'의 표기, 『예수셩교젼셔』의 움라우트가 반영된 표기, 현대 평북방언 자료를 증거로 들고 있다. (10c)와 같이 *Corean Primer*에서 '귀'는 *gwi*로 표기되었는데 이러한 표기는 '위'가 [wi]일 가능성을 분명하게 보여주는 것으로 파악하고 있다. 또한 『예수셩교젼셔』의 '싊기니, 쥐기고' 등과 같이 움라우트가 나타나기 위해서 '위'는 [uy]가 아닌 [wi]여야 한다는 것이다. 현대 평북방언에서 '위'는 모든 경우에 [wi]로 나타나는데 이는 이전에 uy > ü > wi의 변화를 겪었기 때문이고 이러한 변화는 *Corean Primer* 이전에 완성된 것으로 추측했다.

그러나 최명옥(1986)과 최임식(1984)에서 제시한 증거는 *Corean Primer*의 '위'가 반드시 [wi]여야 함을 입증하기에는 부족하다. 비록 '귀, 귀하다'의 표기에서 *gwi, gwei* 등의 표기가 나타나기는 하지만 *ooi*의 표기가 압도적으로 많이 나타난다는 것이 문제가 된다. *Corean Primer*의 Introduction에서 Compound Vowel을 전사할 때 *w*를 사용했는데(과 gwa, 궈 gwu, 화 hwa 등), '위'를 적을 때는 *wi*가 아닌 *ooi*를 썼다는 사실은 일관성이 없기 때문에 문제가 된다. 또한 '우' 움라우트가 가능하려면 '우'의 움라우트 결과인 '위'가 [ü]이어야 할 이유는 없다. uC{i, y}와 같은 연쇄에서의 움라우트가 uC{i, y} > uyC{i, y} > üyc{i, y} > üC{i, y}의 과정을 겪는다고 보았을 때 '위'가 uy인 단계에서도 움라우트가 가능하기 때문이다. 그리고 현대 서북방언 대부분에서 '위'가 [wi]이기는 하지만 한영순(1956a)의 정밀한 조사에서는 부분적으로 [uy]가 존재함을 밝히고 있기 때문에 *Corean Primer* 이전에 uy > ü > wi의 변화가 완성되었다고 볼 이유가 없다.

최전승(1987)은 *Corean Primer*의 표기를 종합하고, 움라우트 규칙을 새로이 설정하여 '위'는 [uy]였을 것으로 보고 있다. 즉, (25a)와 같이 '위'가 ooi로 표기되는 경우가 압도적이라는 사실은 이미 언급한 바와 같다. 또한 '우' 움라우트는 '위'가 [ü]임을 전제로 할 필요 없이 u > uy / __C{i, y}와 같은 규칙에 의해 일어나는 것이기 때문에 *Corean Primer*의 '위'를 [uy]로 보는 데는 문제가 없다.[33)]

이상을 종합하면 19세기 후기의 '위'는 [uy]였음을 알 수 있다.

다음으로 하향이중모음 '의'를 확인할 수 있는 예는 다음과 같다.

(26) y계 하향이중모음 '의'

ui 의지여 uijiyu(코4-3, 椅子), 의논 uinun(코7-22, 議論), 네의 nêui(코25-15, 汝), 긔별을 guibiurul(코25-15),
cf. 힌 hin(<흰, 코4-16, 白), 어디 udi(코8-1, 何處),

일부 단어에서 하향이중모음 '의'가 발견되나 '힌, 어디' 등은 이미 '이'로 바뀌었음을 알 수 있다.[34)]

---

33) 단모음 '외[ö], 위[ü]'를 전제로 하지 않는 '오, 우'의 움라우트는 최전승(1987)에서 자세히 논의되었다. 또한 한성우(1996)에서도 공시적으로 '오'의 움라우트 결과 o → oy의 변화가 일어나는 경우도 보고하였다.

34) 최명옥(1986:761)에서는 선행자음이 없거나 ㄱ인 경우에 하향이중모음으로 남아 있다고 보고 있다. 그런데 현대 의주방언에서는 기원적으로 '긔'였던 단어도 하향이중모음이 아닌 단모음으로 나타난다(예 : 그게(機械)).

이상의 내용을 종합하여 *Corean Primer*에 나타난 이중모음 목록을 정리하면 다음과 같다.

(27) *Corean Primer*의 이중모음 목록

한글	전사	음운	한글	전사	음운
야	*ya or ia*	[ya]	여	*yu or iu*	[yə]
요	*yo or io*	[yo]	유	*yoo or ioo*	[yu]
와	*wa*	[wa]	워	*wu*	[wə]
웨	*we or wê*	[we]			
위	*ooi* *wei* *wi*	[uy]	의	*ui*	[ɨy]

*Corean Primer*의 이중모음체계를 현대 의주방언과 비교했을 때 약간의 차이가 있다. *Corean Primer*에서는 y계 상향이중모음 중 '예'를 발견할 수 없는데 현대 의주방언에서는 여러 단어에서 확인된다. *Corean Primer*에서 '예'가 없다고 해서 이 당시에 '예'가 없었다가 그 이후에 새로이 이중모음으로 형성되거나 이 이중모음을 포함한 단어가 차용되었다고 보기는 어렵다. *Corean Primer*에 나타난 '예'의 공백은 '예'를 포함한 단어가 쓰이지 않은 데서 기인한 우연한 공백일 뿐이다. w계 상향이중모음을 비교해 보면 현대 의주방언에서 '웨'와 '왜'의 구별이 있는데 *Corean Primer*에서는 '왜'를 확인할 수 없다는 것도 차이가 있다. 이 또한 '왜'가 포함된 단어가 쓰이지 않은 데서 비롯된 우연한 공백으로 보인다. 그리고 *Corean Primer*에서의 '위'는 w계 상향 이중모음 [wi]가 아닌 y계 하향이중모음 [uy]인 것도 차이가 있으며, 현대 의주방언에서는 확인할 수 없는 하향이중모음 '의'가 존재한다는 것도 차이가 있다.

이상의 활음과 이중모음 체계는 다음과 같이 정리할 수 있다.[35)]

35) *Corean Primer*에서는 모음의 음장을 확인할 수 없으므로 장모음인 이중모음 목록은 체계에서 제외시켰다. 그러나 확인이 안 될 뿐 당시에도 장모음인 이중모음이

전설평순	후설원순
y	w

[표 2-8] 19세기 후기의 활음체계

	전설평순	전설원순	후설평순	후설원순
고모음				유 yu
중모음			여 yə	요 yo
저모음			야 ya	

[표 2-9] 19세기 후기의 y계 상향이중모음체계

구 분	전설평순	전설원순	후설평순	후설원순
고모음				
중모음	웨 we		워 wə	
저모음			와 wa	

[표 2-10] 19세기 후기의 w계 상향이중모음체계

	전설평순	전설원순	후설평순	후설원순
고모음	위 uy		의 ɨy	
중모음				
저모음				

[표 2-11] 19세기 후기의 y계 하향이중모음체계

2.3. 음운체계의 변화

이 절에서는 *Corean Primer* 이후 현재까지 이 방언에서 일어난 음운체계의 변화에 대해서 다룬다. 이 방언의 옛 모습을 보여주는 최초의 문헌이 *Corean Primer*이므로 *Corean Primer*가 간행된 1877년 이후 약 130여 년 간의 음운 변화를 살피는 것이 이 절의 목표이다.

130여 년이라는 그리 길지 않은 시간 동안 이 방언에서는 몇 가지 중요한 변화가 일어났다. 자음 중에서는 ㅈ계열의 조음위치가 바뀌었으며

존재했을 것이다.

ㅅ계열의 조음위치에도 많은 변화가 있었다. 이러한 변화는 음성적인 변화이기는 하지만 이중모음과의 결합관계와 구개음화의 실현에 큰 영향을 미치므로 이 절에서 상세히 다룰 것이다. 모음 중에서는 기원적으로 하향이중모음이었던 '위, 외, 의'에서 다양한 변화가 일어났다. 또한 극히 최근에 들어서는 '오'와 '어'의 합류 양상이 나타나고 있다. 따라서 모음의 변화는 이들 모음의 변화 양상을 중심으로 살펴볼 것이다.

이 기간 동안 변화의 중간 과정을 보여주는 자료에는 小倉進平(1944)와 한영순(1956a, b)가 있다. 小倉進平(1944)를 통해서는 의주방언을 포함한 서북방언 전체의 음운 체계와 그 변화를 살필 수 있으며, 한영순(1956a, b)를 통해서는 1950년 대 의주방언의 음운체계와 변화를 살필 수 있다.

2.3.1. 자음체계의 변화

19세기 후기와 현재의 이 방언을 비교해 보았을 때 자음체계는 큰 변동이 없었다. [표 2-1]의 현대 의주방언의 자음체계와 [표 2-6]의 *Corean Primer*의 자음체계를 비교해 보았을 때 자음의 목록에는 변화가 없다. 그러나 ㅈ과 ㅅ계열에서 조음위치의 변화가 확인된다. 다음은 이 방언의 자음체계에서 나타난 조음위치의 변화를 보여준다.

(28) ㅈ, ㅅ계열의 조음위치의 변화

분 류			치음	치조음
장애음	마찰음	평 음	ㅅ s	
		경 음	ㅆ s'	
	파찰음	평 음		ㅈ ʧ
		경 음		ㅉ ʧ'
		유기음		ㅊ $ʧ^h$

19세기 후기

➡

분 류			치음	경구개음
장애음	마찰음	평 음	ㅅ s	
		경 음	ㅆ s'	
	파찰음	평 음		ㅈ ʧ
		경 음		ㅉ ʧ'
		유기음		ㅊ $ʧ^h$

현대

(28)에서 보듯이 ㅈ계의 조음위치의 변화를 두 시기의 자음체계를 통해 확인할 수 있다. 즉 19세기 후기의 ㅈ은 치조음이었는데 현대에는 경구개음인 것이다. 그런데 ㅅ계열의 변화는 두 체계를 통해서는 확인되지 않지만 小倉進平(1944)와 한영순(1956b)를 통해 변화의 중간과정을 확인할 수 있다. 따라서 여기에서는 ㅈ, ㅅ계열의 조음위치의 변화를 중심으로 논한다.

2.3.1.1. **ㅈ계열의 조음위치 변화**

ㅈ계열의 조음위치 변화(이하 ㅈ의 구개음화)과정은 *Corean Primer*와 현대 의주방언을 비교하고 그 중간과정인 小倉進平(1944), 한영순(1956b) 등을 통해서 살펴볼 수 있다.

먼저 *Corean Primer*에서 ㅈ, ㅉ, ㅊ(이하 ㅈ으로 대표)이 포함된 단어의 표기를 살펴보면 다음과 같다.36)

(29a) *Corean Primer*의 자음 전사표(p.4)

한글	자	쟈	저	져	조	죠	주	쥬	즈	지	ᄌᆞ
전사	*dsa*	*dsia*	*dsu*	*dsiu*	*dso*	*dsio*	*dsoo*	*dsiw*	*dsu*	*dsi*	*dsa*
	ja	*jia*	*ju*	*jiu*	*jo*	*jio*	*joo*	*jiw*	*ju*	*ji*	*ja*
음성	ʦa	ʦya	ʦu	ʦyə	ʦo	ʦyo	ʦu	ʦyu	ʦu	ʦi	ʦa
	ʧa	ʧa	ʧə	ʧə	ʧo	ʧo	ʧu	ʧu	ʧɨ	ʧi	ʧa

한글	차	챠	처	쳐	초	쵸	추	츄	츠	치	ᄎᆞ
전사	*tsa*	*tsia*	*tsu*	*tsiu*	*tso*	*tsio*	*tsoo*	*tsiw*	*tsu*	*tsi*	*tsa*
	cha	*chia*	*chu*	*chiu*	*cho*	*chio*	*choo*	*chiw*	*chu*	*chi*	*cha*
음성	ʦʰa	ʦʰʸa	ʦʰu	ʦʰyə	ʦʰo	ʦʰyo	ʦʰu	ʦʰyu	ʦʰu	ʦʰi	ʦʰa
	ʧʰa	ʧʰa	ʧʰə	ʧʰə	ʧʰo	ʧʰo	ʧʰu	ʧʰu	ʧʰɨ	ʧʰi	ʧʰa

36) 자음 전사표는 *Corean Primer*의 Introduction에 제시된 것을 그대로 옮기되 '음성' 부분은 저자가 추가하였다.

b) 잘레가슴메 dsarrêghasummê(코4-18, 充), 쟈근 jiaghun(코9-8, 小), 저울이 dsuoori(코16-12, 秤), 젼약 jiunyag(코21-22, 夕), 조조상 dsodsosang(코4-2, 朝飯), 죠곰 jiogom(코5-18, 少), 지짐 jijim(코4-9)

b') 잡세 japsê(코22-26, 眠), 죰이 jomi(코17-27, 蟲), 주인 jooin(코9-12, 主人), 머즈면 mujumiun(코23-2, 止)

c) 차니 tsani(코6-9, 冷), 챠를 chiarul(코9-5, 車), 초와 tsowa(코4-14, 醋), 쳔직문 chiunjemun(코2-7, 千字文), 호쵸 hochio(코4-14, 椒), 추판 tsoopan(코4-6)

c') 창즈 changdsu(코3-6, 포크), 추우야 choooooya(코23-8, 寒), 시처라 sichura(코4-16, 洗), 꼿츨 gótchul(코8-19, 花), 후체 hoochê(코22-16, 後)

d) 차 cha(코5-16, 茶), 차잔 tsadsan(코4-16, 茶器)

(29a)의 자음 전사표는 *Corean Primer*의 Consonants with Vowels Attached 부분에 제시된 것으로서 당시의 ㅈ, ㅉ, ㅊ의 음가에 대해 혼란을 불러일으키기에 충분하다. 다른 자음은 하나의 한글 자음에 한 가지의 로마자 표기가 배당된 데 비해 ㅅ, ㅈ, ㅊ에만 두 가지의 표기가 배당되어 있는데 이러한 사실은 당시의 ㅈ, ㅉ, ㅊ 발음이 두 가지 이상이었을 가능성을 보여준다. 적어도 (29a)의 자음 전사표만을 보면 ㅈ, ㅊ은 후행 모음과 관계없이 자유변이를 보였다고 가정할 수 있다. *Corean Primer* 전체의 표기를 고려해 볼 때 ㅈ을 전사한 *ds*는 치조파찰음 [ʦ]을 전사한 것으로 보이고, *j*는 경구개파찰음 [ʧ]를 전사한 것으로 보인다. 또한 ㅊ을 전사한 *ts*는 치조파찰음 [ʦʰ]를 전사한 것으로 보이고, *ch*는 경구개파찰음 [ʧʰ]를 전사한 것으로 보인다. 자음 전사표에서 후행하는 모음에 상관없이 치조파찰음과 경구개파찰음 두 가지로 적을 수 있음을 밝힌 것은 *Corean Primer*의 바탕이 된 화자의 발음이 혼란스러웠고 저자 John Ross는 그 혼란스런 발음 양상을 충실히 기록하고자 한 의도로 보

인다.

그런데 (29b, c)의 예에서 알 수 있듯이 *Corean Primer* 전체를 살펴보면 치조파찰음 표기와 경구개파찰음 표기가 일정한 경향을 띠고 있다. 즉 y계 상향이중모음 '야, 여, 요, 유'와 모음 '이' 앞에서는 대부분 경구개파찰음 표기인 *j*, *ch*가 사용되고, 그 이외의 모음 앞에서는 치조파찰음 표기인 *ds*, *ts*가 사용된다. 이러한 표기는 국어에서 일어난 ㅈ, ㅉ, ㅊ의 구개음화 과정에 비추어 볼 때 충분히 예측 가능하다. 즉 ㅈ, ㅊ가 /ʦ, ʦ^h/인 시기에 y나 모음 '이' 앞에서는 조음위치의 동화를 입어 경구개변이음으로 발음되기 때문에 이러한 변이음을 보다 정확하게 전사하기 위해서 두 가지 표기를 동시에 사용했다고 볼 수 있다.

또한 *Corean Primer*의 전반적인 일러두기에 해당하는 Introduction에서 p.4의 주1(Note 1)을 살펴보면 ㅈ, ㅊ의 표기에 대한 언급이 나온다. 즉 동일한 한국어 자모 ㅈ을 *ds*와 *j*로 전사하고, ㅊ을 *ts*와 *ch*로 전사함을 보이고 있다. 이러한 주석은 John Ross가 ㅈ, ㅊ의 변이음에 대해 인식하고 있었고 그 변이음들의 실현 환경에 대해서도 파악하고 있었음을 시사한다. 하나의 한글 자모에 하나의 로마자 표기법을 배정하는 것이 원칙이었음에도 불구하고 ㅈ, ㅊ에 대해서만 두 가지의 표기를 사용하고 주석까지 붙여 놓은 사실에서도 이러한 John Ross의 인식을 알 수 있다.

그러나 (29b', c', d)의 경우를 살펴보면 양상이 다소 복잡해진다. (29b', c')의 경우는 후행 모음이 '이'나 y계 상향이중모음이 아닌데도 불구하고 경구개파찰음을 전사할 때 사용된 문자가 나타나고 있는 것이다. 또한 (29d)는 같은 단어가 치조파찰음으로 표기되기도 하고 경구개파찰음으로 표기되기도 하는 것을 보여주는데 이러한 혼란스러운 표기는 (29b, c)의 일정한 경향에도 불구하고 ㅈ, ㅊ의 발음에 화자가 혼란을 보이거나 전사자가 혼동을 일으켰을 가능성을 시사한다. 즉, *Corean Primer*가 집필되던 당시에 집필의 기초가 된 제보자의 ㅈ, ㅉ, ㅊ 발음이 치조파찰음에

서 경구개파찰음으로 바뀌고 있었기 때문에 이러한 혼란이 나타난 것이다.[37]

小倉進平(1944)에서는 이 방언의 ㅈ의 구개음화를 확인할 수 없다. 小倉進平(1944)에서는 ㅈ, ㅉ, ㅊ이 서북방언 전체에서 치조파찰음 [ʦ, ʦ', $ʦ^h$]로 발음되고 있음을 밝히고 있다. 小倉進平의 보고만을 고려한다면 이 시기에는 ㅈ의 구개음화가 일어나지 않았다고 볼 수 있다. 그러나 小倉進平의 보고는 서북방언 전체의 경향을 언급한 것이지 의주방언 하나만을 대상으로 한 것이 아니기 때문에 재고의 여지가 있다.

한영순(1956b)는 의주방언의 ㅈ, ㅉ, ㅊ 발음이 구개음임을 명확히 밝히고 있다. 한영순(1956b:52-53)에서 화자에 따라서는 ㅈ, ㅉ, ㅊ이 치조파찰음 [ʦ, ʦ', $ʦ^h$]로 발음되고, 이 자음들이 모음 '으'를 동반할 경우에는 언제나 치조파찰음 [ʦ, ʦ', $ʦ^h$]로 발음된다고 보고 있다. 그러나 전통적 특성을 보유하고 있는 주민들에 있어서도 [ʧ, ʧ', $ʧ^h$]와 [ʦ, ʦ', $ʦ^h$] 사이의 동요가 있으며 대부분의 주민은 거의 [ʧ, ʧ', $ʧ^h$]로 넘어가고 있다고 보고 있다(한영순 1956b:52). 한영순(1956b)의 이러한 보고는 *Corean Primer*가 집필되던 시기에 보였던 ㅈ, ㅉ, ㅊ의 조음 위치 이동이 이 때까지 지속되고 있음을 보여준다.[38] 또한 이러한 사실은 비록 小倉進平(1944)에서 이 방언의 ㅈ의 구개음화가 감지되지 않았을지라도 그 당시에도 여전히 변화가 일어나고 있는 과정이었을 가능성을 시사한다.

*Corean Primer*와 한영순(1956b)를 통해 이 방언에서 ㅈ의 구개음화는

---

37) 최명옥(1985b:716 ; 1986:753, 755)에서는 *Corean Primer*의 ㅈ, ㅊ은 치조음인 /ʦ, $ʦ^h$/이며 모음 '이'나 y앞에서 경구개변이음 [ʧ, $ʧ^h$]로 실현된다고 파악했다.

38) *Corean Primer*가 간행된 것이 1877년이고 이 때에 이미 ㅈ, ㅉ, ㅊ의 조음상의 변화가 일어나고 있다고 보았는데 한영순(1956b)까지도 이러한 변화의 과정에 있다고 본다면 그 변화의 기간이 지나치게 길다고 볼 수도 있다. 그러나 간행 연도만 따지면 80여 년에 걸친 꽤 긴 시간이지만 제보자의 연령만 따지면 한 세대에 불과하기 때문에 한 세대에 걸쳐 ㅈ, ㅉ, ㅊ의 발음이 변화하고 있다고 보는 데에 무리가 없다.

19세기 후기에 시작되어 1950년대에 거의 완성되었음을 알 수 있다. 이에 따라 현대 의주방언에서 ㅈ은 모든 환경에서 경구개 위치에서 조음된다.[39)]

*Corean Primer*를 통해 볼 때 의주방언에서 ㅈ의 구개음화는 내적인 요인에 의해 나타난 것으로 보인다. (29)에서 살펴보았듯이 ㅈ의 구개변이음 표기는 대부분 ʧyV나 ʧi에서 나타났다. 이는 19세기 후기 의주방언에서 ㅈ이 y나 '이' 앞에서 구개변이음으로 실현되었음을 보여주는 것이다. 나아가 이러한 변이음의 실현은 y의 탈락과 이에 따른 ㅈ 구개음화의 동기가 될 수 있다. 비록 중부방언에 비해 그 시기가 늦었지만 이 방언에서도 중부방언과 동일한 과정을 겪어 ㅈ의 구개음화가 일어난 것이다.

2.3.1.2. ㅅ계열의 조음위치 변화

ㅅ계열의 조음위치 변화과정은 ㅈ계열의 변화와 마찬가지로 *Corean Primer*와 현대 의주방언을 비교하고 그 중간과정인 小倉進平(1944), 한영순(1956b) 등을 통해서 살펴볼 수 있다. *Corean Primer*에서는 ㅅ을 두 가지 방법으로 표기하고 있는데 이는 당시 ㅅ의 발음에 대한 의문을 던지기에 충분하다. 또한 小倉進平(1944)에서는 이 방언의 ㅅ이 [ʃ]로 발음되는 잔재적 양상이 나타나고 있음을 지적하고 있으며, 한영순(1956b)에서도 이 방언의 ㅅ발음이 특징적임을 밝히고 있다. 그런데 한영순(1967)에서는 서북방언 전체로 확대하여 ㅅ 발음의 특징을 밝히면서 한

---

39) 모음 '으' 앞에서는 경구개가 아닌 치조 위치에서 조음되기도 한다. 이는 모음 '으'의 조음위치에 의해 ㅈ의 구개음화가 저지되기 때문인 것으로 보인다. 그러나 모음 '으' 앞에서도 ㅈ이 치조 위치가 아닌 경구개 위치에서 조음되는 경우가 많다.

영순(1956b)의 설명과 배치되는 견해를 밝히고 있어 의문을 자아낸다.

*Corean Primer*에서는 ㅅ을 *s*와 *sh*로 전사하고 있다. *Corean Primer*의 한글자모에 제시된 전사표와 본문의 ㅅ 표기 양상을 살펴보면 다음과 같다.

(30a) *Corean Primer*의 자음 전사표(p. 3)

한글	사	샤	서	셔	소	쇼	수	슈	스	시	ᄉᆞ
전사	*sa* *sha*	*sia* *shia*	*su* *shu*	*siu* *shiu*	*so* *sho*	*sio* *shio*	*soo* *shoo*	*siw* *shiw*	*su* *shu*	*si* *shi*	*sa* *sha*
음성	sa ʃa	sya ʃa	su ʃə	syə ʃə	so ʃo	syo ʃo	su ʃu	syu ʃu	sɨ ʃɨ	si ʃi	sa ʃa

b) 사슴이 sasumi(코10-9, 鹿), ᄉᆡ디 sedi(코7-17, 漏), 사략 sariag(코2-8, 史略), 게사니 gêsani(코9-25, 鵝), ᄉᆞᆨ키 sokki(코2-10, 速), 쉽다sooipda(코1-7, 易), 슬타 sulta(코1-10, 厭), 버서나지 busunaji (코33-2, 脫)

b') 세 분이웨 shêbooniwê(코5-5, 三人), 세 간 shêghan(코7-8, 三間)

c) 되션 doeshun(코1-1, 朝鮮), 수근 shoogun(코6-3, 手巾), 쇼 sho(코9-1, 牛), 쇠쇼한 shoeshohan(코11-9, 生疎), 사랑에 sharangê(코1-4, 舍廊), 세샹 shêshang(코33-5, 世上), 셤을 shumul(코19-9, 石), 실타 shilta(코12-8, 厭), 세련푼이 shêriunpooni(코6-5, 대야), 세수 sheshoo(코14-23, 洗手)

d) 진세로 jinshêro(코1-15, 眞書), 세국 shêgoog(코1-20, 西國), 세북 sheboogi(코11-27, 西北), 어기세 ughishê(코11-33, 여기서), 화눈션이 hwanoonsheni(코11-59, 火輪船), 한 셤메 shemmê(코12-32, 한 섬(石)에)

e) 이서 ishu(코5-10, 在) vs. 이서 isu(코11-36, 在), 가서 gashu(코12-33, 去) vs. 가서 gasu(코27-2, 去), 수시쌀 sooshisál(코14-28, 粱) vs. 수시 shooshi(코12-29, 粱)

(30)에서 보듯이 ㅅ의 표기 양상은 ㅈ의 표기 양상보다 더 혼란스럽다. (30a)의 자음 전사표는 ㅈ의 자음 전사표와 마찬가지로 ㅅ의 표기에 두 가지 문자를 배정하고 있음을 보여준다. 즉 ㅅ의 구개변이음 [ʃ]를 적기 위해 *sh*를 배정하고, [s]를 적기 위해 *s*를 배정하고 있다. 그런데 자음 전사표에는 구개 변이음이 나타날 환경이 아닌 '사, 서, 소, 수, 스' 등에도 구개변이음을 나타내는 *sh*를 쓸 수도 있음을 보이고 있기 때문에 문제가 된다. 만일 이 당시 ㅅ의 발음이 [s]였고 변이음 [ʃ]로 실현되는 환경이 예측 가능하다면 굳이 두 가지 표기법을 고안할 이유도 없고, 구개 변이음이 나타날 환경이 아닌 자음의 전사에 구개변이음을 나타내는 표기도 가능함을 보일 이유도 없을 것이다. 그럼에도 불구하고 하나의 음운에 대해 두 가지의 표기법을 고안하고 그것을 같이 쓸 수도 있음을 보인 것은 당시 ㅅ이 변화를 겪고 있었을 가능성을 시사한다.

(30b, c)를 살펴보면 ㅅ을 나타내는 두 표기 *s*와 *sh*가 환경에 따라 어느 정도는 정연하게 사용되었음을 알 수 있다.40) (30a)의 '사, 서, 소, 수, 스'에는 *s*가 주로 쓰였다. 특히 '스'를 표기할 때는 *s* 대신 *sh*가 사용된 일이 절대로 없어 ㅅ의 표기 규칙이 잘 지켜졌음을 알 수 있다. 또한 (30c)의 '샤, 셔, 쇼, 슈, 시'에는 *sh*가 주로 쓰였으며 '시'를 표기할 때 *sh* 대신 *s*를 쓴 경우는 없다.

그러나 (30b', d, e)는 이러한 표기 경향을 어긴 것으로서 ㅅ의 표기상 혼란을 극명하게 보여준다. (30b')에서 '세(三)'는 기원적으로도 이중모음이 아니기 때문에 *sh*로 적힐 이유가 전혀 없다. 구개음으로 실현된 일이 없는 단어에 대해서도 구개음을 나타내는 표기법을 사용한 것은 당대의 ㅅ 발음 자체가 혼란스러웠을 가능성을 시사한다. 이러한 가능성은 (30e)에 의해서도 뒷받침된다. (30e)의 예들은 기원적으로는 이중모음을 가지

40) 최명옥(1986:754)에서도 *s*는 무성치마찰음 [s]를 전사한 것이고, *sh*는 무성치경·구개마찰음 [ʃ]를 전사한 것으로 보았다.

고 있었던 어형이므로 *sh*로만 전사되어야 함에도 불구하고 s로 전사되기도 했음을 보여준다. 하나의 어형에 대해서 두 가지의 표기가 동시에 사용된 것 또한 당시의 ㅅ 발음이 혼란스러웠을 가능성을 보여준다.[41)]

(30d)의 예는 보다 복잡한 문제를 제기한다. (30d)는 모두 '셔'를 가진 어형을 전사한 것인데 한글 표기나 로마자 표기 모두가 혼란스럽다. *Corean Primer*에서 이중모음 '여'는 *yu*나 *iu*로 적힌다. 따라서 '셔'의 경우에도 *syu, siu*로 적혀야 하는데도 '셔'의 경우만 유독 *she*로 적힌 예가 많다. 이 방언에서 '자음 + 여(Cyə)'는 통시적으로 Ce로의 변화를 겪기도 했음을 감안할 때 '셔'를 *she*로 표기하는 것은 이러한 변화를 반영한 것으로 볼 수도 있다. 그러나 '셔'를 제외한 다른 Cyə구조의 어형에서는 이러한 표기가 나타나지 않는다.[42)] 따라서 '셔'의 표기에 이러한 경향이 나타난 것은 이중모음 '여'보다는 ㅅ에 의한 것이거나, 이 둘의 결합관계에서 나타나는 변화에 기인한 것일 가능성이 크다.

(30)에서 보이는 ㅅ의 변화 양상도 ㅈ의 변화 양상과 마찬가지의 방식으로 해석될 수 있다. 서북방언 전체와 마찬가지로 이 방언도 *Corean Primer* 이전까지는 ㅈ, ㅅ이 y 앞에서 구개음으로 잘 실현되지 않았다. 그러다가 이 시기에 들어 ㅈ, ㅅ이 구개변이음으로 실현되는 양상이 발생하여 y계 상향이중모음 앞에서의 표기는 물론 다른 환경에서의 표기까지 혼란을 일으키게 된 것이다. 다만 ㅈ은 이러한 혼란의 결과 조음위치의 이동까지 일어났으나 ㅅ은 원래의 조음위치를 고수한 채 y를 탈락시키는 변화를 겪은 것만이 차이가 날 뿐이다.

이와 관련하여 小倉進平(1944)는 매우 중요한 사실을 언급한다. 서울

---

41) 김영배(1983)에서는 전사자가 ㅅ의 본음과 변이음을 정확히 구별하지 못했을 가능성을 제시하고 있다.

42) '옮기-+어'를 적은 '온게 ongé(코6-8, 遷)'에서는 활용형에서의 '여 → 에' 변화가 반영되었는데 이러한 활용형은 현대 의주방언의 활용형과 일치된다. 그러나 *Corean Primer*에서는 이러한 표기가 거의 보이지 않는다.

지방에서는 '샤, 셔, 쇼, 슈'를 가졌던 어형이 [sa, sə, so, su]로 발음되는데 비해 의주 지역에서는 [ʃa, ʃə, ʃo, ʃu]로 발음됨을 지적한다. 즉 '夕, 城, 하셨소'등에서의 ㅅ이 [s]가 아닌 [ʃ]로 발음되는 것을 예로 들면서 이 방언에서 [ʃ]의 존재를 인식할 수 있음을 밝히고 있다. 小倉進平(1944)의 이러한 언급은 y의 탈락이 이 시기까지도 완성되지 않았음을 말해준다. 만약 이 시기의 의주방언에서 syV > ʃV의 변화가 완성되었다면 중부방언과 마찬가지로 '샤, 셔, 쇼, 슈'는 '사, 서, 소, 수'로 되었을 것이다. 그러나 아직 이 방언에는 이러한 변화가 일어나지 않아 小倉進平(1944)는 '샤, 셔, 쇼, 슈'를 [ʃa, ʃə, ʃo, ʃu]로 적고 있는 것이다. 이는 음운론적으로 /sya, syə, syo, syu/로 분석될 수 있는데 이러한 분석을 통해 이 시기의 의주방언 화자들은 이중모음 y의 존재를 인식하고 있음을 알 수 있다.

한영순(1956b)에서도 의주방언의 노년층에 남아 있는 [ʃ]에 대해 서술하고 있다. 한영순(1956b:51)은 [ʃ]를 '전통적인 특성을 보유하고 있는 늙은 주민들에게서만 불규칙적으로 남아 있는 잔존적 어음'으로 규정하며 중부방언 또는 표준어의 영향을 받아 [s]로 교체되는 과정에 있는 것으로 보고 있다.

그런데 여기서 제시된 예와 그 양상에 대한 설명은 다소 모호하다. 한영순(1956b)는 모음 '이' 앞에서 ㅅ의 발음 양상과 기원적으로 '샤, 셔, 쇼, 슈'였던 어형의 발음 양상에 관심을 가지고 있다. 즉 이러한 환경에서는 小倉進平(1944)에서도 지적되었듯이 ㅅ이 구개음 [ʃ]로 발음되기도 하지만 차차 [s]로 바뀌어 가는 양상에 주목하고 있는 것이다. 또한 [ʃ]를 보유하고 있는 화자들의 경우 ㅅ이 구개음으로 발음될 이유가 없는 환경에서도 [s]와 [ʃ]가 혼동되어 발음되는 일이 있다고 말한다(soni vs. ʃonarɛ, 手 ; saramdəl vs. ʃsa:raminde, 人). 그러나 모음 '이' 앞에서는 이러한 변화가 저지되어 '시'의 경우 모든 화자들이 [ši]로 발음함을 밝히고 있다.

한영순(1956b)는 ㅅ의 음가 변화과정을 /ʃ/ > /s/로 파악하고 있는 듯한데 이는 ㅅ의 역사적 변화과정이나 현재 의주방언에 비추어 보았을 때 문제가 있다. 한영순(1956:b)에 제시된 예들은 모두 '시'를 포함하고 있으며, 유일한 예외인 '실에서 [ʃire:ʃə], 싫어서(厭)'의 '-에서'도 기원적으로는 '-어셔'이므로 ㅅ이 구개음으로 조음될 환경에 놓여 있다. 따라서 여기에 제시된 예들만으로는 이 방언에서 /ʃ/ > /s/의 변화가 일어났는지를 파악하기는 어렵다.

오히려 한영순(1956b)가 관찰한 것은 이 방언, 나아가서 서북방언 전체에서 '시'의 구개음화가 잘 일어나지 않는 현상인 것으로 보인다. 小倉進平(1944)에서 [ʃ]가 관찰된다고 지적한 예들은 '샤, 셔, 쇼, 슈'를 포함한 어형들인데 한영순(1956b)는 이것을 '시'에까지 확대하여 해석한 것으로 보인다. 나아가 '시'의 발음에서 구개음화가 잘 일어나지 않은 것은 현재에도 관찰되는 현상인데 한영순(1956b)는 이것을 /ʃ/ > /s/의 변화에 의한 것으로 파악하여 오류가 발생한 것이다.43)

따라서 한영순(1956b)는 '샤, 셔, 쇼, 슈'의 역사적 변화과정과 이 방언에서 현재도 관찰되는 '시'의 발음상 특징을 증언하고 있는 것으로 보는 것이 타당하다. 한영순이 조사한 1954년에는 小倉進平(1929)에서 지적한 '샤, 셔, 쇼, 슈'의 존재를 확인할 수 없었던 것으로 보인다. 즉 '샤, 셔, 쇼, 슈'는 이미 '사, 서, 소, 수'로 바뀌어 이들을 포함한 어형에서는 구개화된 ㅅ이나 활음의 존재를 확인할 수 없는 상황에서 '시'의 발음에만 주목한 듯하다. 이러한 사실은 한영순이 조사한 화자들에게는 '샤, 셔, 쇼, 슈'에서 ㅅ이 구개음화한 후 y가 탈락되었다는 것을 보여준다.

이상에서 볼 때 ㅅ의 변화과정은 ㅈ의 구개음화 과정과 그 맥을 같이

43) 한영순(1967)에서는 서북방언 전체와 육진방언 등에서 ㅅ은 경구개음 /ʃ/이며 오히려 다른 위치에서 치조마찰음 [s]와 같은 변이음으로 조음된다고 밝혔다. 그러나 현 의주방언과 비교해보았을 때 이 주장은 설득력이 없다.

하였지만 ㅅ 자체의 조음위치가 바뀌는 데까지는 가지 않았음을 알 수 있다. 19세기 후기 이후 syV 구조에서 ㅅ이 구개변이음으로 실현되기 시작한 것은 ㅈ의 경우와 같다. 그러나 ㅈ의 경우 1930년대에 ʦyV 구조에서 ㅈ의 구개음화 이후 y가 탈락되었지만 ㅅ의 경우는 y가 유지되었다가 1950년대에 이르러 y의 탈락이 완성된 것이 차이가 난다. 또한 이 과정에서 ㅈ은 구개음으로 바뀌었지만 ㅅ은 이러한 과정을 겪지 않은 것이 차이가 난다.[44)]

2.3.2. 모음체계의 변화

19세기 후기와 현재의 이 방언을 비교해 보았을 때 모음체계에 변화가 있음을 알 수 있다. 'ᄋᆞ'의 소실과 '에, ᄋᆡ, 애'의 단모음화는 19세기 이전에 완성된 것으로 보인다. 그런데 이중모음이었던 '위, 외, 의'는 19세기 이후 변화를 겪었음을 알 수 있다. 그리고 최근에 들어 '오'와 '어'의 음성적인 합류가 일어나고 있음도 관찰된다. 두 시기 사이에 일어난 모음체계에서 나타난 변화를 정리하면 다음과 같다.

(31) 모음체계의 변화

a) 외 ö → 왜 wɛ
위 uy → 위 wi → 위 [ü]
의 ɨy → 이 i / 으 ɨ

b) 어 [ə], 오 [o] > → [ɔ̈]

(31a)는 단모음 '외'가 이중모음으로 바뀌어 결과적으로 단모음의 숫자가 줄어들었음을 보여준다. '위'는 하향이중모음 [uy]였다가 [wi]로 바뀐 후 현대에 들어서는 [ü]로 바뀌는 경향이 나타나고 있다. '의'는 단어

44) 이 환경에서 ㅈ, ㅅ의 변화과정에 대해서는 고광모(1992)를 참고할 수 있다.

에 따라 '이'나 '으'로 바뀌었다. (31b)는 극히 최근의 변화로 두 모음이 점차 합류되어 가는 과정을 보여준다. 여기에서는 이 모음들의 변화와 합류를 중심으로 모음체계의 변화에 대해 다룬다.

2.3.2.1. '위'의 변화

2.1.3.에서 살펴보았듯이 현재 이 방언의 '위'는 w계 상향이중모음 [wi]나 단모음 [ü]로 발음된다. 또한 2.2.3.에서는 19세기 후기의 '위'는 y계 하향이중모음 [uy]였음을 확인하였다. 두 시기의 비교를 통해 [uy] > [wi] or [ü]의 변화가 나타났음을 알 수 있다. 19세기 후기 이후 이 방언에 나타난 '위'의 변화는 小倉進平(1944)와 한영순(1956b)를 통해서도 확인할 수 있다.

小倉進平(1944:266)에서는 서북방언의 '위'는 모두 [wi]라고 밝히고 있다. 한자 '違, 危, 歸, 貴, 揮, 取'를 예로 들어 이들의 발음이 서울지방과 마찬가지로 각각 [wi], [wi], [kwi], [kwi], [hwi], [$ʦ^h$wi]라고 하였다. 小倉進平의 이러한 보고를 통하여 서북방언의 하위 방언인 의주방언도 이 시기에는 '위'가 [wi]로 발음되었을 것이라 확신할 수 있다.

한영순(1956a)은 '위'가 [uy]로 발음되는 경우가 있음을 지적하고 있으나 실제 전사에서는 대부분 wi로 적어 '위'가 [wi]임을 보여주고 있다. 그는 '잔존적으로 얼마 안 되는 개별적 단어에 남아 있는 죽어 가는 어음론적 현상'으로서 '전형적이고 낡은 어음론적 특성을 많이 보존하고 있는 전통적 주민층'에서 겹모음 [ui]와 [ue]를 찾아볼 수 있다고 했다(한영순 1956a:67). 여기서 *ui*는 y계 하향이중모음 [uy]를 의미하는 것으로 보이며 *ue*는, w계 상향이중모음 [we]를 의미하는 것으로 보인다.[45] 이를

45) 한영순(1956a)는 음운목록에서 활음 w, y를 설정하고 있으나 '위, 외, 의'를 제외하고는 이중모음에 대해 별도로 서술하지 않고 있다. '외'는 다른 방언과 비교하여

통해 한영순이 조사할 당시의 '위'는 주로 [wi]로 발음되었지만 극히 일부에서 [uy]로 발음된 사실을 확인할 수 있다.

이상의 내용을 종합해 '위' 발음의 변화 과정을 시기별로 정리하면 다음과 같은데 이는 '위'가 uy > wi > ü의 변화과정을 밟았음을 보여준다.

(32) '위'의 변화

시기	*Corean Primer*(1877)	小倉進平(1929)	한영순(1956)	현재(1998)
전사	ooi, wi, wie	ui	wi, ui	ü, wi
음성	[uy]	[wi]	[wi, uy]	[ü, wi]
음운	/uy/	/wi/	/wi/	/wi/

(32)에서 보여주는 변화과정은 하향 이중모음이었던 '위[uy]'의 변화과정에 대한 일반적인 견해와 순서에 차이가 있다. 하향이중모음이었던 '위'는 uy > ü > wi의 변화를 겪은 것으로 보는 견해가 많다(최명옥 1982, 박창원 1983, 최임식1984). '위'의 변화과정을 이렇게 상정하는 것은 하향이중모음이었던 '애[ay], 에[əy]'의 변화와 일맥상통한다는 면에서 설득력이 있다. 즉, '애[ay], 에[əy]'의 단모음화 결과 같은 높이의 전설 단모음 '애[ɛ], 에[e]'가 생성된 것과 마찬가지로 '위[uy]'도 단모음화의 결과 같은 높이의 전설원순단모음 '위[ü]'로 된다고 보는 것이 일관성이 있기 때문이다.

그러나 의주방언의 '위'의 변화과정에서 [ü]가 [wi]에 선행했다고 볼 이유가 없다. 小倉進平(1944)에는 서북방언에서 '위'가 [ü]로 발음되기도

단모음 [ö]가 아닌 이중모음 [we]임을 밝히기 위해 서술하였고, '의'는 하향이중모음 [ɨy]가 아닌 [ɨ]나 [i]로 발음됨을 밝히기 위해 서술하였다. 이 점을 감안하면 '위'의 잔존적 발음을 '겹모음'이라 부르며 따로 서술한 것은 '위'가 하향이중모음 [uy]로 발음되는 것을 특징적인 현상으로 파악한 듯하다. [ue]는 '위'말음 어간의 활용형에서 나타나는 이중모음이다(뷔-+-어 → 붸:). 단독형이 아닌 활용형에만 나타나는 이 이중모음을 굳이 포함시킨 이유나, 현재의 활용형에도 활발히 나타나고 있는 이중모음을 잔존적인 발음으로 본 이유는 알 수 없다.

한다는 언급은 없다. 또한 한영순(1955a)는 '위'가 [uy]로 발음된다는 단편적인 보고는 있으나 [ü]로 발음된다는 보고는 없다. 이러한 점은 현재 이 방언에 나타나는 [ü]가 uy > ü의 과정을 통해서 형성된 것이 아니라 wi > ü의 과정을 통해서 형성된 것임을 보여준다.46) 따라서 이 방언의 '위'는 uy > wi > ü의 과정을 밟았다고 결론지을 수 있다.

2.3.2.2. '외'의 변화

2.2.2.에서 살펴보았듯이 19세기 후기의 '외'는 단모음 [ö]였다. 그런데 2.1.2.에서 살펴보았듯이 기원적으로 '외'였던 것이 현대 의주방언에서는 이중모음 '왜[wɛ]'로 나타난다. 이러한 사실은 이 방언에서 oy > ö > wɛ의 변화가 일어났음을 말해준다.

小倉進平(1944)는 당시의 의주방언에서 '외'는 모두 [wɛ]로 발음된다고 보고하였다. 小倉進平(1944:264)에서는 서북방언에서 '외' 발음을 세 부류로 나누고 있다. 첫째는 단모음 [ö]인 지역으로서 영변, 숙천, 평양 등이 이 부류에 속한다(내외 [nɛö](內外), 괴이 [köi](怪異) 등). 둘째는 이중모음 [wɛ]인 지역으로 자성, 후창, 강계, 희천, 용암, 선천, 정주, 구성, 박천 등과 함께 의주가 이 부류에 속한다(외, [wɛ](外), 괴 [kwɛ](怪), 쇠 [swɛ](衰) 등). 그러나 이 부류 중에도 박천, 안주 등에서는 단모음 [ö]로 발음되기도 한다고 보고한다(외, wö(外), 괴 kwö(怪), 쇠 swö(衰) 등). 세번째 부류는 w가 없이 단모음 [ɛ]인 지역으로서 앞의 두 지역을 제외한 지역이 이 부류에 속한다.

46) 이는 최전승(1987:13)에서도 지적되었다. 최전승(1987)은 서남방언도 이와 동일한 과정을 겪은 것으로 파악하고 있다. 현재의 서남 방언 대부분에서는 '위'가 ü로 실현되고 있는데 의주방언도 서남 방언과 마찬가지의 과정을 거쳐 음운론적으로도 wi > ü의 과정이 일어날 것인지는 알 수 없지만 현재의 추세로 본다면 가능성이 있다.

한영순(1956a)는 의주방언에는 단모음 [ö]가 없고 '외'는 이중모음 [wɛ]로 발음이 된다고 밝히고 있다. 이는 小倉進平(1944)에서도 보고된 사실임을 언급하면서 小倉進平이 조사한 1920년대의 상황과 별 차이가 없다는 점을 강조하고 있다. 나아가 '선진적 그루빠에게 있어서도' '외'가 [ö]로 발음되는 일은 없다고 밝히고 있다(한영순 1956a:67).

다른 방언과 비교했을 때 의주방언을 포함한 서북방언의 '외 > 왜'의 변화는 매우 특이한 변화이다. '에 : 애' 및 '웨 : 왜'의 대립이 남아 있는 방언에서 '외'가 이중모음으로 나타날 때는 [we]로 나타난다. 또한 '위'가 이중모음으로 나타나는 지역에서 '위'는 주로 [wi]로 나타난다. 이는 모음체계를 고려했을 때 합리적인 변화로 볼 수 있다. 즉 '위'는 같은 높이의 [wi]로, '외'는 같은 높이의 [we]로 바뀌는 것은 충분히 예측 가능한 변화인 것이다. 그런데 2.1.2.와 2.1.3.에서 살펴보았듯이 이 방언에는 '에 : 애' 및 '웨 : 왜'의 대립이 있음에도 불구하고 '외'는 '웨'가 아닌 '왜'로 바뀐 것이다.

이러한 변화가 나타난 원인은 모음의 음성적 특징에서 찾아볼 수가 있다. 현대 의주방언에서 '오'는 중부방언에 비해 혀의 높이가 낮다. 따라서 이 방언의 '오'는 음성적으로는 [ɔ]에 가깝다. '오'의 이러한 음성적 특징은 이전 시기에도 같았을 것이라 추정할 수 있다. 즉 '외'가 하향이중모음이었던 시기에는 음성적으로 [ɔy]였고 이것이 [ö]가 아닌 [œ]로 단모음화 되었을 것으로 추정할 수 있다.[47] 이러한 추정이 가능하다면 19세기 후기까지 단모음이었던 '외'가 이중모음으로 바뀔 때 [we]가 아닌 같은 높이의 [wɛ]로 될 개연성은 충분하다.

47) 2.2.1.에서 19세기 후기 이 방언의 '외'는 단모음임을 밝히고 [ö]로 전사하였다. *Corean Primer*의 전사를 통해 '외'가 단모음일 가능성은 충분히 알 수 있지만 음성적인 차이까지 명확히 알 수 없기 때문에 일반적인 전사 방법을 따라 [ö]로 적은 것이다.

2.3.2.3. '어'와 '오'의 합류

이 방언에서 일어난 단모음의 변화 중 특징적인 것은 후설모음계열의 변화이다. 중부방언의 후설모음 '어 : 오'는 원순성의 대립을 이루면서 변별된다. 그런데 이 방언의 '어'는 중부방언에 비해 후설 쪽에 가까운 위치에서 조음되며 원순성이 매우 강하다. 또한 '오'는 중부방언에 비해 낮은 위치에서 조음된다. 따라서 이 방언의 '어'와 '오'는 원순성 및 전후 위치로 변별되는 것이 아니라 높낮이에 의해서 약간 구별된다. 그러나 이러한 높낮이에 의한 구별도 분명한 것은 아니어서 두 모음이 합류되는 과정에 있는 것으로 보인다. 이러한 합류는 곽충구(2003)에서 설명되었듯이 '오'의 저설화와 이에 뒤이은 '어'의 후설화에 의해 이루어진 것으로 보인다.48)

이 방언에서 '어'와 '오'의 합류는 최근에 이루어진 것으로 보인다. *Corean Primer*에서 '어'와 '오'가 혼란을 일으킨 경우는 발견되지 않는다. 또한 小倉進平(1944)에서도 이러한 모음 합류에 대한 언급은 보이지 않는다. 그런데 한영순(1956a)에서는 모음의 합류에 대한 언급이 없다가 한영순(1967)에서 극히 최근에 일어난 변화로 보고하고 있다. 이러한 변화는 평남 방언에서 시작되어 평북 방언으로 점차 확대되는 것으로 보이는데(곽충구 2003) 그 변화의 속도는 차이가 있다.

그러나 같은 후설모음 계열인 '으'와 '우'는 분명하게 구별된다. 한영순(1967)과 곽충구(1994, 1995, 2003)에서는 현대 서북방언에서 후설모음 계열의 '어 : 오', '으 : 우'의 합류가 일어나고 있음을 지적하고 있다. 그런데 이 방언에서는 '어 : 오'의 경우와는 달리 '으 : 우'의 합류는 일어나지 않고 있다. 서북방언의 다른 지역에서는 '으'와 '우'가 합류되어

48) 곽충구(2003)에서는 '어'와 '오'가 합류되어 음성적으로는 [ɔ]임을 밝히고 있다.

[ʉ]로 실현되지만(곽충구 2003), 이 방언에서는 이러한 합류는 발견되지 않는다. 곽충구(2003)에서는 평북 자성 출신의 화자에게서도 '으'와 '우'의 합류가 발견된다고 보고하고 있다. 이 방언에서는 이러한 합류가 발견되지 않는 것으로 보아 같은 평북이더라도 지역에 따라 변화의 속도에 차이가 있는 것으로 보인다.

이 방언에서 '어'와 '오'의 합류는 일어나는 데 비해 '으'와 '우'의 합류는 일어나지 않는 원인은 음성적으로나마 전설원순고모음 '위[ü]'가 존재하기 때문인 것으로 보인다. 서북방언의 후설모음 계열에서 원순성의 대립이 소멸된 이유 중의 하나로, 전설모음 계열에는 없는 원순성의 대립이 후설모음 계열에만 있는 체계상의 불균형으로 보고 있다(곽충구 2003). 즉 남부방언에서는 '위[ü], 외[ö]'가 단모음으로 존재해 전설모음 계열에서도 원순성의 대립이 유지되지만 서북방언에서는 '위, 외'가 이중모음이기 때문에 이러한 대립이 없는 것에서 후설모음 계열에서 모음의 합류가 이루어지고 있다고 보는 것이다. 그런데 이 방언에서는 음성적으로나마 '위'가 이중모음 [wi]가 아닌 [ü]로 발음되는 경우가 많다. 이 방언의 '위'를 음운론적으로는 /wi/로 보는 것이 타당하지만 음성적으로나마 [ü]가 존재함으로써 이러한 합류가 저지되는 것으로 보인다.

이 방언의 이전 단계에서는 '어'와 '으'가 변별되지 않는 경우는 없는데 이를 감안하면 *Corean Primer*의 '어'와 '으' 전사는 문제가 있어 보인다. *Corean Primer*에서 '어'와 '으'를 전사할 때 모두 u를 쓰고 있다. 하나의 음운에 하나의 전사방법을 사용한 *Corean Primer*의 전사체계를 감안할 때 이 두 모음이 모두 u로 전사되었다면 이 두 모음이 변별되지 않았을 가능성을 생각해 볼 수도 있다. 또한 한글 전사에서도 '무으슬(코29-5) vs. 무어슬(코25-3)' 등의 혼란이 발견되는 것으로 보아 이러한 가능성을 생각해 볼 수 있다. 그러나 이러한 혼기는 특정 단어와 음절에서만 발견되고(김영배 1997a:704-705), '어'와 '으'의 영문 전사가 어렵다는 점을 고려해볼 때 이는 표기상의 혼란일 뿐 실제 음가를 반영한 것은 아닌 것으로 보인다. 이는, *Corean Primer* 이후의 이 방언에 대한 보고나 현재의 언어에서도 '어'와 '으'의 혼란이 발견되지 않는 사실에 의해서도 뒷받침된다.

3. 형태소 내부에서의 음운현상

이 장에서는 형태소 내부에서의 음운현상에 대해서 논한다. 하나의 형태소 내부에서 인접한 음운의 영향을 받아서 음운변화가 일어날 수 있는데 이러한 음운변화가 이 장의 논의 대상이다. 형태소 내부에서의 음운현상도 교체, 첨가, 탈락, 축약으로 나누어 논할 수 있다. 그러나 형태소 내부에서는 파생과 복합 및 곡용과 활용에서보다 음운현상을 관찰하기가 어렵다. 형태소 내부에 음운규칙이 적용되면 공시적으로는 변화된 형태로만 남아 있기 때문에 문헌을 통해 비교하지 않고서는 음운현상을 확인할 수 없기 때문이다. 따라서 필수적으로 적용되는 규칙에 의한 음운변화는 확인할 수 없다. 반면에 수의적으로 적용되는 규칙에 의한 변화는 확인이 가능하다.

3.1. 교체

이 방언에서 확인할 수 있는 형태소 내부에서의 교체로는 양순음화 및 연구개음화 등의 수의적 자음동화와 경음화, 어두 ㄹ의 변화, 원순모음화, 움라우트, 전설모음화 등이 있다.

3.1.1. 자음동화

국어의 자음동화에는 비음화, 유음화, 양순음화, 연구개음화 등이 있다. 의주방언에서도 다른 환경에서는 이러한 자음동화를 모두 확인할 수 있으나 형태소 내부에서는 비음화와 유음화를 확인할 수가 없다. 형태소 내부에서의 비음화와 유음화를 확인하기 위해서는 이 음운규칙이 적용되기 이전의 형태가 문헌을 통해 확인되어야 한다. 그러나 *Corean Primer*에서도 형태소 내부에서 비음화나 유음화가 적용되지 않은 예는 발견되지 않는다. 다만 형태소 내부에는 비음화와 유음화가 적용될 수 있는 연쇄가 존재하지 않는 것을 통하여 비음화와 유음화가 적용되었음을 유추할 수 있을 뿐이다. 따라서 자음동화 중 의주방언에서 확인 가능한 것은 수의적으로 나타나는 양순음화와 연구개음화밖에 없다.

3.1.1.1. 양순음화

국어의 빠른 발화나 비격식체에서 양순음 앞의 설정음은 양순음으로 바뀐다. 그러나 또박또박 천천히 발음할 때는 이러한 조음위치의 동화가 일어나지 않는다. 현대 의주방언의 형태소 내부에서도 이러한 양순음화는 수의적으로 나타나는데 그 예는 다음과 같다.

(1) 검방디-~건방디-(건방지-, 傲)

현대 의주방언의 고유어 형태소 내부에서 수의적 양순음화를 확인할 수 있는 예는 매우 드물다. 양순음화는 수의적인 현상이므로 고유어 형태소 내부에서 ㄴㅂ의 연쇄를 가진 예가 많이 보일 것으로 예상되나 ㅁㅂ의 연쇄에 비하면 극히 제한적이다. 이러한 사실은 양순음화가 수의적인 음운과정이기는 하지만 형태소 내부에서 거의 예외 없이 일어났던 음운과정임을 말해준다.

*Corean Primer*에서도 형태소 내부에서의 양순음화를 확인하기 어렵다. 현대 의주방언에서도 형태소 내부에서의 양순음화를 보여주는 예가 매우 드문데 이보다 훨씬 더 자료가 부족한 *Corean Primer*에서 예를 찾기란 더욱 더 어려운 것이다. 그러나 후술하게 될 형태소 경계에서의 양순음화를 통해 이 시기에 양순음화가 있었을 것임을 유추할 수 있다.

3.1.1.2. **연구개음화**

국어의 빠른 발화나 비격식체에서 연구개음 앞의 ㅂ, ㄷ, ㅁ, ㄴ 등은 연구개음으로 바뀐다. 또박또박 천천히 발음하거나 격식체로 발음할 때는 이러한 조음위치의 동화가 일어나지 않는다. 현대 의주방언에서도 이러한 연구개음화는 수의적으로 나타나는데 형태소 내부에서 연구개음화를 확인할 수 있는 예는 다음과 같다.

(2) 앙개~안개(안개), 당그-(담그-, 潛), 거뭉고~거문고(거문고), 방갑-~반갑-(반갑-, 歡), 벙개~번개(雷)

(2)는 고유어 형태소 내부에서 연구개음화가 거의 필수적으로 일어나고 있음을 보여준다. 고유어 형태소 내부에 ㄴㄱ, ㅁㄱ의 연쇄를 가지고 있는 경우는 ㅇㄱ의 연쇄를 가지고 있는 경우에 비해 상대적으로 적다. 이러한 사실은 형태소 내부에서의 연구개음화가 수의적이기는 하지만 거의 모든 단어에 필수적으로 나타난 보편적 음운과정임을 말해준다.

*Corean Primer*에서는 형태소 내부에서의 연구개음화를 확인하기 어렵다. 이 또한 *Corean Primer*의 자료가 제한적인 데서 기인한 것이다.

3.1.2. 경음화

국어의 경음화에는 두 가지가 있다. 가장 일반적인 경음화는 폐쇄음 뒤의 경음화로서 국어의 모든 방언에서 나타난다. 그리고 지역에 따라 차이가 있기는 하지만 ㄴ, ㅁ 말음 어간 뒤에서 경음화가 나타나기도 하는데 이는 공시적인 환경에서만 일어난다. 형태소 내부에서는 폐쇄음 뒤의 경음화를 직접적으로 확인하기는 어렵다. 그러나 다음과 같은 예를 통하여 현대 의주방언에서 폐쇄음 뒤의 경음화를 확인할 수 있다.

(3) 목뚜기(목침), 섭썹이(허파), 입썽(의복), 멕짱구(개구리), 곱싸(곱추), 국쑤(국수)

(3)은 고유어 형태소 내부의 예로서 기원적으로는 경음이 아니었을 것으로 추정되나 현재는 모두 경음으로 발음된다. 고유어 형태소 내부에서 폐쇄음 뒤의 모든 평음이 경음으로 바뀌었기 때문에 직접적으로 확인할 수 없지만 (3)을 통해 간접적으로 폐쇄음 뒤 평음의 경음화를 확인할 수 있다. *Corean Primer*에서는 형태소 내부에서의 경음화를 파악하기 어렵다.

3.1.3. 어두 ㄹ의 변화[1)]

국어의 특질 중 하나는 어두에 ㄹ이 올 수 없다는 것이다. 이러한 제약에 의해 ㄹ로 시작되는 고유어를 찾을 수 없으며 ㄹ로 시작되는 한자도 어두에 놓이면 다른 음운으로 바뀐다. 의주방언에서도 어두 ㄹ의 이

1) 엄밀한 의미에서는 이 변화를 '어두 ㄹ의 변화'라고 할 수 없다. 이러한 변화를 확인할 수 있는 것은 한자어의 경우인데 한자어를 받아들이는 순간부터 이미 ㄴ으로 받아들이기 때문에 '어두 ㄴ의 변화'라고 보는 것이 옳을 수도 있다. 그러나 ㄹ을 초성으로 가지는 한자가 어중에서 활발히 쓰이다가 어두에 놓일 때 이러한 변화가 나타나는 것이므로 이렇게 부르기로 한다.

러한 변화를 관찰할 수 있다.

(4a) 노동(勞動), 노인(老人)
  b) 니별(離別), 니자(利子), 님시(臨時)
  c) 네배당(禮拜堂), 낭식(糧食), 노금(料金), 네비(旅費), 넘네(念慮), 넝감(令監), 낭반(兩班), 눅일(六日)

이 방언에서는 어두의 ㄹ은 모두 ㄴ으로 바뀌는데 이는 중부방언과 그 양상이 다소 다르다. 어두에 ㄹ이 올 수 없다는 조건 때문에 고유어에서는 이러한 예를 확인할 수 없으므로 이러한 변화는 한자어에서만 확인할 수 있다. (4a)에서 알 수 있듯이 '라, 로, 루(이하 rV)'는 모두 '나, 노, 누'로 바뀌었는데 이는 중부방언의 변화와 동일하다. (4b)는 '리(이하 ri)'의 경우로 모두 '니'로 바뀌었는데 모두 '이'로 바뀐 중부방언과 다르다. (4c)는 ㄹ이 y계 상향이중모음과 결합된 예(이하 ryV)로서 모두 ㄹ은 ㄴ으로 바뀌고 y가 탈락되어 ㄴ과 단모음의 결합(이하 nV)로만 남았다. 이 또한 ㄹ이 탈락된 채 y계 상향이중모음으로 남아있는 중부방언과 차이를 보인다.

이 방언에 나타나는 어두 ㄹ의 변화를 중부방언과 비교하여 정리하면 다음과 같다.

(5a) 老人(rV)

의주방언		중부방언	
로인 ∨ 노인	r > n / ##__	로인 ∨ 노인	r > n / ##__

b) 利子(ri)

의주방언		중부방언	
리자		리자	
∨	r > n / ##__	∨	r > n / ##__
니자		니자	
		∨	n > ø / ##__i
		이자	

c) 糧食(ryV)

의주방언		중부방언	
량식		량식	
∨	r > n / ##__	∨	r > n / ##__
냥식		냥식	
∨	y > ø / n__	∨	n > ø / ##__y
낭식		양식	

(5)에서 보듯이 의주방언이나 중부방언에서 어두의 ㄹ이 ㄴ으로 바뀌는 규칙은 동일한데 이후 후행모음과의 결합관계에서 나타나는 규칙의 적용양상이 다르게 나타난다. 중부방언에서는 모음 '이'나 y 앞에서 ㄴ이 놓일 수 없는 제약이 존재한다. 이에 따라 이 방언에서는 ㄴ이 탈락된다. 그러나 의주방언에서는 ㄴ이 모음 '이'나 y와 결합될 수 없다는 제약은 없기 때문에 '니'는 더 이상의 변화를 겪지 않는다.[2] 다만 이 방언에서는 자음과 y계 상향이중모음(CyV)의 연결제약이 있으므로 nyV에서 y가 탈락되는 변화가 일어나는 것이다.

小倉進平은 서북방언에 나타나는 이 현상을 자세히 언급하고 있다. 小倉進平(1944:258-260)에서는 서북방언의 특징을 몇 항목으로 나누어 서술하는 부분에서 다섯 항목에 걸쳐 rV, ryV가 nV로 나타나고 있음을

2) 어두 '니'에서 ㄴ이 탈락되지 않는 것은 비단 한자어의 경우만은 아니다. 고유어에서도 어두 '니'에서의 ㄴ 탈락은 나타나지 않는다(니마(額), 니(齒), 닐어나-(起), 닑-(讀)).

지적하고 있다. 기원적으로 ㄴ을 가지고 있던 어형이 중부방언에서는 ㄴ이 탈락된 데 비해 서북방언은 고형을 유지하고 있다고 보았다. 小倉進平(1944)의 이러한 설명은 현대 의주방언과 완전히 일치한다.3)

한영순(1956b:48)에서는 이러한 현상을 ㄹ의 변화로 보지 않고 애초부터 ㄴ이었다고 보고 있다. 즉 국어에서 어두에 ㄹ이 오는 일이 없기 때문에 중국어 발음 [l]에 해당하는 한자어를 받아들일 때부터 어두에서는 ㄴ으로, 어중에서는 ㄹ로 받아들였다고 보는 것이다. 이렇게 본다면 서북방언의 어두 ㄹ이 ㄴ으로 바뀌는 규칙을 설정하는 것 자체가 필요 없다. 아울러 이후의 변화는 어두 ㄴ의 변화와 완전히 일치하는 것이라는 점도 지적하고 있다. 한영순(1956b)의 이 견해는 서북방언에서의 어두 ㄹ의 변화를 마치 이전 단계에는 rV, ryV였다가 후에 nV로 바뀐 것처럼 서술하는 문제를 적절히 지적하고 있다. 한영순(1956b)의 견해를 받아들인다면 어두 ㄹ의 변화는 중국어로부터 차용하는 순간이나 이러한 한자를 어두에 사용해 단어를 만드는 순간에 일어나는 변화로 볼 수 있다.

이상의 논의를 종합하면 서북방언의 어두 ㄹ의 변화에서 나타나는 특이성은 어두 ㄹ의 변화에서 기인하는 것이 아니라 어두 ㄴ의 변화에서 기인하는 것임을 알 수 있다. (4)에서 살펴보았듯이 음절초에 ㄹ을 가진 한자가 어두에 놓일 때는 의주방언이든 서북방언이든 모두 ㄴ으로 바뀌는 것은 동일하다. 다만 차이를 보이는 것은 그 이후에 적용되는 규칙의 양상일 뿐이다. 서북방언에서 적용되는 ㄴ 뒤의 y 탈락 규칙은 어두는 물론 어중에서도 적용되는 규칙일 뿐만 아니라 CyV 구조에 적용되는 모든 규칙과 일치한다. 그러나 중부방언의 ni, nyV 구조에서 나타나는 ㄴ의 탈락은 어두에서만 적용되는 규칙일 뿐이다. 이러한 점을 고려하면

---

3) 小倉進平(1944:260)에서는 '李, 臨, 隣 里' 등에서의 '리'를 정밀하게 관찰하면 [ri]~[ni]~[di] 세 가지로 들린다는 것을 밝혔다. 저자의 연구에 도움을 준 제보자에게서는 이러한 음성적 특징이 발견되지 않았다.

서북방언에서 일어난 변화가 더 자연스러운 변화임을 알 수 있다.

3.1.4. 원순모음화

원순모음화는 평순모음이 인접한 음운에 영향을 받아 원순모음으로 바뀌는 것을 의미하는데 동화주에 따라 두 가지로 분류될 수 있다. 첫째는 모음에 의한 원순모음화로서 선행모음 '우'에 영향을 받아 후행모음 '으'가 '우'로 바뀌는 변화이다. 둘째는 자음에 의한 원순모음화로서 양순음에 영향을 받아 모음 '으'가 '우'로 바뀌는 변화이다.

현대 의주방언의 형태소 내부에서 모음에 의한 원순모음화의 예는 다음과 같다.

(6) 무누(紋)

(6)에서 보듯이 현대 의주방언의 형태소 내부에서 모음에 의한 원순모음화는 그리 많은 예가 발견되지는 않는다. 고유어의 경우 모음에 의한 원순모음화의 입력이 될 만한 예가 드물어 모음에 의한 원순모음화가 활발하게 일어났는지 판단하기 어렵다. 현지 조사에서 확인할 수 있는 예는 '무누' 단 하나인데 다른 방언과의 비교를 통해서 원순모음화가 일어났음을 확인할 수 있다.

*Corean Primer*에서는 다음과 같은 예가 발견된다.

(7a) 무누 moonoo(코10-10, 紋), 무순 moosoon(코2-7, 何)
b) 머물루갓슴 mumoorrooghassum(코14-2, 留), 올우갓슴메 orooghassummê (코11-63, 乘)

(7)의 예들은 중부방언에서는 '무니, 무슨, 머무르-, 오르-'로 나타난다. (7)의 자료를 중부방언과 비교해 보았을 때 선행 원순모음에 의해 '으'가 원순모음으로 바뀌었음을 알 수 있다. 현대 의주방언에서도 '무누'는 같은 형태로 나타나나 나머지는 '무순, 머물루-, 오루-'가 아닌 '무슨, 머물르-~머무르-, 오르-~올르-'로 나타난다. 이 경우만 본다면 모음에 의한 원순모음화는 그 적용영역이 축소되었다고 볼 수도 있다.

현대 의주방언에서 자음에 의한 원순모음화의 예는 다음과 같다.

(8) 무지개(<므지게, 霓), 물(<믈, 水), 불(<블, 火), 수물(<스믈, 二十), 하품(<하픰<*하ᄑᆡᆷ, 하품), 글푸(<글픠, 글피), 거무(<거믜, 거미)

(8)을 통해서 형태소 내부에서의 원순모음화가 매우 활발하게 나타났음을 알 수 있다. 형태소 내부에서의 원순모음화는 필수적인 변화여서 현대 의주방언의 고유어 내부에서 '양순음+으'의 연쇄는 존재하지 않는다. 형태소 내부에서의 원순모음화는 '양순음+으'의 연쇄에서뿐만 아니라 '양순음+ᄋᆡ/의'의 연쇄에서도 원순모음화가 활발히 나타난다. '하품, 글푸, 거무'는 각각 기원적으로 '*하ᄑᆡᆷ4), 글픠, 거믜'였는데 양순음 아래에서 'ᄋᆡ, 의'가 모두 '우'로 바뀌었다.5) 의주방언에서는 '먼지, 보리, 버선'은 각각 '몬지, 보리, 보선' 등으로 나타나 비원순모음화는 발견되지 않는다.

---

4) 이 방언의 '하품'은 '*하ᄑᆡᆷ'으로 재구될 수 있다. '하품'의 여러 방언형을 살펴보면 'haX'계열(하음, 하위욤, 하위염, 하얌 등)과 'hap^{h}X'계열(하품, 하펌, 하팸, 하픰 등)으로 양분되어 있는데 의주방언은 'hap^{h}X'계열이다. '하품, 하펌, 하팸, 하픰' 등의 반사형은 '*하ᄑᆡᆷ'을 재구함으로써 설명될 수 있다. '*하ᄑᆡᆷ'에서 이중모음 'ᄋᆡ'의 단모음화와 순음 아래에서 'ᄋᆞ'의 변화에 의해 위와 같은 다양한 반사형이 만들어졌다. 의주방언에서는 '*하ᄑᆡᆷ > 하픰(ᄋᆞ>의) > 하품(원순모음화)'의 과정을 겪은 것으로 보인다.

5) 'ᄋᆡ'는 'ᄋᆡ>의'의 변화를 겪은 후 '의'와 같은 변화를 겪었을 것으로 보인다.

*Corean Primer*에서도 현대 의주방언과 동일한 원순모음화를 확인할 수 있다.

(9) 시무갓슴마 shimooghassmma(코8-9, 植), 시문 거시 shimoongushi(코8-13, 植), 이무 yimoo(코25-4, 旣)

3.1.5. 움라우트

의주방언의 움라우트는 형태소 내부와 파생과 합성에서 흔히 관찰된다. 그러나 곡용과 활용에서는 움라우트가 나타나지 않는다. 현대 의주방언의 형태소 내부에서 움라우트를 확인할 수 있는 예는 다음과 같다.

(10a) 덩갱이(정강이), 무데기(무더기), 구데기(구더기), 디:렝이(지렁이), 굼:벵이(굼벵이), 골채기(골짜기), 흘떼미(흙더미), 소내기(소나기), 오래기(오라기), 호:랭이(호랑이), 맨두래미(맨드라미), 갈랭이(가랑이), 애끼-(아끼-, 愛)

b) 대리미(다리미), 매디(마디), 제리(저리-), 매럽-(마렵-), 개럽(가렵-), 새리-(사리)

c) 곡꽝이(곡괭이), 참빗, 토끼

(10)에서 보듯이 현대 의주방언에서 움라우트는 다양하게 발견되지만 필수적인 것은 아니다. (10a)는 중부방언에서 나타나는 움라우트와 같은 양상이다. 그런데 (10b)에서 보듯이 '대리미, 매디, 매렵-, 새리-' 등 개재자음이 ㄹ, ㄷ일 경우에도 움라우트가 적용된다. 반면에 '곡꽝이, 참빗, 토끼' 등은 움라우트가 적용되지 않기도 한다. (10b)에서 개재자음이 설정음일 때도 움라우트가 나타나는 것으로 보아 움라우트가 매우 활발히

일어났다고 볼 수 있지만 필수적인 것은 아니었음을 알 수 있다.

*Corean Primer*에서는 형태소 내부에서의 움라우트를 확인할 수 없다.

3.1.6. 전설고모음화

중부방언에서는 ㅅ, ㅈ, ㅊ 뒤에서 모음 '으'가 '이'로 바뀌는 변화가 일어난다. 이러한 변화는 형태소 내부에서 활발하게 일어날 뿐만 아니라 형태소 경계에서도 흔히 발견된다. 의주방언의 형태소 내부에서는 이러한 변화가 수의적으로 나타난다. 형태소 내부에서의 전설고모음화 양상은 다음과 같다.

(11a) 싫-(厭)
　b) 짐승, 어질하-(어지럽-), 짖-(哭), 질-(땋이)
　c) 칠기(칡)
(12a) 보섭(보습), 쇄스랑(쇠스랑), 가슴, 사슴, 머슴
　b) 쯜개(반찬), 버즘(버짐), 요즘, 쯎-(割)
　c) 마츰(마침)

(11-12)에서 보듯이 이 방언에서의 전설고모음화는 수의적인 양상으로 나타난다. (11)에서는 전설고모음화가 확인되지만 (12)에서는 확인되지 않는다. 이 방언에서 전설고모음화가 일어나는 환경과 그렇지 않은 환경의 음운론적 차이는 없다. 다만 이 방언의 전설고모음화 경향이 중부방언에 비해 낮음은 확인할 수 있다.

*Corean Primer*에서도 전설고모음화가 수의적으로 나타남을 확인할 수 있다.

(13a) 실타 shilta(코12-8, 厭)

cf. 슬타 sulta(코1-10, 厭)

b) 즐게 dsulgê(코4-7, 饌)

(13a)에서 '실타'는 전설고모음화가 적용되었지만 '슬타'와 같이 적용되지 않은 채 나타나기도 한다. (13b)의 경우는 전설고모음화가 적용될 수 있는 환경이지만 적용되지 않은 채 나타난다. *Corean Primer*에서 보이는 이러한 양상은 이 시기에도 전설고모음화는 수의적으로 적용되었음을 보여준다.

형태소 경계에서의 전설고모음화는 현대 의주방언이나 *Corean Primer*에서 전혀 확인되지 않는다.

3.2. 탈락

이 방언에서 확인할 수 있는 형태소 내부에서의 탈락은 ㅎ 탈락과 활음탈락이 있다. ㅎ 탈락은 다른 방언에 비해 특이한 양상으로 나타난다. 활음탈락은 치음계열 자음 뒤에서 y가 탈락되는 것을 의미하는데 이 또한 다른 방언에 비해 특이한 양상으로 나타난다.

3.2.1. ㅎ 탈락

국어의 자연발화에서 ㅎ이 유성음 사이에서 수의적으로 약화되거나 탈락되는 현상은 매우 흔한 현상이고 의주방언에서도 흔히 발견된다. 그런데 의주방언에서는 유성음 사이뿐만 아니라 폐쇄음 뒤에서도 약화 또는 탈락이 일어난다.[6]

먼저 형태소 내부의 유성음 사이에서의 ㅎ 탈락을 살펴보면 다음과 같다.7)

(14) 사:우(壻), 니른(七十), 아:레(九日), 열을(열흘)

현대 의주방언에서 형태소 내부 유성음 사이에서의 ㅎ 탈락을 관찰할 수 있는 예는 (14)에 제시된 것에 불과하다. 후술할 한자어나 복합어에서는 ㅎ이 수의적으로 탈락되는 데 비해 고유어의 경우에는 ㅎ이 필수적으로 탈락된다. 이로 인하여 고유어 형태소 내부에서 유성음 사이의 ㅎ을 관찰하기 어렵다.

폐쇄음 뒤에서의 ㅎ 탈락은 형태소 내부에서는 확인되지 않는다. 현대 의주방언의 형태소 내부에서 폐쇄음과 ㅎ이 연쇄를 이루는 경우는 없다.

3.2.2. 활음 탈락

이 방언의 형태소 내부에서는 '치음 + y계 상향이중모음(이하 DyV)'에서 y가 탈락되어 단모음으로 바뀌는 변화가 활발히 일어났다. 중부방언의 '샤, 셔, 쇼, 슈 ; 쟈, 져, 죠, 쥬' 등은 y의 탈락을 거쳐 '사, 서, 소, 수 ; 자, 저, 조, 주' 등으로 바뀌는 변화를 입었다. 그런데 의주방언에서는 ㅅ, ㅈ 뒤에서뿐만 아니라 'ㄷ, ㄴ' 뒤에서도 이러한 변화가 나타난다. 현대 의주방언을 살펴보면, 기원적으로 DyV의 구조를 가졌던 '쟈, 져,

---

6) '약화'는 음성적인 현상을 지칭하는 것이며 '탈락'은 음운론적인 현상을 지칭하는 것이다. 의주방언의 경우 이 환경에서 ㅎ이 완전히 탈락하기도 하지만 음성적으로는 [ɦ]로 실현되기도 한다.

7) (14c)에서 보듯이 의주방언의 몇몇 색채 형용사는 'X하-'의 독특한 형태로 나타난다. '팔하-'를 예로 들면 이는 기원적으로 '파라ᄒᆞ-'였을 것으로 보이며 실제의 활용도 '하-(爲)'와 같은 활용을 보인다(팔아구, 팔애서, 팔아문).

죠, 쥬(이하 ʦyV) ; 샤, 셔, 쇼, 슈(이하 syV) ; 댜, 뎌, 됴, 듀(이하 tyV) ; 냐, 녀, 뇨, 뉴(이하 ryV)' 등은 각각 '자, 저, 조, 주(이하 ʧV) ; 사, 서, 소, 수(이하 sV) ; 다, 더, 도, 두(이하 tV) ; 나, 너, 노, 누(이하 nV)'로 남아 있는 것이다.8)

이러한 변화는 모든 자음 뒤에서 활음이 탈락되는 'CyV > CV'의 변화로 파악할 수도 있다. 그러나 y에 선행하는 자음이 양순음이나 연구개음일 경우에는 y가 탈락되기보다는 다른 모음으로 바뀌는 변화가 나타난다. 따라서 이 DyV 부류는 일반적인 CyV 구조의 변화와는 다른 변화의 양상을 보인다. 따라서 여기에서는 ㅈ, ㅅ, ㄷ, ㄴ 뒤에서의 활음 탈락에 대해서 다룬다.

이 방언에서 기원적으로 '쟈, 져, 죠, 쥬'를 가졌던 어형에서 y가 탈락되어 오늘날 '자, 저, 조, 주'로 남아 있는 예들은 다음과 같다.

(15a) 쟈 : 자루(<쟈ᄅᆞ, 袋), 자갈(<쟈갈, 礫), 작-(<쟉-, 小), 자:래(<쟈래, 鼈)
　b) 져 : 저낙(<져녁, 夕), 저고리(<져고리, 衣), 젊-(<졂, 小), 저울(<져울, 秤)
　c) 죠 : 조구(<죠긔, 조기), 종아리(<죵아리, 종아리)
　d) 쥬 : 주걱(<쥬걱, 주걱), 주춘돌(<쥬츄-, 주춧돌)

(15)에 나타난 변화의 과정에 대하여 다음의 두 가지 가정이 가능하다. 첫째는 ㅈ의 구개음화와는 관련 없이 자음 뒤에서 y가 탈락되었다는 가정이다. 둘째는 ㅈ의 구개음화에 이어 y가 탈락되었다는 가정이다. 첫째 가정은 'CyV > CV' 변화의 일반성을 포착할 수 있다는 면에서 장점이

---

8) CyV 구조에서 C에는 평음 이외에 경음과 유기음도 올 수 있으나 자음의 종류와 관계없이 활음의 탈락 양상은 동일하다. 따라서 논의의 편의를 위해서 평음 ʦyV로 대표해서 쓰지만 여기에는 ʦʰyV, ʦ'yV의 변화까지 포함된다.

있다. 언어보편적으로 CyV 구조는 자음성이 중복되므로 꺼리는 경향이 있다. 따라서 이와 같은 연쇄를 회피하기 위한 것이 변화의 원인이 된다면 선행자음의 종류와는 무관하게 변화가 일어나야 할 것이다. 서북방언 전체에서 CyV의 구조에서 y가 탈락되거나 모음이 단모음으로 바뀌는 변화가 일반적이므로 tsyV에서도 자음의 자질과는 관계없이 y가 탈락된다고 볼 수 있다. 둘째 가정은 ㅈ의 구개음화를 경험한 대부분의 국어방언과 같은 맥락에서 이 변화를 설명할 수 있다는 장점이 있다. 즉 서북방언을 제외한 국어 전체에서 ㅈ의 구개음화가 일어났고 뒤이어 y의 탈락이 이루어졌다는 사실을 고려할 때 서북방언에서도 이와 같은 변화가 나타났다고 설명할 수 있는 것이다.

그런데 서북방언 대부분은 ㅈ의 구개음화를 겪지 않았지만 의주방언은 ㅈ의 구개음화를 경험하였기 때문에 문제가 된다. 우선은 서북방언 대부분이 ㅈ의 구개음화가 나타나지 않았기 때문에(이기문 1972b, 김영배 1997a) 첫째 가정으로 위의 변화를 설명할 수 있다. 그러나 이 방언은 서북방언의 하위 방언이지만 ㅈ의 구개음화가 일어나 첫째 가정만으로는 설명이 어렵다. 따라서 구개음화를 경험한 다른 지역과 마찬가지로 둘째 가정으로 이 방언의 변화를 설명하는 것이 타당하다.

2.3.1.1.에서 살펴보았듯이 의주방언에서의 ㅈ의 조음위치 이동은 중부방언에 비해 그 시기가 늦었지만 중부방언과 같은 기제에 의해서 이루어졌다. 즉 의주방언에서 ㅈ의 조음위치 이동은 tsyV 구조에서의 경구개 변이음 실현과 이후의 y 탈락을 전제로 하는 것이므로 둘째 가정에 의해 이 방언의 y 탈락을 설명하는 것이 타당하다.

*Corean Primer*는 tsyV 구조에서 y 탈락 이전의 모습을 주로 보여주지만 ㅈ이 경구개 변이음으로 실현되는 것을 통해 y 탈락 전단계의 모습도 보여준다. *Corean Primer*에서 tsyV 구조였던 어형은 다음과 같이 나타난다.

(16a) 쟈 : 쟈근 것 jiaghungut(코3-2, 小), 쟝판 jiangpan(코7-14), 쟈갈 jaghal (코12-5, 礫), 쟐를 jiaroorul(코13-8, 袋), 듸쟝 dejiang(코7-10, 匠), 치쟈 chijia(코10-2), 보이고쟈 boighojia(코1-1, 學)

b) 져 : 졉댱님 jiupdiangnim(코2-1, 助教), 젼약 jiunyag(코3-12, 夕), 듸졉 dejiup(코1-2, 待接), 가져 gajiu(코1-22, 携), 냥젼이 niangjiuni(코2-3, 賃金)

c) 죠 : 죵이와 jiongiwa(코4-4, 紙), 죠곰 jiogom(코5-18, 少), 부죡 boojiog (코16-13, 不足)

d) 쥬 : 쥬우 jioo-oo(코7-21, 木手), 물쥬 mooljoo(코8-3, 物主)

*Corean Primer*의 ㅈ 표기는 약간의 혼란이 나타나지만 '쟈, 져, 죠, 쥬'의 표기는 (16)에서 보이는 것처럼 대체로 정연하다. 즉 tsyV 구조였던 어형들은 *Corean Primer*에서는 *ji*V와 같은 형식으로 표기된다. 이 표기에서 j는 구개음화 된 ㅈ[ʧ]을 나타내는 것이며, *i*V는 y계 상향이중모음을 나타내는 것이다. 만약 이 시기가 ㅈ의 구개음화가 완성된 시기라면 이러한 표기가 나타날 수 없다. 이러한 표기가 나타난 것은 *Corean Primer*의 편찬자가 이 어형에서 이중모음의 존재를 알고 있었을 뿐만 아니라 그 환경에서 ㅈ이 구개음화된다는 것을 알고 있었다는 것을 보여준다. 따라서 이 시기에는 y의 탈락이 완성되지 않았음을 알 수 있다.

小倉進平(1929-1944) 이후에는 tsyV 구조를 가졌던 어형에 대한 언급이 더 이상 나타나지 않는데 이는 tsyV 구조에서 y의 탈락이 이루어진 이후이기 때문인 것으로 보인다. 小倉進平(1944:254)에서는 서북방언의 ㅈ이 치조 위치에서 조음됨을 밝히고 있지만 설명이나 예시에서 tsyV였던 어형의 변화에 대해서는 별도로 언급하지 않았다. 小倉進平이 예로 든 '자세히 tsasyəi(仔細-), 본즉 bondzik(見), 찾아 tsʰadzə(尋)' 등은 기원적으로 tsyV 구조는 아니었기 때문에 그 변화 양상을 확인할 길은 없다.

그러나 syV 구조의 발음에 대해서는 별도의 항에서 설명한 것에 비추어 보면 ʦyV 구조의 어형은 이미 y가 탈락된 이후 ʦV 구조로 완전히 바뀌었기 때문에 언급할 이유가 없었다고 추정할 수 있다.

한영순(1956a)에서도 ʦyV 구조 어형의 반사형에 대한 별도의 언급은 보이지 않는다. 앞에서도 살펴보았듯이 한영순(1956b)는 의주방언에서 ㅈ의 구개음화가 일어난 현상에 대해 소상하게 밝히고 있다. 한영순(1956b)는 당대의 ʦyV 구조 어형을 小倉進平(1944:254)와 비교할 때 다른 양상이 나타나고 있음을 보고하고 있지만 그 과정과 원인에 대해서는 별도의 설명을 하지 않았다. 다만 몇몇 예에서 기원적으로 ʦyV 구조였던 어형이 포함되어 있어 그 변화의 결과를 확인할 수 있다(조고리 ʧogori <죠고리). 이는 이 시기에 ㅈ의 구개음화는 이미 완성되었고, ʦyV 구조를 가졌던 어형에서도 활음의 존재를 확인할 수 없었던 것에서 기인하는 것으로 보인다.

이 방언에서 기원적으로 '샤, 셔, 쇼, 슈'를 가졌던 어형의 반사형은 다음과 같다.

(17a) 샤 : 사마구(螳), 상태기(髻), 상하-(傷), 사진(寫眞)
b) 셔 : 서까래(椽), 서방(書房), 섬(島), 입성(衣), 조석(朝夕)
c) 쇼 : 소(牛), 소경(盲人), 넘소(羔)
d) 슈 : 수고(受苦), 국수

(17)에서 보듯이 현대 의주방언에서는 기원적으로 syV 구조였던 것이 모두 y가 탈락되어 sV 구조로만 나타난다. 이 방언에서도 그 시기는 비록 늦었지만 중부방언과 마찬가지로 ㅅ 뒤에서 y가 예외 없이 탈락되어 나타나는 것이다.

이러한 탈락은 19세기 후반 이후에 일어난 것으로 보인다. *Corean*

*Primer*는 syV 구조에서 y가 탈락되기 이전의 양상을 잘 보여준다.

(18a) 샤 : 샹하얏다 shanghayatda(코17-27, 傷), 세샹 shêshang(코33-5, 世上), 황샹이 whangshangi(코22-29, 皇上)

b) 셔 : 되션 doeshun(코1-1, 朝鮮), 화눈션이 hwanoonsheni(코11-59, 火輪船), 한 셤메 shemmê(코12-32, 한 섬(石)에)

c) 쇼 : 쇼 sho(코9-1, 牛), 쇠쇼한 shoeshohan(코11-9, 生疎)

d) 슈 : 수시쌀 sooshisál(코14-28, 粱) vs. 수시 shooshi(코12-29, 粱)

(18)에서 보듯이 '샤, 셔, 쇼, 슈'의 표기도 약간의 혼란은 나타나지만 대체로 정연하다. 즉 syV 구조였던 어형들은 *Corean Primer*에서는 *shi*V와 같은 형식으로 표기되는데 이 때 *sh*는 ㅅ의 구개변이음을 나타내는 것이다. ㅅ의 구개변이음이 표기에 반영되었다는 것은 이 시기의 syV 구조에서 y는 유지되었다는 것을 보여준다.

小倉進平(1944)에서는 다른 방언과는 달리 의주방언에서 syV 구조에서 ʃV로 실현됨을 보이고 있다. 이는 앞에서도 설명한 바와 같이 음운론적으로는 syV와 같이 해석되는데 의주방언이 다른 방언에 비해 syV 구조에서 y의 탈락이 늦었다는 사실을 지적하고 있는 것이다. 한영순(1956b)에서도 일부의 화자에게서 syV 구조였던 것이 ʃV로 발음됨을 지적하고 있는데 이는 잔재적 현상일 뿐이다.

tyV(댜, 뎌, 됴, 듀)의 변화는 서북방언의 가장 큰 특징 중의 하나로 꼽히는 것으로서 의주방언에서도 tV(다, 더, 도, 두)로 바뀐다. 이 방언에서 기원적으로 tyV 구조였던 단어의 반사형은 다음과 같다.

(19a) 다 < 댜 : 당개(嫁), 당구(장구), 당석(席), 당반(盤), 환당(環墻, 담), 당송꾸락(長指), 당딴지(장딴지) 당마(장마)

b) 더 < 뎌 : 뎡심(點心), 뎐기(電氣), 뎔간(寺), 뎝씨(접시)

c) 도 < 됴 : 둏-(좋-, 好)

d) 두 < 듀 : 듕간(中間), 집 듀(宙)

(19)에서 보듯이 의주방언에서는 tyV는 y만 탈락해 tV로 나타나는데 이는 다른 t의 구개음화가 일어난 다른 방언과 비교했을 때 매우 특이한 변화이다. 서북방언과 육진방언을 제외한 지역에서는 tyV 구조에서 y에 의해 tsyV로 된 후 본래 tsyV 구조였던 것과 마찬가지의 변화를 입어 오늘날에는 ʧV로 남아 있다. 그러나 서북방언에서는 tyV가 구개음화되지 않고 y만 탈락되는데 의주방언도 이와 동일하다.

tyV 구조에서의 y탈락은 *Corean Primer*에는 반영되지 않았다. *Corean Primer*에서 tyV 구조의 표기가 보이는 예들은 다음과 같다.

(20a) 댜 : 한 댱 handiang(코1-14, 張), 졉댱님 jiupdiangnim(코2-1, 助教), 봇댱은 botdiangun(코7-15), 귀먹댱이 gwimiugdiangi.(코25-13, 聾兒), 댤ᄭᅩ dialgó(코7-3, 短), 가댱님 gadiangnim(코28-1, 家長)

b) 뎌 : 뎡하고 diunghagho(코29-9, 定), 시뎐 shidiunun(코2-9, 詩傳), 텰물 tiulmool(코7-10, 鐵物), 업셔뎟다 upsudiutda(코7-12, 滅), 못견뎟슴 motgiundiussum(코30-5, 耐), 데뎝 dêdiup(코3-7, 대접)

cf. 데 칙(코1-22, 彼)

c) 됴 : 됴운 dio-oon(코7-13, 好), 됴캇다 diokatda(코23-12, 好)

d) 듀 : 듕용 dioongyongu(코2-9, 中庸), 듕국 dioonggoogê(코22-4, 中國), 듕하더니 dioonghaduni(코27-14, 重)

(20)의 예들은 중부방언에서는 모두 ㄷ의 구개음화를 입은 후 y가 탈락되어 '자, 저, 조, 주'로 남아 있는 예들이다. 반면에 서북방언 및 그 하위방언인 의주방언에서는 ㄷ의 구개음화가 없이 활음만 탈락해 '다, 더,

도, 두'로 남아 있다. 이러한 변화를 보이는 tyV 구조의 어형들을 *Corean Primer*에서는 모두 이중모음으로 표기하고 있는데 이는 당시의 현실음을 반영한 것으로 보인다. 따라서 이 시기까지는 tyV 구조에서 y의 탈락이 일어나지 않았을 것으로 추측할 수 있다.

小倉進平(1944)나 한영순(1956b)에서는 서북방언 전체에서 tyV 구조가 tV로 바뀌었다고 보고하고 있다. 小倉進平(1944:254-257)에서는 5-8 항목에 걸쳐 서북방언의 tyV 구조의 반사형을 보이고 있는데 인접 방언의 영향을 받기 쉬운 서북방언의 주변부를 제외하고는 모두 tV 구조로 남아 있다. 그리고 의주방언에서 특이한 반사형을 보이는 경우는 보고되어 있지 않다. 이러한 사실로 미루어볼 때 이 시기에 이르러서는 tyV 구조에서 y의 탈락이 완성된 것으로 보인다. 한영순(1956b:51)에서는 역사적으로 tyV였던 어형이 t의 구개음화는 입지 않은 채 y의 탈락에 의해 오늘날에는 tV로 되었다는 사실 이외에 특이한 사실은 언급하지 않고 있다.

이 방언에서 nyV는 syV의 변화와 완전히 동일하게 nV로 바뀌었다. 고유어 중에 nyV를 포함한 어형은 거의 없기 때문에 한자에 기원을 둔 ryV 구조의 어형이 r > n의 변화를 거쳐 nV로 바뀌었다. 이 방언에서 nyV 및 ryV의 변화를 알 수 있는 구체적인 예는 다음과 같다.

(21a) ㅑ : 낭식(糧食), 낭반(兩班), 승낭이(狼)

b) ㅕ : 넘통(心腸), 양넘(양념), 넘:네(念慮), 넉새(月曆), 음넉(陰曆), 넉사(歷史)

cf. 네절(禮節), 네배당(禮拜堂)

c) ㅛ : 노넝(遼寧), 노금(料金), 노리(料理)

d) ㅠ : 눅씹(六十)

고유어 중에 nyV 구조를 가졌던 단어로는 '승냥이, 넘통, 양념' 등이 있는데 모두 y가 탈락된 형태로 남아 있다. 나머지 예들은 모두 한자에 기원을 둔 ryV 구조를 포함한 단어들로서 어두 ㄹ이 ㄴ으로 바뀐 후 nyV와 같은 변화를 겪었다.

이러한 변화는 다른 지역과 비교했을 때 매우 특이한 변화이다. 중부방언에서 어두의 nyV는 서북방언과 달리 n이 탈락되는 변화를 겪는다. 또한 어중에서는 n이 구개음화를 입긴 하지만 음운론적으로는 어떤 음운도 탈락되지 않은 채 nyV 구조를 그대로 유지한다. 중부방언에서는 nyV가 위치에 따라 다른 변화를 겪는 데 비해 이 방언을 포함한 서북방언에서는 위치와 상관없이 y가 탈락되는 동일한 변화를 겪는 것이다.

nyV에서 y가 탈락되는 변화가 서북방언에 국한되어 있기 때문에 특이해 보이기는 하나 이 변화가 음운론적으로 자연스러운 변화이다. 중부방언에서 어두의 nyV가 허용되지 않는 어떠한 이유도 찾아낼 수 없다. 더욱이 어중에서는 nyV가 변화를 겪지 않은 채 유지되는 사실을 고려하면 어두 nyV에서 y가 탈락되는 중부방언의 변화는 부자연스러운 변화이다. 그리고 치음 계열과 이중모음과의 결합관계에서 나타나는 통시적인 변화를 고려할 때도 그러하다. 치음과 이중모음의 결합관계에서 중부방언은 모든 경우에 y를 탈락시켰다. 이에 비해 서북방언은 다른 치음계열과 동일하게 y를 탈락시킨 채 자음은 그대로 유지된다는 면에서 자연스러운 변화이다.

*Corean Primer*에는 nyV의 변화가 반영되지 않은 것으로 보아 적어도 *Corean Primer*가 집필된 시점까지는 y가 유지된 것으로 보인다. *Corean Primer*에서 nyV 구조의 예를 들면 다음과 같다.

(22a) 냐 : 넉 냥 nugh niang(코1-5, 四兩), 냥젼이 niangjiuni(코2-3), 냥심을 niangsimul(코33-3, 良心)

b) 녀 : 일 넌에 yil niunê(코2-5, 一年), 구녕 gooniung(코7-5, 穴), 고녕 goniung(코10-2, 지명), 식녕 seniung(코10-2, 獵), 녀굴이 niugoori (코10-8, 너구리), 녈럼에는 niurrumênun(코23-7, 夏)

cf. 네인써지 nêingúj(코1-9, 女人)

c) 뇨 : 예 없음

d) 뉴 : 뉵빅 nioogbeg(코18-6, 六百), 이뉵품 yinioogpoom(二六品)

(22)에서 보듯이 nyV 표기가 나타나는 예들은 주로 한자어이기 때문에 이러한 표기가 현실음이 아니라 한자어에 이끌린 것이라 볼 수도 있다. 그러나 '구녕, 녀굴이, 녈럼' 등의 고유어와 한자어라는 인식이 사라진 '식녕' 등의 예를 통해서 *Corean Primer*의 nyV 표기는 당시의 현실음을 반영한 것임을 알 수 있다. 이러한 표기는 당대에도 nyV구조에서 y가 탈락되지 않았다는 사실을 보여준다.9)

小倉進平(1944)는 ni(니)를 포함하여 nyV 구조를 가졌던 어형에서 ㄴ이 보존되는 것에 초점을 맞추어 서북방언의 특징을 밝히고 있다. 小倉進平(1944)가 관심을 가졌던 것은 서북방언이 중부방언과는 달리 nyV 구조에서 ㄴ이 유지되는 현상이었다. 그러나 이러한 현상을 설명하는 과정에 제시된 예를 살펴보면 y가 탈락되고 ㄴ은 유지된 사실을 확인할 수 있다(넝변~넝벤(寧邊), 넘네(念慮), 십넌~습넌(十年), 남너~남네~남녀(男女), 넷적(昔), 너름(夏), 넢에(側)). 小倉進平(1944)의 이러한 증언은 이 시기에는 nyV 구조에서 y가 탈락되었음을 보여준다.

한영순(1956b)의 nyV 구조에 대한 설명도 小倉進平(1944)와 동일하다. 즉 이 구조에서 ㄴ이 보존되는 것이 이 방언의 중요한 특징 중 하나

9) '네인'만은 특이한 변화 양상을 보인다. 일반적인 변화 양상을 따른다면 '너인'이 되어야 하나 *Corean Primer*에는 '네인'으로 되어 있고 일부 서북방언에서도 '네인'으로 나타난다. DyV의 변화 중 '셔, 뎌'와 마찬가지로 특이한 변화를 보이는 예이다.

임을 밝히고 있는 것이다. 나아가 한영순(1956b:48)에서는 서북방언도 표준어나 다른 방언의 영향으로 변화를 입고 있지만 적어도 이 구조에서 ㄴ이 탈락되는 일은 없다고 보고 있다.

의주방언을 포함한 서북방언에서 나타난 nyV 구조의 변화는 중부방언의 변화가 매우 부자연스러운 변화임을 보여준다. 앞에서도 언급했듯이 이 방언에서의 nyV의 변화는 syV의 변화와 완전히 일치한다. 나아가 DyV 구조의 모든 변화와도 일맥상통한다. 그런데 중부방언에서는 활음이 유지되는 대신 ㄴ이 탈락된다. 중부방언에서 nyV를 제외한 DyV는 통시적 변화의 결과 모두 y가 탈락되었는데 유독 nyV에서는 n이 탈락된다는 사실은 중부방언에서의 DyV의 변화가 매우 불규칙할 뿐만 아니라 부자연스러운 변화임을 시사한다.

서북방언과 중부방언에서의 변화과정을 비교해 보면 국어에서의 DyV 구조의 변화 양상과 기제를 보다 분명하게 이해할 수 있다. 두 방언에서 DyV의 변화 양상을 정리하면 다음과 같다.

(23) DyV의 변화

a) 서북방언	b) 중부방언			
DyV	[1] ʦyV	[2] tyV	[3] syV	[4] nyV
DyV ∨ y > ø /D __ DV	ʦyV ∨ ʦ > ʧ / __y ʧyV ∨ y > ø / ʧ__ ʧV	tyV ∨ t > ʧ / __y ʧyV ∨ y > ø / ʧ__ ʧV	syV ∨ t > ʧ / __y ʃyV ∨ y > ø / ʧ__ ʃV ∨ ʃ > s sV	nyV ∨ n > ø /__y yV

(23)에 정리된 DyV 구조의 변화를 구분짓는 가장 중요한 요소는 y앞 자음의 구개음화 여부이다. 서북방언은 y와 결합될 때 치음이 구개음으로 바뀌지 않는 경향이 강하다. 따라서 이 방언에서는 치음의 구개음화

를 겪는 중부방언에 비해 DyV구조의 변화양상이 극히 단순하다. 또한 결과만 놓고 본다면 변화의 원인은 자음과 y의 자음성 중복이라고 단순화할 수 있다. 반면에 중부방언은 치음이 y 앞에서 구개음화를 겪기 때문에 양상이 다소 복잡하게 나타난다. (23b1, 2, 3)은 모두 자음의 구개음화가 일어나고 이 구개음과 y의 조음위치가 중복되기 때문에 y의 탈락이 일어난다. 특히 ʦyV에서는 ㅈ의 조음위치까지 변화되지만 syV에서는 그러한 변화가 일어나지 않는 것이 차이가 난다. tyV는 ʦyV로 바뀐 이후에는 ʦyV의 변화와 같다. 결국 구개음화의 적용 여부와 그 이후의 조음위치의 변화가 서북방언과 중부방언의 변화의 차이를 드러내는 것이다.

그런데 중부방언에서 nyV의 변화는 문제가 있다. 중부방언에 나타난 DyV의 변화양상을 살펴볼 때 nyV도 구개음화에 이은 y의 탈락이 예상된다. 실제로 중부방언에서도 활용시 nyV 연쇄가 형성되면 구개음화가 일어나고 음성적으로는 y가 탈락된다(다니-+-어 → 다녀[taɲə], 行).[10] 활용에서 나타나는 이러한 양상을 고려한다면 nyV의 변화에서도 구개음화가 일어난다고 가정할 수는 있지만 그 이후의 변화를 설명할 방법이 없다. nyV에서 ɲyV로 바뀌었다 할지라도 y 대신 ɲ이 탈락되어야할 이유를 찾기 어렵기 때문이다. 또한 이러한 변화가 어두에서만 나타날 뿐 어중에서는 나타나지 않는다는 것도 문제이다. '念慮'를 예로 들어 nyV의 일반적인 변화를 두 음절 모두에 적용한다면 '*염여'가 되어야 하나 실제로는 '염녀'가 되기 때문이다. 따라서 중부방언의 nyV의 변화는 자연스런 음운과정으로 설명하기는 불가능하고 특정시기에 어두 위치에서 nyV의 구조를 꺼리는 형태소구조조건이 발생했다고 볼 수밖에 없다.

10) '다니-'에서의 ㄴ도 구개음으로 본다면 활용에서의 구개음화는 없다고 볼 수 있다. 그러나 중부방언 화자들 중에서 '니'의 ㄴ을 구개음으로 발음하지 않는 경우가 많다.

4. 파생과 복합에서의 음운현상

이 장에서는 의주방언의 파생과 복합에서 나타나는 음운현상에 대해서 논한다. 파생은 어근에 접사가 결합되어 단어가 형성되는 과정이고, 복합은 어근끼리 결합되어 단어가 형성되는 과정으로서 두 요소의 경계에서 다양한 음운현상이 나타난다. 형태소 내부에서의 음운현상에 비해 파생과 복합에서의 음운현상은 보다 다양하게 파악할 수 있다. 이러한 환경에서 나타나는 음운현상도 교체, 첨가, 탈락, 축약으로 나누어 논할 수 있다.

4.1. 교체

이 방언에서 확인할 수 있는 파생과 합성에서의 교체로는 비음화, 유음화, 양순음화, 연구개음화, 평폐쇄음화, 경음화, 원순모음화, 움라우트 등이 있다. 양순음화와 연구개음화는 자음동화로 묶일 수 있다. 다른 방언에서 나타나는 구개음화는 19세기 후기나 현대 의주방언 모두에서 전혀 나타나지 않는다.

4.1.1. 자음동화

비음화, 유음화, 양순음화, 연구개음화는 인접자음에 의해 동화가 일어나는 음운과정이므로 자음동화로 분류된다. 형태소 내부에서는 자음동화를 관찰하기 어렵지만 파생과 복합에서는 자음동화를 쉽게 관찰할 수 있다. 이 중 비음화와 유음화는 필수적인 데 비해 양순음화와 연구개음화는 수의적이다.

4.1.1.1. 비음화

국어에서 비음 앞에는 비음만이 올 수 있다는 제약이 있다. 현대 의주방언에도 이 제약은 동일하다. 이러한 제약에 따라 비음 앞에 놓인 모든 폐쇄음은 비음으로 바뀌는 변화가 일어난다. 현대 의주방언에서 이러한 변화를 확인할 수 있는 예는 다음과 같다.

(1a) 던나-(덧-+나-, 再發), 맘메누리(맏-+메누리), 쌤말어-(쌧-+-말어-, 淨)
b) 눙날씬(육날신, 미투리), 아칭노리(아칙+노리, 아침노을), 겜니불(겝+이불, 겹이불), 짐나니(집+난이, 출가한 딸), 낙씸물(낙씻+물, 落水), 혼니불(홑+이불)
c) 험넉(協力), 항넌(學年), 싱낭(食糧)

(1a)는 파생의 경우이고 (1b)는 합성의 경우로서 비음 앞의 폐쇄음은 모두 같은 위치의 비음으로 교체됨을 보여준다. (1c)는 한자어의 경우로서 파생과 합성에서와 마찬가지로 비음화가 나타남을 보여준다.

다음은 *Corean Primer*의 예인데 비음화의 양상은 현대 의주방언과 동일하다.[1)]

---

1) '신교'는 서북방언에서 '신교, 싱개, 싱거, 싱구' 등으로 나타난다. 표준국어대사전에서는 '승교(乘轎)'를 표준어로 잡고 '신교'는 평안도 사투리로 보고 있다. 서북방언의 '신교'가 '승교'에서 유래했다면 이는 서북방언의 일반적인 변화와 맞지 않는다. 이 방언에서는 전설고모음화가 거의 일어나지 않는다. 따라서 '승교'가 이

(2a) 숫말이 soommari(코12-4), 뎅네 dengnê(코28-1, 댁네)

b) 석누 shiungnoo(코21-6, 石榴), 싱교 shinggio(코5-8, 新轎)

*Corean Primer*에서는 파생어와 합성어의 예가 부족하기 때문이 현대 의주방언만큼 다양한 비음화의 예를 찾을 수는 없다. 특히 파생에서 비음화가 일어난 예를 찾을 수는 없다. 그러나 (2a)의 합성어와 (2b)의 한자어를 통해 파생어에서도 비음화가 나타났을 것임을 유추할 수 있다.

19세기 후기와 현대 의주방언의 비음화 양상을 비교해 보았을 때 전혀 차이가 없다. 비록 *Corean Primer*에서 파생의 예를 확인할 수 없으나 이는 자료가 부족한 데서 기인하는 것일 뿐이다.

4.1.1.2. 유음화

국어에서 ㄹ 앞에는 ㄹ만이 올 수 있다. 이에 따라 ㄹ을 전후로 하여 ㄴ이 놓이게 되면 모두 ㄹㄹ이 되는 변화가 나타난다. ㄹㄴ의 연쇄가 ㄹㄹ로 되는 변화는 순행적 유음화라 하고, ㄴㄹ의 연쇄가 ㄹㄹ로 되는 변화는 역행적 유음화라고 한다.

현대 의주방언의 파생과 복합에서에서 ㄹㄴ의 연쇄가 형성되어 유음화가 일어나는 순행적 유음화의 예는 다음과 같다.

(3a) 달림(달+-님), 벨라다(벨-+나다), 서울래기(서울+-내기)

b) 갈:랄(갈:+날, 秋日), 사슬렁(사슬+넝, 이엉), 길롤이(길+놀이), 달라라(달+나라), 들렬(들+녈). 틀리(틀+니), 칼랄(칼+날), 열흘랄(열흘+날)

c) 월람(越南), 열려(烈女)

방언에 차용된 후 바뀐 것이 아니라 다른 방언에서 전설고모음화가 일어난 '신교'를 차용했을 가능성이 높다.

(3)에서 보듯이 현대 의주방언에서 순행적 유음화는 파생과 복합 및 한자어 모두에서 확인할 수 있다. (3a)는 파생의 경우이고, (3b)는 합성의 경우로서 ㄹㄴ의 연쇄가 발생하면 언제나 ㄹㄹ로 바뀐다. (3c)는 한자어의 예로서 한자어 형성시 ㄹㄴ의 연쇄가 발생하면 언제나 ㄹㄹ로 바뀐다.

*Corean Primer*에서는 파생어와 복합어의 예가 부족해 이 환경에서 유음화를 확인하기 어렵다. 이는 자료의 부족에서 기인하는 것일 뿐이다.

현대 의주방언에서 파생과 합성에서 ㄴㄹ의 연쇄가 형성되어 유음화가 일어나는 역행적 유음화의 예는 다음과 같다.

(4a) 실라면(신+라면)[2)]

b) 발란(反亂), 골란(困難), 절라도(全羅道), 밀란(民亂)

(4)에서 보듯이 현대 의주방언에서의 역행적 유음화는 국어의 다른 방언과 마찬가지로 합성어와 한자어에서만 확인된다.

*Corean Primer*에서 역행적 유음화가 적용된 예는 다음과 같다.

(5) 글녁이 gulliugi(筋力+-이, 코24:13)

*Corean Primer*에는 한자어가 많지 않기 때문에 유음화를 확인할 수 있는 예는 (5)가 유일하다. 비록 *Corean Primer*의 예가 적기는 하지만 현대 의주방언과 역행적 유음화 양상은 같았을 것으로 추정하는 데는 무리가 없다.

---

2) '실라면'의 경우는 차용으로 볼 수도 있다. 비록 차용일지라도 어원에 대한 인식이 분명히 있으면서 '실라면'으로 받아들인다는 것은 유음화 규칙이 이 방언에서 자연스러운 규칙임을 말해주는 증거가 될 수 있다.

4.1.1.3. 양순음화

형태소 내부에서뿐만 아니라 파생과 합성에서도 수의적 양순음화가 나타난다. 그런데 파생과 합성에서의 양순음화는 형태소 내부에서의 양순음화에 비해 수의적인 성격이 더 강하다. 즉 파생과 합성에서는 어근에 대한 인식 때문에 양순음화 경향이 덜 나타난다. 현대 의주방언의 파생과 합성에서 이러한 수의적 양순음화를 확인할 수 있는 예는 다음과 같다.

(6a) 딥빨-~딛빨-(딧-+-밟-, 짓밟-), 덥뻐선~덛뻐선(덧-+버선, 덧버선), 맴밥~맨밥(맨-+밥, 맨밥), 굼:불(군:-+불, 군불), 앉음뱅이~앉은뱅이(앉은+-뱅이, 앉은뱅이)

b) 눔:비~눈:비(눈:+비, 진눈깨비), 솜빠닥~손빠닥(손+바닥, 손바닥), 짐버즘~진버즘(진+버즘, 진버짐), 궘병~권병(권+병, 꾀병), 잠팡구~잔팡구(잔+팡구, 잔돌), 돔뻘기~돈뻘기(돈+벌기, 그리마), 밤바디~반바디(반+바디, 반바지), 곱빠로~곧빠로(곧+바로, 곧바로)

c) 옴반(溫飯), 텀반(天盤, 천장), 덤:보~던:보(電報), 삼:모~산:모(産母)

형태소 내부에서보다 파생과 합성에서는 양순음화의 예를 다양하게 확인할 수 있다. (6a)의 파생어와 (6b)의 합성어에서는 거의 예외 없이 양순음화가 일어난 형태로 발음이 된다. 또한 (6a)의 파생의 경우 한자어와 마찬가지로 어원에 대한 인식이 약한 '군불'과 같은 경우에는 예외 없이 양순음화가 일어난 형태로 발음된다. (6b)의 합성의 경우는 어원에 대한 인식이 강하기 때문에 양순음화의 수의적인 성격이 파생보다 강하다. (6c)는 한자어의 예로서 많은 예를 찾아볼 수 있다. ㅅ, ㅈ, ㅊ, ㄷ 등을 말음으로 가지는 한자가 없기 때문에 ㄷㅂ의 연쇄에서 나타나는 양순음화의 예는 찾아볼 수 없지만 ㄴㅂ의 연쇄에서 나타나는 양순음화는 매우 흔하게 발견된다. 한자 어원에 대한 의식이 약한 '옴반, 텀반'의 경우 제보자들은 본래 '온반, 턴반'이 아닌 '옴반, 텀반'인 것으로 인식하고 있다. 한자 어원에 대한 의식이 약한 경우에 나타나는 이러한 현상 또한 형태소 내부의 양순음화가 보편적이었음을 뒷받침해 준다.

*Corean Primer*에서는 양순음화의 예를 발견하기 어렵다. 그러나 *Corean Primer*에서 양순음화의 예를 발견할 수 없을지라도 이 시기의 파생과 합성에서 양순음화가 없다고 보기 어렵다. 이는 *Corean Primer*의 자료가 부족하기 때문에 나타나는 결과일 뿐이다.

4.1.1.4. 연구개음화

형태소 내부에 비해서 파생과 합성에서는 수의적인 연구개음화의 예를 매우 흔하게 발견할 수 있다. 현대 의주방언의 파생과 합성에서 연구개음화를 확인할 수 있는 예는 다음과 같다.

(7a) 작깨~잡개(잡-+-개, 손잡이), 넹기-(넘-+-기-, 呑), 끙기~끈기(끈-+-기, 끈기), 강:끼-~감:끼(감:-+-기-, 捲), 뜩끼-(뜯-+-기-, 除), 옹기-(옮-+-기-, 遷)

b) 눙꼽(눈+곱, 눈꼽), 앙캐~암캐(암+개, 암캐), 꼭깜(꽂+-감, 곶감), 성긍게~성근게(성근+게, 왕겨), 상꼬개~산꼬개(산+고개, 산고개), 직꾸경~집꾸경(집+구경, 집구경), 송꾸락~손꾸락(손+구락, 손가락), 농낄~논낄(논+길, 논길), 눙가림~눈가림(눈+가림, 눈가림), 지릉낄(지름+길, 지름길), 창깨(참+깨, 참깨)

c) 덩:기~던:기(電氣), 명:경(面鏡), 영기(煙氣), 재정거(自轉車), 봉간찝~본간찝(本家, 친정), 강:기~감:기(感氣)

(7a)는 파생의 예이며, (7b)는 합성의 예인데 연구개음화가 거의 예외 없이 일어났음을 보여 준다. 특히 피사동접사 '-기-'와 용언이 결합될 때는 예외 없이 연구개음화가 나타난다. 또한 '궁꿉, 꼭깜'과 같이 어원에 대한 인식이 약한 합성어의 경우도 예외 없이 연구개음화가 나타난다. 파생과 합성에서 나타나는 연구개음화의 필수적인 양상은 연구개음화가 보편적인 음운과정이었음을 보여 준다. (7c)는 한자어에서 나타나는 예들인데 한자어에서는 연구개음화가 수의적이라기보다는 필수적이라고 보아야 할 정도로 활발하게 나타난다. 특히 '재정거'와 같이 한자어원에 대한 인식이 약할 경우 필수적으로 연구개음화가 나타난다. 한자어에서 나타나는 이러한 연구개음화 역시 형태소 내부의 연구개음화가 보편적이었음을 뒷받침해 준다.

*Corean Primer*에서는 합성과 한자어에서 연구개음화를 확인할 수 있다. 파생의 예는 찾을 수 없다.

(8a) 창끼는 칭길음tsanggénun tsanggirum (코20-8, 荏)

b) 싱교 shinggio(코5-8, 轎)

4.1.2. 평폐쇄음화

국어의 음절말에서는 ㄱ, ㄴ, ㄷ, ㄹ, ㅁ, ㅂ, ㅇ만이 발음될 수 있기 때문에 음절말의 모든 폐쇄음들은 자음이나 휴지 앞에서 평폐쇄음으로 바뀐다. 현대 의주방언에서도 이러한 평폐쇄음화의 양상은 동일하게 나타난다. 현대 의주방언의 파생과 합성에서 평폐쇄음화를 확인할 수 있는 예는 다음과 같다.

(9a) 덕깨(덮-+-개, cf. 덮어라, 덮우니깨, 覆), 꺽끼(꺾-+-기 cf. 꺾어라, 꺾으

니깨, 切)

b) 팍쭉(팍+죽, cf. 팎을, 팎으루, 팥죽)[3], 숙까루(숚+가루, cf. 숚을, 숚으루, 숯가루), 압빨(앞+발, cf. 앞으루, 앞이, 前), 손뚜껑(솥+뚜껑, cf. 솥이, 솥을, 鼎), 얍뽀-(얕-+보-, cf. 얕아서, 얕으문, 淺), 한솝빱(한+솥+밥, cf. 솥이, 솥을, 鼎), 삽빠(샅+바, cf. 샅이, 샅을), 핟이복(핫+이복, 솜옷), 딥딴(딮+단, cf. 딮이, 딮우루, 짚단)

(9)에서 보듯이 파생이든 합성이든 평폐쇄음화의 양상은 동일하다. *Corean Primer*에서는 합성에서 나타나는 평폐쇄음화의 예를 확인할 수 있다. 파생의 경우는 예를 찾을 수 없다.

(10) 압방 apbang(코3-10, 前房)

형태소 내부에서나 한자어에서는 평폐쇄음화의 예를 발견할 수 없다. 고유어의 경우 평폐쇄음화가 적용될 모든 환경에서 이미 평폐쇄음화가 일어났기 때문에 '{ㄲ, ㅅ, ㅆ, ㅈ, ㅊ, ㅋ, ㅌ, ㅍ, ㅎ} + {자음, #(휴지)}'의 예를 찾을 수 없다. 한자어의 경우에도 'ㄲ, ㅅ, ㅆ, ㅈ, ㅊ, ㅋ, ㅌ, ㅍ, ㅎ'를 말음으로 가지는 한자가 없기 때문에 평폐쇄음화의 예를 발견할 수 없다. 이는 설사 한자음이 위의 자음을 말음으로 가지고 있더라도 받아들일 때나 그 이후의 변화과정에서 고유어와 마찬가지로 평폐쇄음화가 적용되었기 때문이다. 이렇듯 형태소 내부에서 평폐쇄음화를 확인할 수 없다는 것은 평폐쇄음화가 보편적 필수규칙임을 말해주는 것이다.[4]

---

3) 'ᄑᆞᇧ(赤豆)'는 이 방언에서 '팎'으로 나타난다. ㅅㄱ을 말음으로 가졌던 'ᄉᆞᇧ(炭), ᄃᆞᇧ(帆)'도 이 방언에서는 각각 '숚~수끼, 돆'으로 나타난다.

4) 이 방언에서는 평폐쇄음화에 의한 명사의 재구조화도 발견되지 않는다. 다른 방언에서는 '집(<짚), 무릅(<무릎), 섭(<섶)' 등의 재구조화가 일어났지만 이 방언에서는 '딮이, 딮을, 딮우루 ; 무릎이, 무릎을, 무릎우루 ; 섶이, 섶을, 섶우루'와 같이 나타난다.

4.1.3. 경음화

형태소 내부에서는 폐쇄음 뒤의 경음화를 관찰하기 어렵지만 파생과 합성에서는 많은 예를 확인할 수 있다. 현대 의주방언의 파생과 합성에서 폐쇄음 뒤의 경음화를 확인할 수 있는 예는 다음과 같다.

(11a) 덛씬(덧-+신), 딥빨-(짓-+밟-), 손작깨(손잡-+-개, 손잡이), 하무직깨(집-+-개, 벼훑이)
b) 너벅따리(너벅+다리, 허벅다리), 곡꽝이(곡+광이, 곡괭이), 겓쏭꾸락(겯+송꾸락, 검지), 저낙빱(저낙+밥, 저녁밥), 박끄릇(밥+그릇, 밥그릇), 익낌(입+김, 입김), 숙까락(숟+가락, 숟가락), 떡꼬물(떡+고물, 떡고물)
c) 섹꼉(石鏡, 거울), 큰넉씬(-疫神, 마마), 각쩐(角錢, 엽전)

(11)에서 보듯이 파생과 합성에서는 폐쇄음 뒤의 평음은 반드시 경음으로 바뀐다. 이는 한자어의 경우도 마찬가지이다. 형태소 내부에서는 폐쇄음 뒤의 경음화를 직접적으로 확인할 수 없지만 파생과 합성, 그리고 한자어의 경우를 통해 형태소 내부에서의 경음화도 유추해 볼 수 있다. 즉 이른 시기의 이 방언을 반영한 문헌이 없어서 폐쇄음 뒤의 경음화를 확인하기 어려우나 (11)의 예를 통해 형태소 내부에서도 이른 시기에 경음화가 일어났음을 알 수 있다.

그런데 *Corean Primer*에서는 폐쇄음 뒤의 경음화를 확인하기 어렵다. 다음은 *Corean Primer*에서 폐쇄음 뒤의 경음화가 반영될 수 있는 환경의 예들이다.

(12a) 녹듀와 nogdoowa(코20-10, 綠豆)
b) 곡셕덜 gogshiugdul(코22-28, 穀食)

(12)에서 보듯이 폐쇄음 뒤에서의 경음화가 적용되어야 할 환경에서도 경음 표기가 나타나지 않고 있다. 따라서 (12)의 예들만으로는 19세기 후기에 이 환경에서 폐쇄음 뒤의 경음화 여부를 판단할 수 없다.[5)]

4.1.4. 원순모음화

파생과 합성에서의 원순모음화도 모음에 의한 원순모음화와 자음에 의한 원순모음화로 분류될 수 있다. 형태소 내부에서의 원순모음화는 예가 그리 많지 않지만 파생과 합성의 예는 많이 발견할 수 있다. 현대 의주방언의 파생에 나타나는 모음에 의한 원순모음화의 예는 다음과 같다.

(13) 가물움(가뭄), 개:죽움(죽-+-음, 죽음), 묶움(묶-+-음, 묶음), 웃움(웃-+-음, 웃음), 울움(울-+-음, 울음)

(13)에서 보듯이 모음에 의한 원순모음화는 파생에서만 발견할 수 있다. 합성에서는 어근과 어근 사이에서 모음에 의한 원순모음화가 나타나지 않는다. *Corean Primer*에는 합성어와 파생어의 예가 적기 때문에 모음에 의한 원순모음화가 합성과 파생에서도 일어나는지의 여부를 알 수 없다.

파생과 합성에서 자음에 의한 원순모음화는 다음과 같은 예를 통해 확인할 수 있다.

(14) 차무(ᄎᆞᆷ+ᄋᆡ, 참외) 젊운이[6)](젊-+-은+이, 며느리<지칭>)

5) 이에 대한 명확한 판단을 내리기 위해서는 곡용과 활용의 경우까지 면밀하게 검토해 보아야 한다.

6) '젊운이'는 '젊-+-은+이'와 같은 구조이므로 활용의 예로 보아야 하지만 합성이 일어난 후 하나의 단위처럼 인식되어 통시적인 변화를 겪었으므로 합성의 예로

현대 의주방언에서 (14)의 예를 제외하고 파생과 합성에서 자음에 의한 원순모음화를 확인하기 어렵다. *Corean Primer*에서도 자료의 부족으로 자음에 의한 원순모음화를 확인하기 어렵다.

4.1.5. 움라우트

현대 의주방언의 파생과 합성에서 발견되는 움라우트의 예는 다음과 같다.

(15a) 누데기입성(<누더기, 누더기옷), 넹기-(넘-+-기-, 呑), 재피-(잡-+-히-, 捕), 백이-(박-+-이-, 揷), 냉기-(남-+-기-, 餘), 발:피-(밟-+-히-, 踏), 늘어세기(늘어서-+-기, 列), 제티(젖-+-히-, 젖히-)
cf. 마키-(막-+-히-, 滯), 앙기-(안-+-기-, 抱), 꺾이(꺾-+-이-, 切), 섞이(섞-+-이-, 混), 오기(오-+기, 來), 보기(보-+-기, 見)
b) 세구(石油), 섹경(石鏡)

(15)에서 보듯이 현대 의주방언의 파생어와 합성어 모두에서 움라우트가 발견된다. (15a)는 파생의 예이고 (15b)는 한자어의 예이다. 그러나 파생의 경우에도 접사의 종류나 어간에 따라 움라우트 적용 여부가 다르다. '마키-, 앙기-, 꺾이-, 섞이-, 오기' 등도 움라우트가 나타날 수 있는 환경임에도 불구하고 움라우트가 나타나지 않는다. 이러한 양상은 형태소 내부에서도 마찬가지이다. 이는 이 방언의 움라우트가 활발하게 적용되기는 했지만 모든 환경에서 필수적으로 적용된 것은 아님을 보여준다. *Corean Primer*의 형태소 내부에서는 움라우트를 발견할 수 없지만 파

분류했다. 활용형 '젊-+-은'에서는 '젊운~젊은'이 수의적인 양상을 보이지만 합성형은 필수적으로 '젊운이'로 발음된다.

생에서는 움라우트의 예를 관찰할 수 있다. *Corean Primer*의 움라우트 예는 다음과 같다.

(16a) 메기시 mêghishi(코12-22, 食), 메김마 mêghimma(코12-27, 食), 쇠기남거시 soeginamgushi(코29-13, 詐)
b) 딜여오시 diryu(코14-22, 入)

(16a)는 사동접사 '-이'에 의해 파생된 어형에서 나타나는 움라우트의 예이다. 이 경우를 제외하고는 움라우트가 거의 발견되지 않는다. (16b)는 개재자음이 ㄹ일 때도 움라우트가 일어남을 보여준다.

4.2. 탈락

이 방언에서 확인할 수 있는 파생과 합성에서의 탈락은 자음군단순화와 ㅎ 탈락 등이 있다.

4.2.1. 자음군단순화

국어에서 모음 사이에는 두 개의 자음만이 올 수 있고 휴지 앞에서는 하나의 자음만이 올 수 있다. 따라서 자음군을 말음으로 갖는 형태소가 자음 앞에 놓이거나 휴지 앞에 놓일 때 하나의 자음만 발음되는 자음군단순화가 일어난다. 의주방언에서도 이러한 자음군단순화의 양상은 동일하게 나타난다.

자음군단순화를 논하기에 앞서 음절말 자음군을 가진 단어를 살펴보면 다음과 같다.

(17) ㅂ계

ㅂㅆ : 갑ㅆ(갑씨 , 갑뚜, 價), 업ㅆ(업써서, 업쓰니, 억꾸, 無)

(18) ㄱ계[7)]

ㄱㅆ : 싹ㅆ(싹씨, 싹쓸, 싹뚜, 賃金)

(19) ㄴ계

a) ㄵ : 앉-(앉아서, 앉으문, 안떠라, 坐), 엱-(엱어서, 엱으문, 연떠라, 置)

b) ㄶ : 않-(않아서, 않으문, 안터라, 不爲), 많-(많아서, 많으문, 만터라, 多), 괘탆-(괘탆아서, 괘탆으문, 괘탄터라, 無關)

(20) ㄹ계

a) ㄼ : 없음

b) ㄺ : 얽-(얼꾸, 얽으문, 얽어서, 瘡), 맑-(말꾸, 맑으문, 맑아서, 淸), 굵:-(굴꾸, 굵으문, 굵어서, 大), 긁-(글꾸, 긁으문, 긁어서, 搔), 늙-(늘꾸, 늙으문, 늙어서, 老), 밝-(발꾸, 밝으문, 밝아서, 明), 얇-(얄꾸, 얄구문, 얄과두, 薄), 넓-(널꾸, 널구문, 널궈두, 廣), 딻-(딸꾸, 딸구문, 딸과서, 短)

닭(닭이, 닭으루, 닥뚜, 닥#, 鷄), 흙(흙이, 흙으루, 흘뚜, 흑#, 土)[8)], 까닭(까닭으루, 까닭이, 까달#, 由)

c) ㄻ : 옮:-(옹:꾸, 옮우문, 옮아서, 遷), 굶:-(궁:꾸, 굶우문, 굶어서, 飢), 닮:-(당:꾸, 닮우문, 닮아서, 似), 삶:-(상:꾸, 삶우문, 삶아서, 烹), 젊-(정꾸, 젊우문, 젊어서, 幼)

d) ㅀ : 핥-(할꾸, 할으문, 할아서, 舐)

e) ㅀ : 잃-(힐쿠, 힐으문, 힐어서, 失), 곯-(골쿠, 골아두, 골아서, 飢), 끓-(끌쿠, 끌어두, 끌어서, 沸), 닳-(달쿠, 달으문, 달아서, 磨), 싫(실쿠, 실으문, 실어서, 厭), 앓-(알쿠, 알으문, 알아서, 病),

---

7) 중부방언에서 확인되는 '몫(分)'은 '목시'로 재구조화되어 자음군을 확인할 수 없다.

8) '흙(土)'의 자음군단순화는 이 방언에서 다소 복잡한 양상을 띠고 있다. 자음으로 시작되는 어미나 휴지(休止) 앞에서는 모두 '흑'으로 실현될 것으로 예상되는데 실제로는 '흘뚜, 흑#'과 같이 불규칙하게 나타난다.

옳-(올쿠, 올으문, 올아서, 是)

이 방언의 음절말자음군 중 ㄹ계 자음군의 변화는 중부방언에 비해 특이하다. (20b)에서 보듯이 중부방언에서는 '얇-(薄), 넓-(廣), 짧-(短)' 등 ㄼ을 음절말자음군으로 나타나는 용언이, 이 방언에서는 'Xㄺ- ~ X구-'의 형태로 재구조화되었다.[9] 그 결과 자음어미 앞에서는 'Xㄺ-'으로(얄꾸, 널꾸 등), 모음어미 앞에서는 'X구-'로 나타난다(얄과두, 널궈두).[10] (20d)의 ㅀ은 '핥-(舐)'에서만 확인된다. 이는 '핥-'의 ㅎ이 변화를 입어 형성된 것이다.

음절말 자음군을 가진 이러한 어근에 자음으로 시작되는 접미사나 다른 어근이 결합될 때 음절말 자음군 중 하나가 탈락되는 자음군단순화가 일어난다. 현대 의주방언에서 자음군단순화를 발견할 수 있는 예는 다음과 같다.

(21) 쌍닐(싹ㅆ+일, cf. 싹씨라구, 싹쓸, 삯일), 흘떵어리(흙+덩어리, cf. 흙이, 흙을, 흙덩어리)

(21)에서 보듯이 합성의 경우 자음군단순화를 발견할 수는 있으나 그 예가 많지 않다. 형태소 내부에서는 고유어든 한자어든 자음군단순화를 직접적으로 확인할 수 없다. 자음군을 말음으로 가지는 한자가 존재하지 않기 때문에 한자어에서는 자음군단순화를 확인할 수 없다.

*Corean Primer*에서는 자음군을 말음으로 가진 단어가 파생이나 합성이 되는 예를 발견할 수 없다.

---

9) 한영순(1956b:55)에서도 이러한 현상이 지적되었다.

10) 자음어미 앞에서의 기저형을 'Xㄼ-'으로 설정해도 문제는 없다. 그러나 모음어미 앞에서 'X구-' 형태가 나타나는 것으로 보아 자음군 ㄼ에서 ㅂ이 ㄱ으로 바뀌는 변화를 입은 것으로 보이므로 'Xㄺ-'로 설정했다.

4.2.2. ㅎ 탈락

형태소 내부에 비해 파생과 합성에서는 유성음간 ㅎ 탈락의 예가 많이 발견된다. 특히 한자어에서 이러한 예를 많이 발견할 수 있다. 또한 폐쇄음 뒤에서의 ㅎ 탈락 양상도 다양하게 관찰된다. 먼저 파생과 합성에서 폐쇄음 뒤 ㅎ 탈락 예는 다음과 같다.11)

(22a) 팔하-~팔아-(青) 놀하-~놀아-(黃), 빨허-~빨어-(赤), 껌허-~껌어-(黑), 따스하-~따스아-(溫)

b) 디난해-~디난애(지난+해), 즌흑~즌윽(즌+흙)

c) 결온(結婚), 영화~영와(映畵), 던:화~던:와(電話), 남향~남양(南向), 오:항넌~오:앙넌(五學年), 삼헝데~삼엉데(三兄弟), 무궁와(無窮花)

(22)에서 보듯이 파생과 합성 모두에서 유성음 사이의 수의적 ㅎ 탈락을 관찰할 수 있다. 한자어의 경우 어원에 대한 의식이 약한 경우는 예외 없이 ㅎ 탈락이 일어나지만 그렇지 않은 경우에는 수의적으로 ㅎ 탈락이 일어난다.

*Corean Primer*에서는 파생과 합성에서의 ㅎ 탈락 양상이 현대 의주방언과 다소 다르게 나타난다.

(23a) 변하여 biunhayu(코33-4, 變), 곤하니 gonhani(코6-7, 困), 무던하다 moodunhada(코12-16) 권하니 gwunhani(코25-6, 勸), 긔별하시 guibiulhashi (코16-2, 寄別)

b) 즌흘 dsunhul(코11-36, 泥土)

---

11) (22a)에서 보듯이 의주방언의 몇몇 색채 형용사는 'X하-'로 나타난다. '팔하-'를 예로 들면 이는 기원적으로 '파라ᄒᆞ-'였을 것으로 보이며 실제의 활용도 '하-(爲)'와 같은 활용을 보인다(팔아구, 팔애서, 팔아문).

(23)에서 보듯이 파생과 합성의 경우에는 ㅎ 탈락이 나타나지 않는다. 이렇듯 현대 의주방언에서는 ㅎ 탈락이 나타나는데 *Corean Primer*에서는 나타나지 않는 이유는 ㅎ 탈락의 수의성에 있는 것으로 보인다. 즉 현대 의주방언에서도 ㅎ 탈락은 수의적으로 나타나는데 이러한 양상은 19세기 후기에도 마찬가지였을 것이다. ㅎ의 탈락이 수의적으로 일어난다면 표기는 탈락이 일어나지 않은 형태로 될 가능성이 큰 것이다.

현대 의주방언의 파생과 합성에서 폐쇄음 뒤의 ㅎ 탈락의 예는 다음과 같은데 그 양상이 다소 복잡하다.

(24a) 착아-(<착하-, 善), 급아-(<급하-, 急), 곱아-(<곱하, 倍), 깨끋아-(<깨끗하-, 淨), 몯아-(不能)
b) 국와(菊花), 북양(北向), 육앙넌(六學年), 급앵(急行), 입악(入學), 독악(獨學)

(25a) 넝너키(넉넉-+-히, 充)
b) 이피-(입-+-히-, 着), 메키(먹-+-히-, 食), 다티-(닫-+-히-, 閉)

(24)는 파생과 한자어의 예로서 필수적으로 ㅎ 탈락이 나타난다. 합성에서는 폐쇄음과 ㅎ의 연쇄가 형성되는 예를 찾기 어려워 ㅎ의 탈락 여부를 확인하기 어렵다. (24)의 예만을 보면 파생과 합성에서의 폐쇄음 뒤 ㅎ 탈락이 필수적이라고 볼 수도 있다. 그러나 (25)를 보면 파생에서도 ㅎ 탈락이 아닌 유기음화가 일어남을 알 수 있다. 즉 부사파생접사 '-히' 나 피사동접사 '-히-'가 결합될 때는 ㅎ 탈락 대신 유기음화가 일어나는 것이다. 특히 용언파생접사 '-하'와 부사파생접사 '-히'는 그 기원이 같음에도 불구하고 폐쇄음 뒤에서의 ㅎ의 탈락 여부가 다르게 나타난다.

그런데 *Corean Primer*에서는 다소 복잡한 양상으로 나타난다.

(26a) 독한 것 doghangut(코24-23, 毒), 니악하다 niag hada(코 15-3)

b) 국화은 googhwanun(코31-2, 菊花)

(27a) 쩟쩟한 dútdút han(코32-4), 못하가습다 mothaghassupda(코32-9, 不能), 못타게 mothaghê(코12-34)

b) 속키 sokki(코11-61, 速), 극키 gukki(코32-11, 極)

(26, 27)의 예들에 대해서는 면밀한 검토가 필요하다. *Corean Primer* 에서는 음절말 ㄱ을 *g*로 전사했기 때문에 (26)에서 ㅎ탈락이 일어났는지 아닌지의 여부를 판단할 수 없다. 적어도 표기만을 본다면 ㅎ 탈락이 일어난 것이 아닌 어근의 ㄱ과 접사의 ㅎ이 모두 살아 있는 것으로 볼 수도 있기 때문이다. 그러나 (26)을 통해서 적어도 ㄱ과 ㅎ이 축약되어 ㅋ으로 실현되지 않았음은 확인할 수 있다. (27b)에서 보듯이 축약이 일어나면 *kk*로 표기되는데 (26)에서는 *kk*가 아닌 *gh*로 표기된 것으로 보아 이 환경에서는 축약은 일어나지 않았다는 것을 알 수 있다. 이 환경에서 축약이 일어나지 않았다는 것은 ㄱ 뒤에서 ㅎ이 탈락된 것으로 파악할 수 있는 가능성을 제시한다.12)

그런데 (27)의 예들은 이 시기에 폐쇄음 뒤에서 ㅎ이 탈락되지 않은 경우도 있음을 보여준다. (27b)의 경우는 현대 의주방언에서도 ㅎ 탈락이 아닌 축약이 일어나므로 문제가 될 것이 없다. 그러나 (27a)는 (26a)와 같은 환경임에도 불구하고 ㅎ 탈락이 아닌 축약이 일어나고 있음을 보여준다. 특히 '못타게'에서 알 수 있듯이 한글 표기에서까지 축약이 일어난 형태가 나타나는 것은 이 환경에서 ㅎ 탈락이 일어나지 않았음을

12) 음성적으로는 탈락 이전에 유성음화에 의한 약화가 일어났다고 보는 것이 더 타당하다. 저자의 제보자들은 이 환경에서 모두 ㅎ이 탈락된 형태로만 발음하지만 서북방언의 다른 지역 화자(평북 정주)의 경우에는 '국화'를 [kuɣɦwa]로 발음하는 것을 확인할 수 있다. 이는 ㅎ 탈락이 일어나기 전단계로서 ㅎ의 약화가 일어난 것으로 파악할 수 있다.

입증해 준다. 따라서 (26a)와 (27a)만을 놓고 본다면 자음의 종류에 따라 ㅎ 탈락 양상이 다르게 나타난다고 볼 수밖에 없다.

한영순(1956b)에서는 의주방언의 이 현상에 대해 상세히 논의하였다. 즉 폐쇄음이 ㅎ과 결합될 때 폐쇄음은 유성폐쇄음이 되고 ㅎ도 약화된다고 보고 있다(한영순 1956b:54). 더 나아가 ㅎ이 탈락되기도 하고 홀로 남은 유성화된 ㄷ[d]은 [r]로 넘어가기도 한다고 지적했다(모랫:는데[morɛ:nnɨnde], 못 하였는데 ; 모러게[morəge], 못 하게).[13] 그리고 이러한 현상은 '어근적 형태부들 사이에서만 일어나고 기타의 경우 어근적 형태부와 접사 사이에서는 이렇게 되지 않는다'는 점을 밝히고 있다(입히야디[ipʰiyadi], 입히야지 ; 뽑히게[p'opʰige], 뽑히게). 이는 용언파생접사 '-하'가 결합된 경우도 '어근적 형태부 사이의 결합', 즉 합성으로 보았다는 것을 의미한다.

4.3. 축약

국어에서 자음의 축약이 가능한 경우는 ㅎ과 평폐쇄음이 만나는 경우이다. 이 때 자음의 순서와는 상관없이 두 자음의 축약이 일어난다. 의주방언에서도 이러한 현상이 나타나는데 4.2.2.에서 살펴보았듯이 유기음화가 아닌 ㅎ의 탈락이 일어나 중앙방언에 비해 상대적으로 좁은 범위에서 이러한 유기음화가 나타난다.

4.3.1. 폐쇄음과 ㅎ의 축약

현대 의주방언의 파생과 합성에서 폐쇄음과 ㅎ이 결합되었을 때의 양

13) 저자의 현지조사에서는 이 환경의 ㄷ이 [r]로 실현되는 예는 확인하지 못했다.

상은 다음과 같다.

(28a) 이피-(입-+-히-, 着), 메키(먹-+-히-, 食), 다티-(닫-+-히-, 閉), 쎄키-(썩-+-히-, 腐), 마키-(막-+-히-, 塞)

b) 넝너키(넉넉-+-히, 充)

c) 맏영(<맏형), 착아-(<착하-, 善), 급아-(<급하-, 急), 깨끋아(<깨끗하-, 淨), 곱아-(<곱하-, 倍), 첟애(첫+해, 첫해), 끋애(끝+해, 끝해)

(28)에서 보듯이 의주방언의 '폐쇄음+ㅎ' 연쇄에서 축약을 확인할 수 있는 경우는 폐쇄음 어간에 피사동접사 '-히'가 결합되는 경우와 부사파생접사 '-히'가 결합되는 경우뿐이다. 이 두 경우는 중부방언과 같지만 다른 경우는 ㅎ의 탈락이 일어난다.

*Corean Primer*에서도 이와 같은 현상이 나타난다. *Corean Primer*의 이러한 현상은 현재의 의주방언과 완전히 일치한다.

(29) 속키 sokki(코11-61, 速), 극키 gukki(코32-11, 極)

4.3.2. ㅎ과 평장애음의 축약

국어에서 'ㅎ+평장애음'의 연쇄에서는 반드시 두 자음이 축약되어 유기음화가 일어난다. 이 방언의 파생과 합성에서 'ㅎ+평장애음'의 유기음화를 발견할 수 있는 예는 다음과 같다

(30) 앙캐(雌犬), 수캐(雄犬)

(31) 암카이 amkai(코9-18, 雌犬), 숫커 암커 sookku amku(코9-25)

cf. 숫가이 sootgai(코9-17, 雄犬))

(30)은 현대 의주방언의 예로서 기원적으로 '암ㅎ, 수ㅎ'였던 어형과 합성된 형태가 화석처럼 남아 있다. 오늘날에는 ㅎ말음 체언이 없고, ㅎ말음 용언도 비통사적 합성어를 이루는 경우가 없기 때문에 확인하기 어렵다. (31)는 *Corean Primer*의 예로서 현대국어와 동일하게 몇몇 단어에 화석처럼 남아 있다. 그러나 '숫가이 sootgai'의 경우처럼 유기음화가 반영되지 않은 표기도 발견된다.

5. 곡용과 활용에서의 음운현상

이 장에서는 의주방언의 곡용과 활용에서의 음운현상에 대해 서술한다. 곡용과 활용에서의 음운현상도 교체, 첨가, 탈락, 축약으로 분류된다. 순수한 의미의 음운과정은 곡용이든 활용이든 형태론적 정보에 상관없이 같은 양상으로 나타나야 한다. 그러나 때에 따라서는 곡용과 활용에서 다른 양상을 보이기도 한다. 따라서 이 장의 모든 음운과정은 곡용과 활용의 경우로 분류해 자세히 논한다. 또한 때에 따라서는 다른 환경에서의 음운현상과의 비교를 통해 논한다.

5.1. 교체

이 방언의 곡용과 활용에서의 교체로는 비음화, 유음화, 양순음화, 연구개음화, 평폐쇄음화, 경음화, 부사형어미 '-아/어'의 교체, 원순모음화, 단모음화, 활음화 등이 있다. 이 방언에서는 곡용이나 활용에서도 구개음화는 나타나지 않는다.

5.1.1. 자음동화

자음에 관련된 음운현상 중 비음화, 유음화, 양순음화, 연구개음화는 인접자음에 의해 동화가 일어나는 음운과정이므로 자음동화로 분류된다. 현대 의주방언이나 19세기 후기의 의주방언에서 자음동화는 매우 활발하게 나타난다. 이 중 비음화와 유음화는 필수적인 데 비해 양순음화와 연구개음화는 수의적이다.

5.1.1.1. 비음화

국어에는 비음 앞에 비음만이 올 수 있다는 제약이 있는데 이는 곡용과 활용의 경우에도 그대로 적용된다. 현대 의주방언의 예는 다음과 같다.

(1a) 짐만(집+-만, cf. 집이, 집을, 宇), 감만(값+만, cf. 갑씨, 갑쓸, 價), 밤만(밭+만, cf. 바티, 바틀, 田), 솜만(솥+만, cf. 소티, 소틀, 鼎)
b) 방는다(박-+-는다, cf. 박아라, 釘), 뜬는다(뜯-+-는다, cf. 뜯어라, 離), 돈는다(돋-+-는다, cf. 돋아서, 芽), 띤는다(띻-+-는다, cf. 띠쿠, 搗), 민는다(및-+-는다, 到)

(1)에서 보듯이 의주방언의 곡용과 활용에서의 비음화는 국어 전체의 비음화와 그 양상이 완전히 동일하여 비음으로 시작되는 어미 앞의 폐쇄음은 같은 조음위치의 비음으로 바뀐다. 또한 파생과 합성에서의 양상과도 동일하다. 비록 고유어 형태소 내부에서는 비음화를 관찰할 수 없으나 파생과 합성, 곡용과 활용에서 비음화가 필수적으로 일어나는 것을 통해 형태소 내부에도 비음화가 필수적으로 일어났음을 유추할 수 있다.

*Corean Primer*에서 나타나는 비음화의 양상은 다음과 같다.

(2a) 하갓너니 haghannuni(코1-2, 爲), 완넌데 wannundê(코25-6, 來), 되야넌

야 doiyanunya(코4-5, 化)

b) 쌍녀여 ssangneyu(코11-63, 삯 내어), 담말 dammar(코12-33, 닷 말), 몟니 mienni(코11-33, 몇 리)

*Corean Primer*에서는 주로 용언의 활용에서만 비음화가 적용된 표기가 발견된다. *Corean Primer*에서 비음화의 양상이 용언에서만 확인되는 이유는 어간에 대한 인식 때문인 듯하다. 대부분의 경우 선어말어미와 어미의 결합관계에서 비음화가 적용된 표기가 많이 발견되는데 이 어미 결합체는 체언과 조사의 결합체보다 훨씬 더 긴밀하게 결합되어 있을 뿐만 아니라 분석이 어려워 발음 그대로가 표기된 것으로 보인다.[1] 또한 (2b)에서 보듯이 단어경계에서도 비음화가 적용된 표기가 많이 발견된다. 이는 현대 의주방언에서도 동일한 양상으로 나타나는데 이를 통해 이전 시기에도 비음화가 매우 활발하였다는 것을 알 수 있다. *Corean Primer*의 비음화 표기를 고려할 때 이전 시기에도 곡용과 활용에서의 비음화가 있었음을 확인할 수 있다.

의주방언의 비음화는 형태소 내부와 경계를 가리지 않고 일어나는 보편적인 음운과정이다. 또한 비음화는 단어 경계를 넘어서까지 적용되는 음운과정으로서 비음 앞에 다른 폐쇄음이 놓이면 모든 경우에 비음화가 일어난다.

5.1.1.2. 유음화

국어에서 ㄹ 앞에는 ㄹ만이 올 수 있기 때문에 ㄹ을 전후로 하여 ㄴ이 놓이게 되면 모두 ㄹㄹ이 되는 변화가 나타난다. 파생과 합성에서와 마찬가지로 순행적 유음화와 역행적 유음화가 곡용과 활용에서도 동일한

1) *Corean Primer*의 어미에 대해서는 최명옥(1985a)를 참조할 수 있다.

양상으로 나타난다.

의주방언의 곡용과 활용에서 ㄹㄴ의 연쇄가 형성되어 유음화가 일어나는 순행적 유음화의 예는 다음과 같다.

(3a) 끌른다(끍-+-는다, cf. 끌쿠, 沸), 할른다(핡-+-는다, cf. 할꾸-, 할아두-, 할아라, 舐), 달른다(닭-+-는다, cf. 달쿠, 磨), 늘른다(늙-+-는다, cf. 늘거서, 老), 글른다(긁-+-는다, cf. 글거서, 搔), 훌른다(훑-+-는다, cf. 훌터서, 扱), 힐른다(힑-+-는다, cf. 힐쿠, 힐터라, 失)[2)], 알른다(앍-+-는다, cf. 알쿠, 알터라, 病)

b) 사는(살-+-는, 生), 아는(알-+-는, 知)

(3)에서 보듯이 곡용과 활용에서 나타나는 순행적 유음화는 ㄹ계 자음군 어간에 ㄴ으로 시작되는 어미가 결합될 때에만 확인된다. (3b)에서 보듯이 활용의 경우 ㄹ과 ㄴ이 직접 결합할 때는 유음화가 아닌 유음탈락이 일어난다. 곡용에서는 ㄴ으로 시작되는 조사가 있을지라도 이 조사가 ㄹ말음 체언과 결합되는 경우가 없기 때문에 유음화를 확인할 수 없다.

*Corean Primer*에서는 순행적 유음화가 반영된 예를 찾기 어렵다. 그러나 이 시기에 순행적 유음화가 없었다기보다는 ㄹ계 자음군 어간이 ㄴ으로 시작되는 어미와 결합되는 예가 없기 때문에 나타난 우연히 나타나는 현상일 뿐이다.

4.2.1.2.에서 살펴보았듯이 순행적 유음화는 형태소 내부와 경계를 막론하고 활발하게 일어난다. 고유어 형태소 내부에서 순행적 유음화를 확인할 수는 없지만 한자어의 경우를 통해 기원적으로 ㄹㄴ의 연쇄를 가진 고유어가 있었다면 모두 순행적 유음화를 경험하였을 것임을 알 수 있다. 합성이나 파생 등의 단어형성에서뿐만 아니라 단어 경계에서도 ㄹㄴ

2) 표준어의 '잃-'은 이 방언에서 '힗-'로 나타난다.

의 연쇄만 이루어지면 유음화는 언제든지 적용될 수 있는 것이다.

이러한 점을 고려하면 (3a)에서 보이는 활용에서의 유음화만 간접동화로 보는 데는 문제가 있다. 한자어, 파생, 합성 등에서 나타나는 유음화는 모두 직접동화이며 국어에 나타나는 자음에 의한 자음의 동화는 모두 직접동화이다.3) 또한 '칡넝쿨(칡+넝쿨)'과 같은 합성어에서 활용의 경우와 같은 ㄹCㄴ의 연쇄가 나타날 수 있지만 이 경우에는 '*칠렁쿨'과 같이 유음화가 적용되는 것이 아니라 자음군단순화가 먼저 적용되어 '칭넝쿨'로 나타난다.4) 이는 (3a)의 경우에도 자음군단순화가 먼저 적용되는 것이 자연스럽다는 사실을 뒷받침해 준다.

따라서 (3a)는 자음군단순화가 먼저 적용되고 유음화가 직접적으로 적용되어 나타난 것으로 보는 것이 타당하다. 개재자음이 탈락된 후에는 유음탈락이 적용될 수 있는 환경이지만 이 경우에는 외재적 규칙순에 의해 유음화가 먼저 일어난다.5) 의주방언에서 나타나는 유음화를 모든 환경에서 살펴보았을 때에도 이러한 설명 방식은 그대로 적용될 수 있다.

의주방언에서 공시적으로 ㄴㄹ의 연쇄가 형성되어 유음화가 일어나는 역행적 유음화의 예는 발견되지 않는다. 곡용에서는 '-을/를, -으루/루, -이랑/랑, -이래두/래두'와 같은 조사가 결합되는 경우에 역행적 순행동

3) 국어에서 개재자음을 사이에 두고 일어나는 동화에는 움라우트가 있는데 이 경우는 모음에 의한 모음의 동화이므로 개재자음이 문제가 되지 않을 뿐더러 개재자음이 모음에 의한 모음의 동화를 촉진시킬 수도 있다. 국어에서 공시적으로 '모음+모음'의 연쇄가 발생했을 경우는 어느 한쪽 모음이 탈락되는 것이 일반적이므로 동화가 일어나기 위해서는 개재자음이 꼭 필요할 수도 있다.

4) 활용에서의 유음화는 ㄹCㄴ의 연쇄에서 자음군단순화에 의해 C가 탈락될 경우에만 나타나기 때문에 ㄹCㄴ의 연쇄에서 ㄹ이 탈락되는 '칡넝쿨'을 활용에서의 유음화와 단순비교를 할 수는 없다. 그러나 유음화에 앞서 자음군단순화가 먼저 일어난다는 것은 확인할 수가 있다.

5) 이에 대해서는 이진호(1998:95-98)에 자세히 논의되어 있다. 유음탈락이 아닌 유음화가 먼저 일어나는 것은 어간의 동일성을 유지하기 위한 것으로 보인다. 유음탈락이 먼저 적용될 경우 '끓-+-는다 → 끌는다 → *끈다'와 같이 되어 활용형이 어간과는 너무 멀어지게 되며 다른 어간의 활용형과 충돌이 일어나게 된다.

화를 발견할 수 있을 것으로 기대되지만 체언이 폐음절 어간일 때는 각각 '-을, -으루, -이랑, -이래두'와 결합되기 때문에 역행적 유음화의 환경이 만들어지지 않는다. 활용의 경우 '-으/러, -을께/ㄹ께, -으라구/라구' 등과 ㄴ말음 어간이 결합될 때 역행적 순행동화를 기대할 수 있지만 이 때도 역시 '-으러, -을께, -으라구'가 선택되기 때문에 역행적 유음화의 환경이 만들어지지 않는다. 이는 ㄹ말음 어간뿐만 아니라 모든 폐음절 용언 및 체언에 공통적으로 적용되는 것이기도 하다.

역행적 유음화가 나타나지 않는 것은 역행적 유음화 자체의 제한적인 속성 때문이 아닌 환경의 문제이다. 고유어 형태소 내부의 경우 이른 시기의 문헌과 비교해 보지 않는 한 역행적 유음화를 확인할 길이 없지만 이런 예를 확인할 수 없다는 사실을 통해 역행적 유음화가 특정 시기에 모든 형태소에 적용되었을 것으로 유추할 수 있다. 곡용과 활용의 경우에는 다른 폐음절 어간과 마찬가지로 모음으로 시작되는 어미와 결합되기 때문에 역행적 유음화의 환경이 조성되지 않는다. 파생의 경우에도 ㄹ로 시작되는 접사가 없기 때문에 역행적 유음화가 발견되지 않으며, 합성의 경우는 어두 ㄹ의 제한으로 인해 극히 일부의 합성어에서만 역행적 유음화가 발견된다. 이러한 양상은 역행적 유음화의 입력과 환경의 제약으로 인한 것일 뿐이다. 즉 역행적 유음화 규칙이 적용될 입력이 없고 그러한 입력이 있을지라도 환경이 조성되지 않기 때문에 역행적 유음화가 일어나지 않는 것이다. 이는 역행적 유음화가 보편적인 음운과정이지만 입력과 환경의 제약으로 인해 제한적으로 나타날 뿐임을 보여준다.

순행적 유음화이든 역행적 유음화이든 유음화는 국어의 보편적인 음운과정임을 알 수가 있다. 다시 말하면 국어에서나 의주방언에서나 ㄹㄴ의 연쇄나 ㄴㄹ의 연쇄가 있다면 모든 경우에 유음화가 적용되어 ㄹㄹ의 연쇄로 바뀌는 변화가 나타나는 것이다. 유음화의 입력부와 환경에 많은 제한이 있지만 출력부는 결과적으로 ㄹㄹ의 연쇄로 나타난다는 것은 순행적 유음화와 역행적 유음화가 공통적임을 말해준다.

5.1.1.3. 양순음화

양순음화는 국어의 빠른 발화나 비격식체에서 나타나는 위치동화이다. 형태소 내부에서도 이 현상은 수의적인데 형태소 경계에서는 더 수의적으로 나타난다. 의주방언의 곡용과 활용에서 양순음화를 발견할 수 있는 예는 다음과 같다.

(4) 꼳첨보덤(꽂천+-보덤, cf. 꼳천으루, 꼳천을, 꽂무늬천보다), 눙날씸보덤 (눅날씬+보덤, cf. 눙날씬으루, 눙날씬을, 미투리보다), 돔:부텀(돈:+-부텀, cf. 돈:으루, 돈:을, 돈부터), 뭄마다(문+-마다, cf. 문으루, 문을, 문마다)

(4)에서 보듯이 이 방언의 양순음화는 곡용에서만 확인할 수 있다. 이 방언에는 양순음으로 시작되는 어미가 없기 때문에 활용에서는 양순음화를 확인할 수 없다. 그런데 곡용에서의 양순음화는 필수성이 매우 약한데 이러한 양상은 화자가 체언 어간에 대한 분명한 인식을 가지고 있기 때문에 나타난다. 파생어의 경우는 어근에 대한 인식이 상대적으로 약하지만 곡용의 경우에는 체언 어간이 독립적으로 쓰이는 경우도 많기 때문에 양순음화가 적용되지 않는 경우가 많이 나타난다.

*Corean Primer*에서는 곡용과 활용에서의 양순음화를 확인할 수 없는데 이는 두 가지 이유 때문이다. 첫째는 현대 의주방언과 마찬가지로 양순음화가 나타날 수 있는 환경이 제한적이라는 데서 찾을 수 있다. 즉 현대 의주방언에서와 마찬가지로 활용에서는 양순음화 환경이 조성되지 않고 곡용에서는 '-보덤, -마다'에서만 양순음화 환경이 조성되는데 이 조사가 사용된 예가 없기 때문에 확인할 수 없는 것이다. 둘째는 곡용과

활용에서의 양순음화가 수의적이라는 데서 이유를 찾을 수 있다. 수의적으로 나타나는 음운현상이 표기에 반영되기 어려운 것이다.

5.1.1.4. 연구개음화

연구개음화 역시 국어의 빠른 발화나 비격식체에서 나타나는 위치동화이다. 곡용과 활용에서도 연구개음화가 나타나지만 형태소 내부에 비해 더 수의적으로 나타난다. 현대 의주방언에서 연구개음화를 확인할 수 있는 예는 다음과 같다.

(5a) 직꽈(집+-과, cf. 집우루, 집을, 宇), 목꽈(못+-과, cf. 못으루, 못을, 釘), 상과(산+-과, cf. 산으루, 산을, 山), 징과(짐+-과, cf. 짐으루, 짐을, 負)
b) 싱꾸(신-+-구, cf. 신어서, 신으니꺼니, 履), 작꾸(잡-+-구, cf. 잡아서, 잡우니꺼니,捕), 녹꾸(높-+-구, cf. 높아서, 높우니꺼니, 高), 쏙:꾸(쏟:-+-구, cf. 쏟:아서, 쏟:으니꺼니, 注)
c) 아홉 깨(九個), 깨딩 거(破)

(5a, b)는 각각 곡용과 활용의 예로서 연구개음화가 수의적으로 나타난다. 곡용과 활용의 경우 화자가 어간에 대한 분명한 인식을 가지고 있기 때문에 어간을 분명하게 발음하기 위해 연구개음화가 수의적인 성격을 띤다. (5c)는 단어경계를 넘어서 나타나는 연구개음화의 예이다. 자연발화에서는 단어 경계를 넘어서도 연구개음화가 활발히 나타난다.

*Corean Primer*에 나타나는 연구개음화의 양상은 다음과 같다.

(6a) 잇고 iggo(코3-1, 有), 싯갓다 siggatda(코6-1, 洗), 짓고쟈 jiggojia(코7-1, 作), 멋거던 muggudun(코23-10, 止), 맛갓다 maggatda(코24-8, 香), 듣기

duggi(코25-11, 聽), 온게 ongé(코6-8, 遷)

b) 멧 기 megge(코5-17, 몇 개)

(6)에서 보듯이 *Corean Primer*에서는 연구개음화가 매우 적극적으로 반영되어 있음을 알 수 있다. (6a)는 모두 활용의 예이지만 곡용에서도 이러한 연구개음화는 충분히 가능했으리라 생각된다. 다만 곡용에서의 연구개음화를 확인할 수 있는 조사인 '-과'의 용례가 불충분해서 나타나는 우연한 공백일 뿐이다. (6b)는 단어 경계를 사이에 두고 있는 예로서 이를 통해서도 당시에 연구개음화가 활발히 적용되었을 것임을 알 수 있다. 현대 의주방언에서도 자연발화에서는 단어 경계를 넘어서도 연구개음화가 적용된다.

5.1.2. 평폐쇄음화

국어의 음절말에서는 ㄱ, ㄴ, ㄷ, ㄹ, ㅁ, ㅂ, ㅇ만이 발음될 수 있는데 곡용과 활용의 경우에도 이는 그대로 적용된다. 현대 의주방언의 곡용과 활용에서 나타나는 평폐쇄음화의 양상은 다음과 같다.[6]

(7a) 압뚜(앞+-도, cf. 앞이, 앞으루, 前), 놈밥뽀담(놈밭+-보다, cf. 놈밭이, 놈밭을, 畓)[7], 격꽈(겉+-과, cf. 겉이, 겉으루, 겉을, 表), 끋뚜(끝+-도, cf. 끝이, 끝을, 끝으루, 末), 젇뚜(젖+-도, cf. 젖이, 젖을, 젖으루, 乳)

b) 덕꾸(덮-+-구, cf. 덮어서, 덮으니, 覆), 쫃떠라(쫒-+-더라, cf. 쫒아서, 쫒

6) 명사가 휴지 앞에 놓이는 것도 일종의 곡용으로 볼 수 있다. 즉 명사는 자립성이 강해 조사 없이도 쓰일 수 있기 때문에 환경적으로는 휴지 앞에 놓이게 되는 것이지만 실질적으로는 조사가 생략된 것이므로 곡용의 일종이다.

7) 이 방언에서 '밭'은 '田'과 '畓'을 아우르는 개념이다. '田'은 '문둥빹(문둥+밭), 한점빹(한전+밭)'으로 많이 쓰이고 '畓'은 '놈밭(논+밭)'으로 많이 쓰인다.

으니, 쫒으문, 逐), 적꾸(젖-+-고, cf. 젖어서, 젖으문, 젖어두, 潤), 닥꼬 (닦-+-고, cf. 닦아라, 닦으문, 닦으라구, 修), 석꾸(섞-+-구, cf. 섞어라, 섞으문, 섞어두, 混), 역꾸(엮-+-구, cf. 엮어라, 엮으문, 엮어두, 結)

c) 엽#(옆, cf. 옆이, 옆을, 옆으루, 側), 겉#(겉, cf. 겉이, 겉을, 겉으루, 表面), 붇#(붓, cf. 붓이, 붓을, 붓으루, 筆), 젇#(젖, cf. 젖이, 젖을, 乳), 빋#(빛, cf. 빛이, 빛을, 빛으루, 光)

(7)은 곡용 및 활용, 휴지 앞에서 평폐쇄음화가 활발하게 나타남을 보여준다. 기저에 'ㄲ, ㅅ, ㅆ, ㅈ, ㅊ, ㅋ, ㅌ, ㅍ, ㅎ'를 가지고 있는 형태소가 자음 앞에 놓이게 되면 모두 평폐쇄음으로 바뀐다. (7a)는 곡용의 경우이고 (7b)는 활용의 경우이다. 곡용이든 활용이든 평폐쇄음화의 양상은 완전히 동일하다. (7c)는 휴지 앞에서 명사의 평폐쇄음화가 일어남을 보여준다. 명사는 자립성이 강해 조사 없이 단독적으로 쓰일 수 있는데 이 경우 예외 없이 평폐쇄음화가 일어난다.

*Corean Primer*의 곡용과 활용에서 나타나는 평폐쇄음화의 예는 다음과 같다.

(8a) 꽃과 gót gwa(코8-12, 花)

b) 깁슴마 gipsumma(코11-30, 深), 깁게 gipgê(코7-2, 深), 갓다 gatda(코9-4, 似), 곳티가습다 gottighassupda(코32-9, 修), 닥고 daggo(코4-7, 掃), 놉게 nopgê(코5-18, 高)

c) 꽃# gòt(코21-5, 花), 힌 빗# hin bit(코31-2, 흰 빛)

(8)에서 보듯이 현대 의주방언과 동일한 양상을 나타난다. 그리고 *Corean Primer*의 편찬자는 ㅅ의 평폐쇄음화에 대해 정확한 인식을 가지고 있었음이 발견된다. *Corean Primer*의 문자에 대한 설명 중 Note 5 (p.7)에서는 소위 ㅅ계 합용병서의 표기와 음가에 대해 설명하고 있다.

이 설명의 마지막 부분에 ㅅ이 음절말에 놓이면 ㄷ으로 소리가 남을 밝히고 있다. 그리고 p.9의 음절말 자음 부분에서는 ㅅ이 음절말에서 s나 t로 소리가 남을 보이고 있다. 이 또한 ㅅ이 음절말에서 ㄷ으로 평폐쇄음화함을 보이는 증거로 볼 수 있다.

5.1.3. 경음화

국어의 경음화에는 폐쇄음 뒤에서 무조건적으로 일어나는 경음화와, ㄴ, ㅁ 말음 용언 뒤에서 일어나는 경음화 두 가지가 있다. 의주방언에서도 이 두 가지 경음화가 모두 확인된다.

폐쇄음 뒤의 모든 평음이 경음으로 발음되는 현상은 의주방언에서도 동일하게 나타난다. 현대 의주방언의 곡용과 활용에서 폐쇄음 뒤의 경음화를 확인할 수 있는 예는 다음과 같다.

(9a) 밥뚜(밥+-두, 飯), 손뚜(솥+-두, 鼎), 책뚜(책+-두, 冊)
　b) 잡떠라(잡-+-더라, 執), 굳떠라(굳-+-더라, 硬), 먹떠라(먹-+-더라, 食)

(9)에서 보듯이 곡용이든 활용이든 모든 폐쇄음 어간 뒤에서 평음으로 시작되는 어미는 모두 경음으로 바뀐다. 이는 폐쇄음 뒤에는 평음이 올 수 없다는 제약에 의한 것이므로 모든 환경에서 발견된다.

*Corean Primer*에서는 활용이나 곡용에서의 경음화 양상을 확인하기가 어렵다. 현대 의주방언과 비교해 경음화가 일어날 수 있는 환경의 예는 다음과 같다.

(10a) 꼿과 gótgwa(코8-12, 花)
　b) 깁께 gipgê(코7-3, 深), 잇다 itda(코3-2, 有), 밋디 mitdi(코9-1, 信), 왓

다 갓디 watdaghatdi(코22-4, 來往), 닥고 daggo(코4-7, 洗), 싯갓다 siggatda(코6-1, 洗), 짓고자 jiggojia(코7-1, 建), 적디 jiugdi(코17-10, 小), 잇습다 issupda(코14-30, 有)

(10a)는 곡용의 예이고 (10b)는 활용의 예인데 표기만으로는 경음화가 일어났는지 일어나지 않았는지 확인하기가 어렵다. '깁쎄 gipgê(코7-3, 深)'에서는 한글 표기에는 경음이 반영되어 있지만 영문 표기에는 반영되어 있지 않다. 이것을 제외한 다른 어형에서는 한글 표기에 경음이 반영되어 있지 않고 영문 표기에서는 유성음 두 개를 겹쳐 쓰고 있다.

이 시기에 폐쇄음 뒤의 경음화 여부를 판단하기 위해서는 *Corean Primer*의 경음 표기방법을 검토해 보아야 하다.

(11a) 싸으시 sáushi(코7-26, 積), 쓰고 súgo(코1-15, 書), 깔고 gálgo(코6-7, 席), 빨으다 báruda(코12-18, 速)

b) 댤꼬 dialgó(코7-3, 短), 할꼬 halgó(코7-6, 爲), 팔꼬 palgó(코14-35, 賣), 일꾼 yilgoón(코7-9, 일꾼), 돌꼬구 doldóghoo(코7-11, 돌쩌귀), 닙쌀 nipsál(코14-36, 白米)

c) 톡기 toggi(코10-11, 兎), 식기 seggi(코9-18, 兒), 밧구러 baggooru(코12-4, 換), 독구 doggoo(코15-8, 斧)

(11)에서 보듯이 *Corean Primer*는 두 가지 방법으로 경음을 표기했다. (11a, b)는 한글에 ㅅ계 합용병서를 쓰고 영문전사의 모음에 부가기호를 사용해 선행자음이 경음임을 나타내고 있다.[8] (11a)는 어두 위치에 경음이 나타난 예로서 특별한 문제가 없다. 그런데 (11b)는 비어두 위치인데

8) *Corean Primer*의 문자에 대한 설명 중 Note 5(p.7)에서는 ㅅ이 자음에 선행할 경우 경음으로 발음됨을 밝히고 있다.

다소 복잡하다. (11b)에서 '달꼬'의 경음은 어간말 자음군을 가진 '닭-' 뒤에서 어미 '-고'가 경음으로 실현된 예이다. '할꼬, 팔꼬'는 어미 자체가 '-ㄹ꼬' 형태인 경우이며 '일쑨, 돌또구'등은 단어형성 과정에서 경음화가 나타난 경우이다. 또한 '닙쏠'은 기원적으로 경음이었던 것이 합성어를 이루면서도 경음으로 표기된 것이다. 따라서 (11b)의 예들은 한글 표기에 ㅅ계 합용병서가 사용되었다는 것을 제외하고는 음운론적, 형태론적 공통성을 찾을 수 없다. 이렇듯 모음에 부가기호를 써서 경음을 나타내는 경우는 한글 표기에 ㅅ계 합용병서가 쓰인 경우에만 한정된다.

(11c)는 현대 의주방언을 고려했을 때 어중 경음을 가지고 있을 것으로 예상되는 어형의 표기인데 이 때는 유성자음 두 개를 겹쳐 쓰고 있다. 어두에서는 경음을 나타내기 위해 유성자음 두 개를 겹쳐 쓴 경우는 없다. (11c)의 예가 경음이 아닐 가능성은 희박하다. 만약 이 방언에 어중 경음이 존재하지 않는다면 (11c)의 표기가 당대의 현실음이었다고 볼 수도 있다. 그러나 (11b)와 같이 어중 경음이 존재하는 상황에서 (11c)가 경음이 아니었다고 볼 이유는 없다. 따라서 (11c)는 한글 표기에 이끌려 유성음을 겹쳐 쓴 것일 뿐 실제로는 경음이었을 것으로 보인다.

*Corean Primer*의 경음표기를 감안하면 (10)의 예들에서 경음화가 일어났을 것으로 추정할 수 있다.[9] (10)의 환경에서 경음화가 일어났을 가능성을 가장 결정적으로 뒷받침하는 증거는 '깁쎄'이다. 폐쇄음 뒤에서 평음이었던 어미 '-게'의 한글 표기에 ㅅ계 합용병서가 사용되었다면 *Corean Primer*의 편찬자는 이 환경에서의 경음화를 인식했다는 것을 의미한다. 문제는 한글 표기에 ㅅ계 합용병서가 쓰인 경우에는 모음에 부

9) 최명옥(1985b:725)에서는 현대적 편견을 배제한 후 *Corean Primer*의 표기에 충실하게 따른다면 이 환경에서 경음화가 없었을 수도 있다고 보았다. 또한 동남방언에의 하위방언에서 이와 같은 환경에서 경음화가 나타나지 않는 것도 증거로 들었다.

가기호를 붙이는 것이 일반적인데 '깁쎄 gipgê'는 그렇지 않다는 것이다. 그러나 *Corean Primer*에서 모음 '에'를 적기 위해서 ê를 쓴 것을 감안하면 이 문제도 해결될 수 있다. 즉 후행 모음에 이미 부가기호가 있는 상황에서 또 다른 부가기호를 붙일 수는 없는 것이다. 따라서 '깁쎄 gipgê'에는 비록 경음을 나타내는 부가기호가 없을지라도 한글 표기를 기준으로 경음화가 일어났다고 추정할 수 있다.

(10)의 다른 경우는 (11c)의 예를 통해서 경음화가 일어났다고 추정할 수 있다. 한글 표기에 ㅅ계 합용병서를 쓰지 않는 경우에는 같은 자음 두 개를 겹쳐 써서 경음을 나타냈는데 이 경우에도 그러한 방법으로 경음 표기를 쓴 것일 뿐이다. 표기법의 전통상 형태소 내부에서 '톳기, 톡기, 토끼(兎)' 등과 같은 다양한 표기는 가능하지만 형태소 경계를 사이에 둔 곡용이나 활용에서 '미끼, 믿끼' 등의 표기는 거의 불가능하다. 따라서 *Corean Primer*의 편찬자도 '깁쎄'를 제외한 모든 경우에 한글 표기법의 전통을 따르고 영문 표기에서는 한글 표기를 따라 자음을 연속해서 쓴 것이다. 이러한 표기상의 한계를 고려할 때 *Corean Primer* 당시에도 폐쇄음 뒤의 경음화가 있었을 것이란 추정이 가능하다.[10)]

이상을 종합해 보면 의주방언에서 폐쇄음 뒤의 경음화는 모든 환경에서 확인되며 동일한 양상을 보인다. 이는 음운배열 제약에 의한 것이므로 국어의 모든 방언에서 같은 양상으로 나타난다.

이 방언에서 ㄴ, ㅁ 말음 어간에 평음으로 시작되는 어미가 결합되면 경음으로 발음된다. 이는 국어의 전반적인 특징과 일치하는 것으로서 그 구체적인 예는 다음과 같다.

---

10) 小倉進平(1944), 한영순(1956b)에서도 서북방언이나 의주방언의 이 환경에서 경음화가 일어나지 않는다는 보고는 없다.

(12a) 앙:꾸(안:-+-구, 抱), 안:떠라(안-+-더라, 抱), 싱꾸(신-+-고, 履), 신떠라(신-+-더라, 履)

b) 강:꾸(감:-+-구, 捲), 감:떠라(감:-+-더라, 捲), 넝:꾸(넘:-+-구, 越), 넘:떠라(넘:-+-더라, 越), 상:꾸(삶:-+-구, 烹), 삼:떠라(삶:-+-더라, 烹), 정꾸(젊-+-구, 幼), 점떠라(젊-+-더라, 烹)

c) 살:구(살:-+-구, 生), 말:더라(말:-+-더라, 捲)

d) 방:과(밤:+-과, 栗), 상과(산+-과, 山)

(12a, b)에서 보듯이 경음화는 ㄴ, ㅁ 말음 용언의 활용에서만 나타난다. (12c)는 ㄹ말음 어간인데 여기에서는 경음화가 나타나지 않는다. 또한 (12d)와 같은 곡용에서도 경음화는 나타나지 않는다. ㄴ, ㅁ 말음 어간 뒤의 경음화는 이렇듯 제한적인 환경에서 나타나는 형태론적으로 제한된 음운과정이다.

5.1.4. 부사형어미 '-아/어'의 교체

고유어 형태소 내부에서 철저하게 지켜졌던 모음조화가 의성・의태어 일부와 용언의 활용에만 잔재로 남은 것은 국어 전체에 공통적인 현상이다. 의주방언의 활용에서 모음조화의 잔재를 확인할 수 있는데 현대 의주방언의 구체적인 양상은 다음과 같다.

(13a) '이'말음 어간 : 테:서, 테:두, 티더라(티-, 打), 닉어서, 닉어두, 닉떠라(닉-, 熟), 헤테서, 헤테두, 헤티더라(헤티-, 散)

b) '에'말음 어간 : 헤:서, 헤:두, 헤:더라(헤:-, 算), 떼:서, 떼:두, 떼:더라(떼:-, 離)

c) '애'말음 어간 : 빼:서, 빼:두, 빼:더라(빼:-, 減), 쪼개서, 쪼개두, 쪼개더라(쪼개-, 割)

d) '으'말음 어간 : 써서, 써두, 쓰더라(쓰-, 苦), 장가서, 장가두, 장그더라(장그-, 閉)

e) '어'말음 어간 : 예 없음

f) '아'말음 어간 : 자서, 자두, 자더라(자-, 眠), 따:서, 따:두, 따:터라(땋:-, 辮), 밟:아서, 밟아두, 발떠라(밟:-, 踏)

g) '우'말음 어간 : 춰:서, 춰:두, 추더라(추-, 舞), 죽어서, 죽어두, 죽더라(죽-, 死), 데워서, 데워두, 데우더라(데우-, 溫)

h) '오'말음 어간 : 쏴:서, 쏴:두, 쏘더라(쏘-, 射), 뽑아서, 뽑아두, 뽑떠라(뽑-, 選)

의주방언의 경우 '아, 오'말음 어간에서는 부사형어미로 '-아'가 선택되고 그 외에서는 '-어'가 선택된다. '이'말음 개음절어간의 경우 어간말모음 '이'와 부사형어미 '어'가 축약되어 '에'로 나타난다. '에, 애, 어, 아'말음 개음절어간의 경우에는 부사형어미가 탈락되지만 폐음절 어간의 활용을 유추해서 부사형어미로 각각 '-어, -아, -어, -아'가 선택됨을 알 수 있다.[11)]

이중모음 어간에서의 부사형어미 '-아/어'의 교체 양상을 살펴보면 다음과 같다.

(14a) '위[wi]'말음 어간 : 쥐:서, 쥐:두, 쥐더라(쥐-, 幄) ; 쉐:서, 쉐:두, 쉬:더라(쉬:-, 休) ; 마궤서, 마궤두, 마귀더라(마귀-, 組合)

b) '왜[wɛ]'말음 어간 : 돼서, 돼두, 돼더라(돼-, 計), 쐐:서, 쐐:두, 쐐:더라(쐐:-, 風)

cf. 고예서, 고예두, 고이더라(고이-, 留) ; 오예서, 오예두, 오이더라(오이-, 暗記)

11) 국어에는 개음절 어간의 활용시 가능하면 모음충돌을 회피하려는 경향이 강하게 나타난다. 그리하여 '에, 애, 어, 아' 말음 개음절 어간에서는 부사형어미 '-아/어'가 탈락된다.

어간의 말모음이 될 수 있는 이중모음은 '위[wi], 왜[we]'밖에 없다. 이들은 핵모음의 종류에 따라 부사형어미 '-아/어'의 교체 양상이 單母音과 동일하다. 즉 '위'는 '이'말음어간과 동일하고 '왜'는 '애'말음어간과 동일하다. '오이- > 외- > 왜'의 변화를 겪지 않은 용언은 부사형어미의 선택과 활용형이 '이'말음 어간의 경우와 같다.

의주방언의 용언의 활용에서 나타나는 부사형어미 '-아/어'의 교체 양상은 중부방언에 비해 매우 규칙적이다. 중부방언에서는 '아'말음 폐음절 어간이 부사형어미 '-어'를 취하는 경우가 많이 발견되는데(잡어서(捕), 좁어서(狹), 밟:어서(踏) 등) 이 방언에서는 이러한 양상이 나타나지 않는다. 이는 의주방언의 활용에서 나타나는 부사형어미 '-아/어' 교체 양상이 중부방언에 비해 고형을 유지하고 있음을 보여준다.

*Corean Primer*에서의 양상은 다음과 같다.

(15a) '이'말음 어간 : 헤 뎌감메 he diughammê(코11-12, 落), 타뎌 tadiu(코4-11, 燃), 밀텨 miltiu(코15-27, 推), 시겨 shigiu(코14-40)

b) '에'말음 어간 : 싹 닉여 ságneyu(코7-9), 디닉여 dineyer(코18-10, 過)

c) '애'말음 어간 : 예 없음

d) '외'말음 어간 : 되얀넌야 doiyanunya(코4-5, 化) vs. 되엿슴메(doeyussummê, 코4-6, 化)

e) '으'말음 어간 : 써 주시 súdsooshi(코1-14, 書)

f) '어'말음 어간 : 예 없음

g) '아'말음 어간 : 가서 gashu(코12-33, 去), 사서 sasu(코14-35, 買)

h) '우'말음 어간 : 두어라 dooura(코4-12, 置)

h) '오'말음 어간 : 와서 wasu(코13-7, 來)

(15)를 살펴보면 19세기 후기의 부사형어미 교체는 현대 의주방언과 큰 차이가 나지 않음을 알 수 있다. (15)에서 현대 의주방언과 차이가 나

는 것은 (15a, d)이다. (15a)는 현대 의주방언에서 축약이 일어나 '여'가 아닌 '에'로 실현된다. 비록 *Corean Primer*에서는 '이'말음 개음절 어간에서 축약이 일어나지 않은 예가 많이 발견되지만 부사형어미는 '-어'가 선택됨을 알 수 있다. 이 시기의 '외'는 단모음이었지만 현대 의주방언에서 '왜'로 바뀌었기 때문에 (15d)의 경우를 현대 의주방언과 직접적인 비교가 어렵다. 또한 같은 '외'말음 어간임에도 불구하구 '-아'와 '-어'가 혼란스럽게 나타나고 있는 것도 문제가 된다. 이러한 혼란은 '외 > 왜'의 변화과정과 관련이 있는 것으로 보인다. 이상을 종합해 보면 이 시기에도 '이, 에, 애, 으, 어, 우'어간에는 '-어'가 결합되고 '오, 아' 어간에는 '-아'가 결합됨을 알 수 있다.

5.1.5. 원순모음화

원순모음화에는 두 가지가 있다. 즉 선행모음 '우'에 영향을 받아 원순모음화가 일어나는 모음에 의한 원순모음화와, 선행 양순음에 영향을 받는 자음에 의한 원순모음화 두 가지가 있다. 이 방언의 곡용과 활용에서는 원순모음화가 수의적으로 일어난다. 현대 의주방언의 곡용과 활용에서 나타나는 모음에 의한 원순모음화의 예는 다음과 같다.

(16a) 죽우루(죽+-으루, 죽으로), 묵우루(묵+-으루, 묵으로), 쑥울(쑥+-을, 쑥을), 꿈울(꿈+-을, 꿈을), 늦우루(늦+-으루, 윷으로)

b) 눅운(눅-+-은, 廉價), 죽우러(죽-+-으러, 死)

(17) 문을 moonool(코7-19, 門)

(16)에서 보듯이 모음에 의한 원순모음화는, '우'말음 체언 뒤에 '-으'로 시작되는 조사가 결합될 때나, '우'말음 어간 뒤에 '-으'로 시작되는

어미가 결합될 때 나타난다. 같은 원순모음이더라도 '오'말음 체언이나 용언 뒤에서는 원순모음화가 나타나지 않는다. 현대 의주방언에서 이 현상은 자연발화에서만 나타나는 수의적인 현상이다.

모음에 의한 원순모음화는 *Corean Primer*에서는 거의 발견되지 않는다. (17)과 같은 예가 발견되는데 이것이 모음에 의한 원순모음화에 의한 것인지는 확실하지 않다. 현대 의주방언에서도 모음에 의한 원순모음화는 매우 수의적인 현상이기 때문에 *Corean Primer*에도 거의 반영되지 않은 것으로 보인다.

국어의 역사적 변화 과정에서 양순음 뒤의 평순모음 'ᄋᆞ'가 원순모음 '우'로 바뀐 사실은 잘 알려진 사실이다. 이러한 형태소 내부에서의 원순모음화뿐만 아니라 곡용과 활용에서도 원순모음화는 활발하게 나타나는데 그 예는 다음과 같다.

(18a) 감:으루~감:우루(감:+-으루, 柿), 님:금을~님:금울(니:금+-을, 君), 미움을~미움울(미음+-을, 粥)

b) 깜으니꺼니~깜우니꺼니(깜-+-으니꺼니, 洗), 쌂으라구~쌂우라구(삶:-+-으라고, 烹), 옮으문~옮우문(옮-+-으문, 遷), 밟:으문~밟:우문(밟:-+-으문, 踏), 깊으니꺼니~깊우니꺼니(깊-+-으니꺼니, 深), 씹으문~씹우문(씹-+-으문, 嚼)

(18a)는 곡용의 예이고 (18b)는 활용의 예인데 자연발화에서는 거의 필수적으로 나타난다. ㅁ, ㅂ, ㅍ 말음 체언이나 어간 뒤에 '-으'로 시작되는 조사나 어미가 결합될 때 '으'는 '우'로 바뀐다. 특히 어미 '-으문'에서 어미초의 '-으'는 후행하는 '문'의 영향도 함께 입어 활발하게 원순모음화가 일어난다.

*Corean Primer*의 곡용과 활용에서도 원순모음화는 매우 활발하게 나

타난다.

(19a) 뎜은 diumoon(코11-16, 店), 사람은 saramoon(코13-15, 人), 밥은 baboon(코14-28, 食), 산읍은 sanuboon(코20-3, 山邑), 압푸로 appooro (코11-37, 前), 집을 jivool(코7-8, 宇), 집우로조차 jivooro dsotsa(코11-21, 宇)

b) 머무룸마 mumooroomma(코11-50, 留), 졀문 jiulmoon(코13-15, 幼), 거무면 gumoomiun(코23-5, 黑), 거문 빗 gumoon bit(코31-3, 黑), 불운디 booroondi(코5-1, 呼), 조분 dsoboon(코7-3, 俠), 불군조 boolgoonds(코20-4, 赤)

(19)에서 보듯이 *Corean Primer*에서는 곡용과 활용 모두에서 원순모음화가 적용된 표기가 매우 빈번하게 발견된다. 이는 현대 의주방언과 마찬가지로 이 시기의 의주방언도 곡용과 활용에서 원순모음화가 거의 필수적으로 적용되었음을 보여준다.

5.1.6. 단모음화(短母音化)

의주방언에선 음장이 변별적 기능을 한다. 그런데 기저에 장모음을 가지고 있는 폐음절 용언은 모음으로 시작되는 어미와 결합될 때 단모음으로 바뀌는 단모음화가 일어난다.[12] 이 방언에서 일어나는 단모음화의 예는 다음과 같다.

12) 이 단모음화는 수의적인 성격이 강하다. 장모음을 가진 어간이라도 단모음화가 일어나지 않는 경우도 있고 같은 어간도 발화 상황에 따라 단모음화가 일어나기도 하고 일어나지 않기도 한다.

(20a) 울어서(울:-+-어서, 泣), 울:구(울:-+-구, 泣), 감아라(감:-+-아라, 捲), 강:꾸(감:-+-구, 捲), 숨어서(숨:-+-어서, 隱), 숭:꾸(숨:-+-구, 隱), 밟아라(밟:-+-아라, 踏), 발:꾸(밟-+-구, 踏)

cf. 나:서(낳:-+-아서, 産), 나:쿠(낳:-+-구), 따:서(땋:-+-아서, 辮), 따:쿠(땋:-+-구)

b) 깨:구(깨:-+-구, 破), 깨:서(깨:-+-어서, 破), 새:더라(새:-+-더라, 漏), 새:서(새:-+-어서, 漏), 헤:구(헤:-+-구, 算), 헤:서(헤:-+-어서, 算), 메:구(메:-+-구, 掛), 메:서(메:-+-어서, 掛)

(21a) 감:이(감:+-이, 柿), 밤:으루(밤:+-으루, 栗), 돈:이래(돈:+-이래, 錢).

b) 사:를(사:+-를, 四), 매:래(매:+-이래, 鷹)

(20)에서 보듯이 단모음화는 폐음절 용언에서만 나타난다. (29a)는 폐음절 용언의 예인데 모음으로 시작되는 어미와 결합될 때 장모음이 단모음으로 바뀐다. 그런데 (20b)에서 보듯이 개음절 어간에서는 단모음화가 발견되지 않는다. 개음절 어간 뒤에서는 부사형어미 '-어'가 단모음화 이전에 탈락됨으로써 단모음화가 적용되지 않는다.

곡용에서는 단모음화가 적용되지 않는다. (21a)의 폐음절 체언이나, (21b)의 개음절 체언 모두 어떤 조사가 결합되든 단모음으로 실현되는 일은 없다.

*Corean Primer*에는 음장이 표시되어 있지 않기 때문에 용언의 활용에 나타나는 단모음화 여부를 확인할 수 없다.

5.1.7. 활음화

활음화는 '이, 위, 오, 우' 말음 어간이 부사형어미 '-어'와 결합될 때 나타난다. 활음화는 모음의 연쇄에서 두 모음 중 한 모음이 활음으로 바꿔어 이중모음을 형성하는 것으로서 모음충돌 회피의 방편으로 사용될 수 있다. '이' 말음 어간이 부사형어미 '-어'와 결합되면 y로 활음화 되고, '오, 우'말음 어간이 부사형어미 '-어'와 결합되면 w로 활음화 되며 음절수가 준 것에 대한 보상으로서 보상적 장모음화가 나타난다.

5.1.7.1. '이'의 활음화

중부방언에서 '이' 말음 개음절 어간과 부사형어미 '-어'가 결합될 때 모음 '이'가 y로 된 후 부사형어미 '-어'와 결합되어 '여'로 실현되는 변화가 나타난다.[13] 이 결합에서 발생한 모음충돌을 회피하기 위해 모음 '이'를 같은 위치의 y로 바꾸어 부사형어미와 축약되는 변화가 일어나는 것이다. 이 방언에서도 이러한 '이'의 활음화가 확인되지만 그 양상은 중부방언과 다르다. 이 방언에서 '이'의 활음화 양상은 다음과 같다.[14]

(22a) 예:서(이:-+-어서, 戴<金>),[15] 보예라(보이-+-어라, 배우-, 學), 고예두(고이-+-어두, 持), 오예서(오이-+-어서, 暗記)

b) 비베두(비비-+-어두, 擦), 데:서(디-+-어서, 落), 겐데서(겐디-+-어서, 忍), 테:서(티-+-어서, 打), 고테서(고티-+-어서, 修), 게:서(기:-+어서, 匍), 이게서(이기-+-어서, 勝), 시케두(시키-+-어두, 使), 엉케서(엉키-+-어서, 混)

---

13) 이 연쇄에서는 활음화에 이은 축약에 의해 '여'로 실현되는 변화뿐만 아니라 '이여'로 실현되는 활음첨가도 수의적으로 나타난다. 두 가지 방법 모두 모음충돌을 회피할 수 있는 방법이다.

14) 이 때 어간의 음절수가 준 것에 대한 보상적 장모음화가 일어난다. 그런데 보상적 장모음화에 의한 음장은 다소 혼란스럽다.

15) 중앙방언의 '이-(戴)'를 저자의 주제보자는 '니-'가 아닌 '이-'로 제시했고 부제보자는 '니-'로 제시했다. 서북방언 전반을 살펴보면 '니-'로 나타나는데 이를 고려하면 주제보자는 다른 방언의 간섭에 의해 '이-'를 사용한 것으로 보인다. 그렇지만 1음절의 '이'말음 개음절어간의 활용을 보이기 위해 제시한다.

c) 세:서(시-+-어서, 酸), 마세두(마시-+-어두, 飮), 헤:서(히-+-어서, 白), 제:서(지-+-어서, 負),16) 체:서(치-+-어서, 渴), 가레서(가리-+-어서, 閉)

(23a) 네:서(넣-+-어서, 지붕을 이-), 네:라(넣-+-어라, 揷), 니:쿠(넣-+-구)
b) 제:서(짓-+-어서, cf. 직꾸, 作), 네:두(닛-+-어두, 連)

이 방언에서 '이'의 활음화가 나타나는 경우는 (22, 23) 두 경우이다. (23)는 말음 ㅎ을 가지거나 불규칙 활용을 하는 용언으로서 결과적으로는 '이'말음 어간의 활용과 같다.

(22)에서 보듯이 이 방언에서 '이' 말음어간과 부사형어미 '-어'가 결합되면 두 가지 결과가 나타난다. (22a)와 같이 어간 말음절에 '이'만 있는 경우(i)에는 '예(ye)'로 나타나고 (22b, c)와 같이 어간 말음절에 자음이 있는 경우(Ci)에는 '에(Ce)'로 나타난다. 이 두 유형이 표면적으로는 다르게 나타나지만 본질적으로는 같은 것이다. 즉, '이+어(iə)'는 '예(ye)'로 되고 어간 말음절초에 자음이 있는 경우(Ciə)에는 Cye로 된 후 자음과 활음의 연쇄가 허용되지 않는 제약에 따라 Ce로 실현되는 것이다. 이러한 변화는 어간의 음절수나 말모음 '이' 앞에 결합되는 자음의 종류와 관계없이 모두 같은 양상으로 나타난다. 그러나 이러한 변화과정을 설명하기는 쉽지 않다. 이 변화를 설명하기 위해 '이-(戴)'와 '기-(匍)' 두 가지 예를 들어 다음과 같은 변화의 과정을 설정할 수 있다.

---

16) 최명옥(1995:170)에서는 서북방언에서의 '지-+-어'는 '제'로 나타나지 않는 것으로 보았다. 즉 '이' 말음 어간 중 음절초의 자음이 경구개음인 경우에는 '이' 말음 어간의 활용이 '에'로 나타나지 않는다고 본 것이다. 그러나 '지-(負), 치-(打)' 등의 활용에서도 '에'로 나타난다.

(24a)

	이-+-어서(iə)	기-+-어서(Ciə)	규칙
①	이어서	기어서	
②	↓	↓	ø → y / i__
③	이여서	기여서	
④	↓	↓	yə → e / i__
⑤	이에서	기에서	
⑥	↓	↓	i → y / __ə
⑦	예:서	계:서	
⑧		↓	y → ø / C__
⑨		게:서	

b)

	이-+-어서(iə)	기-+-어서(Ciə)	규칙
①	이어서	기어서	
②	↓	↓	i → y / __ə
③	여:서	겨:서	
④	↓	↓	yə → ye
⑤	예:서	계:서	
⑥		↓	y → ø / C__
⑦		게:서	

c)

	이-+-어서(iə)	기-+-어서(Ciə)	규칙
①	이어서	기어서	
②	↓	↓	ə → e / i__
③	이에서	기에서	
④	↓	↓	i → y / __ə
⑤	예:서	계:서	
⑥		↓	y → ø / C__
⑦		게:서	

(24)에서 제시된 과정은 모두 올바른 표면형을 도출해 낼 수 있다는 점에서 나름대로 설명력을 가진다. (24)에서 설정된 규칙 중 (24a②, ⑥, ⑧), (24b②, ⑥), (24c④, ⑥)은 통시적 음운과정이나 공시적 음운과정에서 흔히 발견되는 자연스러운 규칙이다. (24a②)는 y가 첨가되는 규칙으로서 국어에서 '이, 위'말음 어간의 활용에서 활음화와 상보적 관계를 이루며 수의적으로 나타난다.[17] (24a⑥, b②, c④)는 어간 말모음 '이'가 활

음화 하는 규칙으로서 활용에서 흔히 발견되는 규칙이다. 또한 (24a⑧, b⑥, c⑥)은 현대 의주방언에서 CyV 구조를 허용하지 않는다는 제약에 의한 것이므로 자연스러운 규칙이다.

(24a④), (24b④)는 통시적인 변화에서만 확인되는 규칙이지만 이를 공시적인 활용에 그대로 적용시킬 수 있을지가 문제가 된다. (24a④)는 '여'가 '에'로 바뀌는 규칙인데 이는 이 방언의 통시적인 변화에서 흔히 관찰되는 규칙이다. 즉, 이방언에서는 '겨, 며, 벼, 혀(Cyə)' 등은 '게, 메, 베, 헤(Ce)'로 바뀌는 변화를 관찰할 수 있다(겜니불(겹니불), 메누리(며느리), 베랑(벼랑), 헤때기(혀)).

(24b④)는 '여'가 '예'로 바뀌는 규칙인데 이러한 규칙도 이 방언의 통시적인 변화에서 나타난다. 음절초에 자음을 가지지 않는 '여(yə)'는 이 방언에서 '예(ye)'로 바뀐 예가 종종 발견된다(예드래미(여드름), 옌주빼미(연주빪), 옝이(여우)). 이 규칙은 음절초의 자음과 관계없이 yV 연쇄에서 y의 전설성 동화력에 의해 핵모음이 전설화하는 과정이다. 또한 음절초에 자음이 있더라도 또 다른 규칙을 연속적으로 적용하여 올바른 변화형을 얻을 수 있다. 즉 Cyə 구조에서 자음의 존재 여부와 상관없이 '여(yə)'는 '예'로 바뀌고 Cye 구조의 자음 뒤 y가 탈락되어 Ce가 되는 규칙을 연속적으로 적용한다면 올바른 변화형을 얻을 수 있는 것이다.

그런데 모든 '여'가 '예'로 바뀐 것은 아니라는 데 문제가 있다. 이 방언에는 '열(十), 호역(홍역), 미역, 영기(연기), 열:-(開), 연:하-(軟), 엮-(結)' 등은 '여'를 가졌지만 '예'로 바뀌지 않았다. '여 > 예'의 변화가 자

---

17) 이 방언에서는 '이' 말음 개음절어간 뒤의 y 첨가는 확인할 수 없다. 중부방언에서는 활음화와 활음첨가가 상보적인 관계를 이루면서 수의적으로 나타나나 이 방언에서는 '예(ye)'로만 나타나기 때문에 표면에서는 활음첨가를 확인하기 어렵다. 그러나 다른 방언의 경우를 고려해 도출단계에서의 활음화를 설정할 수 있다. 또한 오늘날과 같은 활용 양상이 확립되기 전에는 활음화를 표면에서도 확인할 수 있었을 것으로 보인다.

연스러운 음운규칙에 의한 것이라면 동일한 조건의 모든 어형에 적용되어야함에도 불구하고 그렇지 못하다는 것이 문제인 것이다.

그러나 이러한 예가 존재하더라도 '여 > 예'의 변화는 설명력을 가진다. '여 > 예'의 변화에서 동화주는 y인데 이것이 가진 전설성 동화력에 의해 핵모음 '어'는 같은 높이의 전설모음 '에'로 바뀔 가능성은 충분하다. 이는 서남방언의 y계 상향이중모음(yV)의 변화에 의해서도 지지를 받을 수 있다. 서남방언의 CyV는 y의 동화력에 의해 이중모음 yV가 같은 높이의 단모음으로 바뀌는 변화를 관찰할 수 있다(베(벼), 행기(향기), 괴장(校長), 귈(橘), 김옥화 1994, 오종갑 1983). 비록 의주방언에서는 CyV 구조 중 자음이 없는 '여'만이 서남방언의 것과 동일하게 '예'로의 변화가 나타나지만 변화의 경향은 이 방언이나 서남방언이나 같음을 알 수 있다.

(24c②)는 통시적 변화에 대한 고려 없이 공시적 규칙을 하나 설정함으로써 '이'말음 개음절 어간의 활용양상을 설명할 수 있다는 장점이 있다. 즉, 어간말 모음 '이' 뒤에서 부사형어미 '-어'가 '에'로 바뀐다는 규칙을 설정하면 나머지 과정들은 자연스러운 규칙으로 설명할 수 있는 것이다(배주채 1998:121). 또한 공시적인 활용에 통시적인 변화를 그대로 반영해야 한다는 부담을 덜 수 있다는 장점이 있다.[18] 그러나 이러한 규칙을 설정하면 공시적인 활용은 말끔하게 설명할 수 있으나 이러한 규칙이 설정될 수 있는 이유를 분명히 밝혀야 한다는 문제가 있다.

공시적인 변화에 통시적인 규칙을 끌어들이는 문제점에도 불구하고 (24a, b)는 나름대로의 타당성을 가지고 있다. 다른 어간과는 달리 '이'

18) '이' 말음 개음절 어간의 활용에서 '여 > 에' 축약규칙을 적용하는 것의 문제점은 이진호(2002b:121-122)에서 자세히 지적되었다. 이진호(2002b:124)에서는 '이' 말음 개음절어간의 활용을 설명하기 위해 '이어 → 에'라는 규칙을 설정했다. 이 규칙을 의주방언에 적용하고자 한다면 '이어 → 예'로 수정할 수 있을 것이다.

말음어간의 활용에서 이러한 복잡한 양상이 나타난 것은 y계 상향이중모음이 통시적 변화와 밀접한 관련을 맺을 수밖에 없다. 이 활용에서 음운변화가 일어날 수밖에 없었던 근본적인 원인은 모음의 충돌이 일어난다는 것이다. 이러한 모음의 충돌을 회피하기 위해 활음화나 활음 첨가가 일어났고 여기서 생겨난 이중모음은 형태소 내부의 이중모음과 운명을 같이 하게 되는 것이다.19)

*Corean Primer*에서는 '이' 말음어간의 활용이 현대 의주방언과 다르게 나타난다.

(25a) 보야 boya(코2-1, 學), 보여라 boyura(코2-2, 學), 딜여오시 diryuosh(코14-22, 入), 버여 buyu(코24-15, 斬)

b) 온겨 노우시 ongiuno-ooshi(코14-21, 移), 시겨 shigiu(코14-40, 使), 밧텨라 battiura(코2-2, 反復), 타뎌 tadiu(코4-11, 火), 업셔뎟다 upsudiutda(코7-12, 消), ᄂᆡ리텻다 neritiutda(코24-14, 打), 처뎟슴 tsudiussum(코12-3, 緩)

cf. 온게 ongé(코6-8, 移)

c) 지여 jiu(코12-2, 負), 걸녀 gullyu(코12-23, 步), 가져오시 gajiuoshi(코1-22, 持), 살졋다 saljiutda(코9-6, 肥), 돌녀감 dolliugam(코12-6, 回), 달녀라 dalliura(코12-25, 走), 흘려 hulyu(코1-25),

(25)에서 보듯이 *Corean Primer*에서는 현대 의주방언과는 다르게 '이'

19) 중세국어 이후 모음체계의 변화에서 가장 중요한 것은 'ᄋᆞ'의 소실과 이중모음의 단모음화이다. 'ᄋᆞ'의 소실은 이미 완성되었지만 이중모음의 단모음화는 완성되지 않았거나 완성되었더라도 극히 최근에 완성되었다. 의주방언에서도 이중모음의 단모음화는 현재까지도 완성되지 않았다. 설사 그 변화가 완성되었더라도 완전한 것은 아니어서 단어마다 그 양상이 다르게 나타나기도 한다. 이러한 상황은 '이' 말음 어간의 활용 양상에도 영향을 미칠 수 있다. 용언의 활용에서 이중모음이 발생할 수밖에 없는 것은 필연적이지만 여기서 발생한 이중모음은 이후의 변화과정에서 혼란을 겪을 수 있는 것이다.

말음 어간과 부사형어미 '-어'의 결합에서 활음화만 나타난다. 현대 의주방언과 유일하게 같은 양상으로 나타나는 예는 '온게 ongé'뿐이며 똑같은 활용형이 '온겨 ongiu'로도 나온다.

*Corean Primer*의 이러한 경향을 설명하기 위해 두 가지의 가능성을 생각해 볼 수 있다. 첫째는, *Corean Primer* 당시에는 '이'말음 어간의 활용에서 모음 '이'의 활음화만 일어났을 가능성이다. *Corean Primer*에서는 '온게'를 제외하고는 모두가 Cyə형으로 나타나므로 표기 그대로 이 당시에는 어간 말모음 '이'가 y로 된 후 부사형어미 '-어'와 결합되어 '여'로 나타났다는 설명이 가능한 것이다. 이러한 설명을 받아들이기 위해서는 이 환경에서 ye 또는 Ce 형으로 되는 활용양상은 Corean Primer 이후에 형성되었다는 가정을 해야 한다. 둘째는, 실제로 현대 의주방언과 활용양상이 같았음에도 불구하고 표기법의 보수성으로 인해 표기에 반영되지 않았을 가능성이다. 국어 표기법의 전통상 '이'말음 개음절 어간과 부사형어미 '-어'가 결합될 때 Cyə 형으로 적는 경우가 압도적으로 많았다. 따라서 이 경우에도 실제의 발음과는 상관없이 표기법의 전통을 따라 Cyə 형으로 적은 것이라 볼 수 있는 것이다.

*Corean Primer*의 표기만으로는 '이' 말음 개음절 어간의 활용이 현대와 같았을지 혹은 달랐을지를 정확하게 판단하기는 어렵다. '온게'라는 유일한 예만으로 현대와 활용양상이 같았을 것으로 결론짓기에는 자료가 너무 빈약하다. 그렇다고 표기에만 천착하여 현대 의주방언과 전혀 달랐을 것이라는 결론을 내리기도 어렵다.[20)]

그러나 이중모음 '여'와 관련된 *Corean Primer*의 예를 살펴볼 때

---

20) 최명옥(1985b)에서는 '온게'가 잘못된 표기이고 따라서 당시의 '이' 말음 어간의 활용에서 '에'로 실현되는 경우가 없다고 보았으나 최명옥(1995:179)에서는 이를 수정하여 '온게'가 당시의 현실음을 반영한 것으로 파악하고 '여 > 에'의 축약이 당대에 존재했다고 보고 있다.

Corean Primer 당시에도 '이' 말음 개음절어간의 활용양상은 현대 의주방언과 같았을 것으로 추정된다. 이러한 추정의 첫째 근거는 비록 유일한 예이기는 하지만 '온게'가 나타난다는 것이다. 둘째는 *Corean Primer*에서도 'Cyə > Ce'의 예가 발견되는데(멧 < 몇) 이 변화는 활용시에도 나타나는 변화이다. 셋째는 *Corean Primer*에서 '이'말음 체언이나 기원적으로 y계 하향이중모음이었던 말음을 가진 체언 뒤에서는 처격조사로 '-여'가 사용된다는 것이다. 이는 이중모음 '여'의 변화와 밀접한 관련을 맺고 있는 것이고, 나아가 '이'말음 개음절어간의 활용과도 관련을 맺고 있는 것으로 보인다. 마지막으로 *Corean Primer*에서 '셔'는 '세 *se*'로 표기되는 일이 많은데 이 또한 '여'의 변화와 밀접한 관련을 맺고 있다. 이렇듯 '이'말음 개음절어간의 활용과 이중모음 '여'의 변화는 밀접한 관련을 맺고 있는데 '여'의 변화가 진행중인 상황에서 Corean Primer에서는 현대 의주방언과 같은 '이'말음 어간의 활용이 표기에 활발하게 나타나지 않은 것으로 보인다.

이중모음 '위'를 어간말음으로 가지는 용언도 '이'말음 어간과 마찬가지의 활용양상을 보인다. 이 방언에서 '위'말음 어간이 부사형어미 '-어'와 결합될 때의 활용양상은 다음과 같다.

(26a) 줴:서(쥐-+-어서, 握), 훼:두(휘:-+-어두, 曲), 꿰:서(뀌-+-어서, 屁), 마궤라(마귀-+-어라, 裁), 사궤라(사귀-+-어라, 交)
b) 뷔:서(뷔:-+-어서, 空), 퓌:서(퓌-+-어서, 開花)

(26)은 음운론적으로는 이중모음 '위(wi)'이지만 (26a)는 음성적으로는 단모음 [ü]로 발음되기도 하는 '위'말음 어간의 활용이고, (26b)는 음성적으로는 하향이중모음 [uy]로 발음되기도 하는 '위'말음 어간의 활용이다. (26)의 용언이 음성적으로는 약간의 차이는 있지만 활용에서는 [wi]와

동일한 모습을 보여준다. 이중모음인 '위[wi]' 말음어간이 '이' 말음 어간과 같은 활용양상을 보이는 것은 당연한 일이다. 이 때는 w의 존재와 관계없이 핵모음 '이'를 중심으로 '이'말음 어간과 같은 활용양상을 보이는 것이다.

그런데 (26)은 하향이중모음이었던 '위(uy)'의 변화와 관련하여 '위'의 활용은 몇 가지 문제를 제기한다. 앞에서 언급했듯이 이 방언에서 기원적으로 '위[uy]'였던 이중모음은 아직도 'uy > wi > ü'의 과정 중 'wi > ü'의 과정을 밟고 있는 것으로 보인다. 현대 의주방언에서 (26a)의 경우 '위'가 음성적으로는 이중모음 [wi]가 아닌 단모음 [ü]로 발음되는 경우가 많다. 그럼에도 불구하고 부사형어미 '-어'와의 결합에서는 '위'를 이중모음 [wi]로 설정하는 편이 더 합리적인 활용양상을 보인다. (26b)도 음성적으로는 [uy]인데 활용의 양상은 [wi]와 마찬가지의 양상을 보인다. 현대 의주방언에서 '위'말음 어간의 기저 음운 설정에 따른 활용양상을 정리하면 다음과 같다.

(27)

	a) ʧwi+-əsə [wi]		b) ʧü+-əsə [ü]		c) puy+-əsə [uy]	
①	ʧwiəsə		ʧüəsə		puyəsə	
②	↓	i → y / __ə	↓	ü → wy / __ə	↓	yə → e
③	ʧwyə:sə		ʧwyəsə		puesə	
④	↓	yə → e	↓	yə → e	↓	u → w / __e
⑤	ʧwe:sə		ʧwesə		pwesə	

(27a)는 '위'를 이중모음 [wi]로 설정해 '이' 말음 어간의 활용과 동일하게 파악한 것이다. 이 때 적용되는 '이'의 활음화(27a②)는 이 방언에서 흔히 관찰되는 음운규칙이기는 하지만 wyə라는 삼중모음이 도출과정에 형성된다는 문제점이 있다 (27b)는 '위'를 단모음으로 본 것이다. 여기에서는 전설원순모음 ü가 wy로 되는 규칙(27b②)을 설정해야 하는 부담이 따를 뿐만 아니라 삼중모음 wyə를 설정해야 하는 부담도 따른

다.[21] (27c)는 '위'가 하향이중모음 [uy]일 때로서 '여 → 에' 규칙(27c②)이 먼저 적용된 후 핵모음이었던 '우'가 w로 바뀌는 규칙이 적용되는 것으로 설명할 수 있다. 이러한 여러 가지 설명이 가능하지만 '위'가 이중모음 [wi]에서 단모음 [ü]로 바뀌는 과정 중에서 활용만은 이중모음 [wi]를 따른다고 보는 것이 합리적이다.

*Corean Primer*에도 '위'가 하향이중모음(uy)인 것으로 보이는 활용양상이 나타난다.

(28a) 부엿슴마 booyussumma(코14-2, 空), 푸여라 pooyura(코6-9, 點火)
cf. 퓌난 pooinun(코8-11, 開花), 푸인다 pooinda(코21-5, 開花)

(28)에 제시된 '뷔-, 퓌-'의 활용형을 감안하면 기저형은 하향이중모음을 가진 '뷔[puy]-, 퓌[p^huy]-'로 설정해야 한다. 이 어간의 활용에서도 '여'가 형성되지만 현대 의주방언에서와 같은 변화는 일어나지 않는다. 또한 현대 의주방언에서도 이 두 어간은 음성적으로는 하향이중모음으로 발음되지만 활용형은 '이'말음 어간과 같은 형태로 나타난다. 이는 하향이중모음이었던 '위[uy]'가 현대 의주방언에서는 이중모음 '위[wi]'로 바뀌었음을 말해준다.

5.1.7.2. '오, 우'의 활음화

중부방언에서 '오, 우' 말음 개음절 어간과 부사형어미 '-어'가 결합될 때 모음 '오, 우'가 w로 된 후 부사형어미 '-어'와 결합되어 '워'로 실현되는 변화가 나타난다.[22] 이 결합에서 발생한 모음충돌을 회피하기 위해

---

21) ü가 활음화되면 음성적으로는 ɥ가 되는데 음운론적으로는 wy로 파악해야 한다. 이래야만 yə의 연쇄가 e로 바뀔 수 있다.

모음 '오, 우'를 같은 위치의 w로 바꾸어 부사형어미와 축약되는 변화가 일어나는 것이다. 이 방언에서도 이러한 '오, 우'의 활음화가 확인되는데 그 양상은 중부방언과 동일하다. 이 방언에서의 '오, 우'의 활음화 예는 다음과 같다.23)

(29) '오'말음 어간

a) 꽈:두(꼬-+-아두, 紡), 쏴:서(쏘-+-아서, 射), 과:서(고:-+-아서, 煮), 와라(오-+-아라, 來), 봐:라(보:-+-아라, 빻-, 碎)

cf. 놔:서(놓-+-아서, 置)

b) 나와서(나오-+-아서, 出),

(30) '우'말음 어간

a) 춰:서(추-+-어서, 舞), 쒀:서(쑤-+-어서, 粥), 줘:라(주-+-어라, 授)

cf. 붜:두(붓-+-어두, 불규칙, 腫)

b) 키워라(키우-+-어라, 育), 바꽈라(바꾸-+-아라, 換), 데워라(데우-+-어라, 溫), 나놔라(나누-+-어라, 分), 치워라(치우-+-어라, 除)

(29, 30)에서 보듯이 현대 의주방언에서 모든 '오, 우' 말음 개음절어간은 부사형어미 '-어'와 결합될 때 활음화가 활음첨가와 수의적인 관계를 맺으며 일어난다. 또한 '놓-(置)'와 같은 ㅎ말음 어간에서 ㅎ이 탈락되면 같은 양상의 활음화가 일어난다.

*Corean Primer*에서 '오, 우' 말음 어간이 부사형어미 '-어'와 결합될 때의 양상은 다음과 같다.

---

22) 이 연쇄에서는 활음화에 이은 축약에 의해 '워'로 실현되는 변화뿐만 아니라 '오와, 우워'로 실현되는 활음첨가도 수의적으로 나타난다. 두 가지 방법 모두 모음충돌을 회피할 수 있는 방법이다.

23) 이 때 어간의 음절수가 준 것에 대한 보상적 장모음화가 일어난다. 그런데 보상적 장모음화에 의한 음장은 다소 혼란스럽다.

(31) '오'말음 어간

a) 왓슴 wassum(코1-13, 來), 왓슴메 wassummê(코5-4, 來)

b) 보와라 bowara(코25-11, 見)

(32) '우'말음 어간

a) 가리워 gariwu(코25-6, 臟)

cf. 무거워 mooghuwu(코11-42, 重)

b) 거두워 gudoowu(코3-9, 收), 나추와 natsoowa(코17-12, 低)

c) 두어라 dooura(코4-12, 置)

cf. 누어서 noousu(코15017, 臥), 부어 boou(코5-16, 注)

(31, 32)에서 보듯이 *Corean Primer*에서는 '오, 우'의 활음화가 반영된 표기보다는 활음첨가가 반영된 표기가 많이 나타난다.[24] '오' 말음 어간 중 활음화를 확인할 수 있는 경우는 '오-(來)'밖에 없다. '우' 말음 어간에서도 활음화보다는 활음첨가가 더 많이 나타난다. 때로는 (32c)와 같이 활음화와 활음첨가 모두 표기에 반영되지 않는다. 활음화와 활음첨가는 상보적인 관계를 맺고 수의적으로 나타나기 때문에 이 당시에도 '오, 우'의 활음화는 활발하게 일어났지만 표기에 활발하게 반영되지 않은 것으로 보는 데에 무리가 없다.[25]

'이, 오, 우, 위' 말음 어간이 부사형어미 '-아'와 결합될 때 수의적으로 활음화가 일어남은 앞에서 살펴본 바와 같다. 이 때 음절수가 준 것에 대한 보상으로 장모음화가 일어난다. 보상적 장모음화의 예는 다음과

24) 최명옥(1985b:723)에서는 활음화와 활음첨가가 일어나는 조건으로 어간 말모음 '오, 우' 앞에 자음이 있는가 없는가의 여부를 꼽았다. *Corean Primer*에서는 예가 많지 않아 이러한 조건을 확인하기 어렵지만 『예수셩교젼셔』를 통해 이를 확인할 수 있다.

25) *Corean Primer*에서는 '오'의 활음화에 의해 형성된 어미류를 발견할 수 있다. *Corean Primer*의 특징적인 어미인 '-웨, -워니' 등에서는 공손표시 선어말어미 '-오'와 어말어미 '-에, -어' 의 축약으로 이루어진 것이다(최명옥 1985a:64).

같다.[26]

(33a) 예:서(이:-+-어서, 戴<金>)

cf. 보예라(보이-+-어라, 배우-, 學), 고예두(고이-+-어두, 持), 오예서 (오이-+-어서, 暗記)

b) 데:서(디-+-어서, 落), 테:서(티-+-어서, 打), 게:서(기:-+어서, 匍),

cf. 비베두(비비-+-어두, 擦), 겐데서(겐디-+-어서, 忍), 고테서(고티 -+-어서, 修), 이게서(이기-+-어서, 勝), 시케두(시키-+-어두, 使), 엉케서(엉키-+-어서, 混)

c) 제:서(지-+-어서, 負), 체:서(치-+-어서, 渴)

cf. 만제두(만지-+-어두, 觸)

(34a) 꽈:두(꼬-+-아두, 紡), 쏴:서(쏘-+-아서, 射), 놔:서(놓-+-아서, 置)

cf. 와라(오-+-아라, 來), 나와서(나오-+-아서, 出),

b) 춰:서(추-+-어서, 舞), 쒀:서(쑤-+-어서, 粥), 줘:라(주-+-어라, 授)

cf. 키워라(키우-+-어라, 育) 바꽈라(바꾸-+-아라, 換), 데워라(데우-+ -어라, 溫)

(35) 줴:서(쥐-+-어서, 握), 붸:서(뷔:-+-어서, 斬), 퓌:서(퓌-+-어서, 開花), 꿰:서(뀌-+-어서, 屁)

cf. 바꿰서(바뀌-+-어서, 換)

(33-35)에서 보듯이 활음화가 일어나는 모든 경우에 보상적 장모음화가 동반된다. 이 방언에서도 음장은 어두 위치에서만 변별되기 때문에 2음절 이상의 '이, 오, 우, 위' 말음 어간에서도 보상적 장모음화는 일어나지만 표면에 나타나지는 않는다.

---

26) 보상적 장모음화가 무조건적으로 나타나는 것은 아니다. '티-(打)'의 경우에는 보상적 장모음화가 일어나지 않는 경우가 더 많다. 이 경우 보상적 장모음화의 유무를 결정지을 만한 음운론적 요인을 찾기는 어렵다.

(33c)는 중부방언과 비교했을 때 특징적이다. 중부방언에서는 '지-(負), 찌-(肥), 치-(打)' 어간이 부사형어미와 결합될 때 활음화는 일어나지만 보상적 장모음화는 나타나지 않는다. 즉 중부방언에서는 '기-(匍), 피-(伸)' 등이 부사형어미 '-어'와 결합된 후 활음화 되면 '겨:서, 펴:서'와 같이 보상적 장모음화가 일어나지만 '저서, 쩌서, 처서'와 같이 활음과 장음 모두를 확인할 수 없다. 이러한 이유로 한성우(1996:48)에서는 '지-, 찌-, 치-' 말음 어간의 경우는 활음화가 아닌 말모음 '이'가 탈락되는 것으로 보았다.27) 그러나 의주방언에서는 (33c)의 어간들은 모두 활음화와 그에 따른 보상적 장모음화가 나타난다.

이러한 사실은 오히려 중부방언의 '지-, 찌-, 치-'의 활용이 특이한 양상임을 보여준다. 이 어간들 중 '지-'를 예로 들어 활용양상을 비교하면 다음과 같다.

(36) '지-(負)'의 활용

	a) 서북방언		b) 중부방언	
	[1] 지-+-어	[2] 지-+-어	[1] 지-+-어	[2] 지-+-어
①	지어	지어	지어	지어
②	↓ ø → y / i__	↓ i → y / __ə	↓ i → y / __ə	↓ i → ø / C__
③	지여	져:	져:	저
④	↓ yə → e / i__	↓ yə → ye	↓ y → ø / C__	
⑤	지에	졔:	저:	
⑥	↓ i → y / __ə	↓ y → ø / C__	ə: → ə / ʧ__	
⑦	제:	제:	저	

(36a)에 제시된 서북방언의 경우 '여 → 에, 여 → 예'의 변화가 특이한 변화이기는 하지만 보상적 장모음화는 별 문제가 없었다. 그러나 중부방언의 경우 (36b1⑥)의 규칙은 문제가 된다. 이 규칙은 ㅈ 뒤에서 장

27) 다른 어간은 활음첨가와 활음화가 수의적으로 일어나는데 이 어간들은 활음 첨가도 일어나지 않는다는 것도 특이하다.

모음 '어:'를 단모음으로 바꾸는 규칙인데 이 환경에서 단모음화가 일어나는 이유를 찾기는 어렵다. 결국 중부방언의 경우는 보상적 장모음화 문제 때문에 '지-, 찌-, 치-'의 경우는 (36b2)와 같은 과정을 상정할 수밖에 없다.

이러한 활용양상은 ㅈ의 구개음화에 의해 ʧyV의 연쇄가 사라짐으로 인해 발생한 것으로 보인다. 중부방언에서 '이' 말음 개음절 어간은 부사형어미 '-어'와 결합될 때 활음화에 의한 축약이 일반적으로 일어난다. 따라서 '지-, 찌-, 치-'의 경우에도 이전 단계에서는 활음화가 일어나 '져:, 쪄:, 쳐:'로 활용되었을 것이다.[28] 그런데 ㅈ의 구개음화의 결과 활용형에서 ʧyV의 연쇄가 허용되지 않게 되었다. 이에 따라 '지-, 찌-, 치-' 어간에서는 활음화가 일어나는 대신 어간 말모음을 탈락시키는 새로운 활용양상이 발생하였던 것으로 보인다.

5.2. 첨가

현대 의주방언에서는 '이, 우' 말음 어간에 부사형어미 '-어'가 결합될 때 활음첨가가 나타난다. 활용에서 활음이 첨가되는 것은 개음절 어간과 모음으로 시작되는 어미가 결합될 때 형성된 모음충돌을 회피하기 위한 것으로 보인다. 이 방언의 활음은 y와 w가 있는데 두 활음의 첨가 양상이 다소 차이가 있다.

---

28) 옛 문헌에는 음장 표시가 안 되어 있기 때문에 이들이 장음으로 실현되었을지 확인할 수는 없다. 그러나 다른 어간과의 비교를 통해 장음으로 실현되었다고 유추할 수 있다.

5.2.1. y 첨가

중부방언에서 y의 첨가는 '이'말음 어간에 부사형어미 '-어'가 결합될 때나, '이'말음 체언에 처격조사 '-에'가 결합될 때 일어난다. 그런데 이 방언에서 활용의 경우는 활음첨가가 일어나지 않는다. 현대 의주방언의 활용에서 활음 첨가를 확인할 수 있는 예는 다음과 같다.

(37a) 보예라(보이-+-어라, 배우-, 學), 비베두(비비-+-어두, 擦), 데:서(디-+-어서, 落), 겐데서(겐디-+-어서, 忍), 테:서(티-+-어서, 打), 고테서(고티-+-어서, 修), 세:서(시-+-어서, 酸), 마세두(마시-+-어두, 飮), 헤:서(히-+-어서, 白), 제:서(지-+-어서, 負), 체:서(치-+-어서, 渴), 가레서(가리-+-어서, 閉)

b) 허리예(허리+-에, 腰), 머리예(머리+-에, 頭), 광지예(광지+-에, 광주리)

(37a)는 활용의 경우로 활음 첨가가 일어나지 않는다. 이 방언의 '이'말음 개음절어간과 부사형어미 '-어'가 결합될 때는 '예'로 나타나기 때문이다. 표면형 '예'가 나타나기까지의 과정에 활음 첨가를 설정할 수는 있으나 표면에서는 확인할 수가 없다. (37b)는 곡용의 예로서 활음 첨가가 항상 나타난다. 중부방언의 활용에서 활음화와 활음 첨가는 수의적인 양상으로 나타난다. 그러나 곡용에서는 활음 첨가만 나타날 뿐 활음화는 나타나지 않는다. 의주방언의 경우에도 활음 첨가는 나타나나 체언 어간 말음이 활음화 되는 일은 없다. 이는 독립성이 강한 명사의 원형을 유지하기 위한 의도에서 기인한 것으로 보인다.

*Corean Primer*에서도 y 첨가는 활용에서만 확인된다.

(37) 지여 jiu(코12-2, 負), 슬리여함마 surriyu hamma(코23-1, 厭)

(39a) 종에여 jiongêyu(코1-20, 紙), 변외예 biunweyu(코10-1, 邊外), 뒤여 dooiyu(코11-8, 後), 의지여 uijiyu(코4-3, 倚子), 한 벼여 hanbeyu(코9-15, 出産), 동지여 daldongjiyu(코22-29, 冬至), 근쳬여서 guntsêyusu(코29-14), 걸리여 gurriyu(코13-9, 路), 거려 guryu(코15-20, 路)

b) 물병어 biungu(코6-4, 瓶), 실경이 shilgiungi(코6-5, 盤), 한 냥어 han niangu(코16-10, 兩)

c) 산 우에 sanooê(코11-4, 山上), 바쿠에 bakooê(코11-36, 輪), 씨에 shiê(코20-9, 種), 짜에는 dáênun(코21-3, 地), 한 달에 handarê(코2-3, 月), 서당에 sudangê(코2-6, 書堂), 벡에 bêghê(코3-1, 壁), 이 뒤매yi demê(코22-17, 後)

cf. 할네 hallê(코12-19, 一日)

(38)은 활용의 예로서 활음 첨가가 일어난 것으로 볼 수도 있다. 그런데 '지여'는 한글 표기로는 y가 첨가된 것처럼 보이지만 영문 전사에는 y 첨가가 반영되어 있지 않다. '슬리여'는 '슳-(厭)'에서 유래한 것으로 보이는데 '슬ᄒᆞ-'와 같은 활용양상을 보인다. 중부방언에서도 '싫여' 형태로 나타나는데 이 또한 '슬ᄒᆞ-+-어'의 결합에서 'ᄒᆞ-'가 불규칙활용을 해서 나타난 것이다. 의주방언의 경우도 이와 유사한 과정에 의한 것으로 보이므로 '슬리여'에서 활음 첨가가 일어난 것으로 보긴 어렵다.

(39)는 곡용의 경우로서 *Corean Primer*에 특이하게 나타나는 처격조사 '-어'가 '이'말음 체언과 결합될 때 나타난다. *Corean Primer*의 일반적인 처격조사는 (39c)에서 보듯이 '-에'이다. 그런데 '이'말음 체언이나 기원적으로 y계 하향이중모음을 말음으로 가졌던 체언과 ㅇ말음 체언 뒤에서는 처격조사가 '-어'로 나타난다.[29] 이때 '이'말음 체언이나 기원

29) 서남방언이나(이태영 1983:22 ; 배주채 1998b:878), 동북방언에서(정용호 1988:196 ; 곽충구 1998:1001) '-여'가 존재하는 사실이 지적되었다. 서남방언이나 동북방언에서의 처격조사 '-여'는 전설모음 뒤에서 나타나는 것으로 보인다. 이태영(19883:23)

적으로 y계 하향이중모음을 말음으로 가졌던 체언 뒤에서는 처격조사 '-어'가 '-여'로 실현된다.

5.2.2. w 첨가

이 방언에서의 w 첨가는 '오, 우'의 활음화와 상보적 관계를 이루며 수의적으로 나타난다. 다음은 현대 의주방언의 활용에서 발견할 수 있는 w 첨가의 예이다.

(40a) 꼬와두(꼬-+-아두, 紡), 쏘와서(쏘-+-아서, 射), 고와서(고:-+-아서, 煮), 보와라(보:-+-아라, 빻-, 碎)

b) 추워서(추-+-어서, 舞), 쑤워서(쑤-+-어서, 粥), 주워라(주-+-어라, 授)

(41a) 거두워 gudoowu(코3-9, 收), 나추와 natsoowa(코17-12, 低)

b) 도와 dowa(코25-23, 好)

c) 두어라 dooura(코4-12, 置)

cf. 누어서 noousu(코15017, 臥), 부어 boou(코5-16, 注)

(40)는 현대 의주방언의 예이다. w 첨가는 주로 격식체에서 나타나며 자연발화에서는 주로 활음화가 일어난다. 그러나 '오(來)-'는 항상 '오'의 활음화만 일어날 뿐 '*오와'와 같은 형태로 실현되는 일은 없다. 또한 2음절 이상의 용언에서는 활음 첨가는 거의 일어나지 않고 대부분 활음화가 일어난다. (41)은 *Corean Primer*의 예이다. 그러나 (41c)에서 보듯

에는 '뒤여(後)'만 예로 제시되었고, 정용호(1988:196)에는 '시여(時)'만 예로 제시되었다. 이 조사가 항상 '이'말음 체언 뒤에서만 나타나기 때문에 기저형을'-어'로 잡고 곡용시 활음이 첨가되는 것으로 파악할 수 있다. 또한 *Corean Primer*에서 ㅇ 말음 체언 뒤에서 '-어'로 나타나는 것도 이 조사의 기저형을 '-어'로 잡는 데에 문제가 없음을 말해준다.

이 활음화나 활음 첨가가 일어나지 않은 표기도 발견된다.

5.3. 탈락

이 방언의 곡용과 활용에서 나타나는 자음의 탈락으로는 자음군단순화, ㅎ 탈락, ㄹ 탈락 등이 있다. 또한 모음의 탈락으로는 어간말 '으' 탈락, 어미초 '으' 탈락, 어미초 '아/어' 탈락, 어미초 '이' 탈락이 있다. 용언의 활용에서 모음탈락이 활발하게 일어나는 이유는 모음충돌 회피와 관련이 있다. 즉 개음절 어간에 모음으로 시작되는 어미가 결합되었을 때 연속되는 두 모음 중 하나를 탈락시켜 모음충돌을 회피하는 방법이다. 이는 가장 일반적인 모음충돌 회피 방법인데 음운론적 강도가 약하거나 기능부담이 적은 요소가 탈락된다.

5.3.1. 자음군단순화

국어에서 모음 사이에는 두 개의 자음만이 올 수 있고 휴지 앞에는 하나의 자음만이 올 수 있다. 따라서 곡용이나 활용시 자음군을 말음으로 갖는 형태소가 자음으로 시작되는 어미와 결합되거나 휴지 앞에 놓일 때 하나의 자음만 발음되는 자음군단순화가 일어난다. 의주방언에서도 이러한 자음군단순화의 양상은 동일하게 나타난다. 이 방언의 곡용과 활용에서 자음군단순화를 발견할 수 있는 예는 다음과 같다.

(42a) 싹꽈(싹ㅆ+과, cf. 싹씨, 싹쓸, 賃金), 달뚜(닭+-두, cf. 닭이, 닭을, 鷄), 갑뚜(갑ㅆ+-두, cf. 갑씨, 갑쓸, 價), 흘뚜(흙+-두, cf. 흙이, 흙을, 흙으루, 土)

b) 얄꾸(얇-～얇구+-구, cf. 얇과서, 얄구문, 얄과두, 薄), 널떠라(넒-～널구-+-더라, cf. 널궈두, 널궈서, 널구문, 廣), 억꾸(업ㅆ-+-구, cf. 업써서, 업쓰문, 업써두, 無), 안떠라(앉-+-더라, cf. 앉아라, 앉으문, 앉아서, 坐), 말찌(맑-+-지, cf. 맑아서, 맑으문, 맑아두, 淨), 글꾸(긁-+-구, cf. 긁어라, 긁어서, 긁으문, 搔), 옹꾸(옮-, cf. 옮아서, 옮으문, 옮아두, 遷)

c) 싹# cf. 싹씨, 싹쓸, 싹쓰루(賃金), 갑# cf. 갑씨 ,갑쓸(價), 닥# cf. 닭이래[30], 닭을, 닭으루(鷄)

cf. 까달# cf. 까닭이, 까닭으루(理由), 딘흑# cf. 딘흙이, 딘흙을, 딘흙으루(泥土)

(42a, b)에서 확인할 수 있듯이 곡용에서든 활용에서든 자음군단순화의 양상은 동일하게 나타난다. 또한 (42c)에서 알 수 있듯이 휴지 앞에서도 자음군단순화는 반드시 일어난다. 그러나 의주방언에서 자음군단순화가 일어날 때 탈락되는 자음은 일정하지 않다. ㄹC를 말음으로 가지는 어간의 경우 ㄹ이 아닌 자음(C)이 탈락되는 경향이 강하기는 하지만 반드시 그런 것은 아니다. '달, 흘, 말꾸, 글꾸' 등에서는 ㄹ이 남지만 '딘흑, 옹꾸' 등에서는 ㄹ 이외의 자음이 남는다. 다른 자음군에서도 탈락되는 자음을 예측할 수 없다.[31] 자음군단순화는 모음 사이에는 최대 두 개의 자음만 허용된다는 제약과 휴지 앞에는 하나의 자음만 허용된다는 제약에 의한 것이므로 모든 경우에 동일하게 적용된다.

---

30) '-이래'는 이 방언에 나타나는 특징적인 보조사인데 북부방언의 '-레/래/라'에 대해서는 곽충구(1998:992)를 참조할 수 있다. 김영배(1997a)에서는 '-레'로 전사하고 주격 대용으로 쓰인다고 보고하고 있다. '-이래'가 주격으로 쓰이는 예가 가장 많기는 하지만 다른 격으로 쓰이는 예도 종종 발견된다.
그 따우 꺼래 쓰디 않을 꺼우다(그런 것은 쓰지 않을 겁니다).
광:이래 잡는 홀코 같수다래(고양이를 잡는 올가미 같습니다).

31) 한영순(1956b:56)에도 자음군단순화에 대한 언급이 있다. ㄺ, ㄼ 어간의 경우 ㄱ, ㅂ이 탈락되고 ㄹ만이 남아 발음된다고 보고하고 있다.

5.3.2. ㅎ 탈락

이 방언의 곡용과 활용에서 ㅎ이 약화되거나 탈락되는 경우는 두 가지이다. 첫째는 유성음 사이에 ㅎ이 놓일 때 약화되거나 탈락되는 경우이고, 둘째는 폐쇄음 뒤에서 ㅎ이 탈락되는 경우이다.

국어의 장애음 중 평폐쇄음과 평파찰음은 유성음 사이에 놓이게 되면 유성음으로 실현된다. 마찰음 중 ㅅ은 이러한 유성음화를 입지 않는 반면에 후두마찰음 ㅎ은 이 환경에서 유성음화된다. ㅎ이 유성음화를 입으면 유성후두마찰음 [ɦ]로 실현되거나 더 나아가면 탈락되기도 한다. 이러한 경향은 의주방언에서도 그대로 확인되는데 그 구체적인 예는 다음과 같다.

(43a) 나한테~나안테(나+-한테), 형한테~형안테(형-+-한테), 수탈한테~수탈안테(수탉+-한테), 너하구~너아구(너+-하구), 둘하구~둘아구(둘+-하구)

b) 떼:서(띻-+-어서, cf. 띠쿠, 띠터라, 搗), 네:서(닣-+-어서, cf. 니쿠, 니터라, 揷), 끈어(끊-+-어, cf. 끙쿠, 끈터라, 切), 만아서(많:-+-아서, cf. 망:쿠, 만:터라, 多), 괘티안아서(괘티않-+-아서, cf. 괘티앙쿠, 괘티안터라, 無關), 달아서(닳-+-아서, cf. 달쿠, 달터라, 磨), 힐어서(힗-+-어서, cf. 힐쿠, 힐터라, 失), 도와두(돟:-+-아두, cf. 도쿠, 도터라, 好)

(44) 됴운 dio-oon(코1-6, 好), 만아도 manado(코20-2, 多)

(43a)는 ㅎ으로 시작되는 조사가 모음이나 유성자음으로 끝나는 체언과 결합될 때 ㅎ이 약화되거나 탈락되는 것을 보여준다. 조사 '-한테, -하구'는 단독으로 쓰이는 일이 없이 늘 체언과 결합되어 쓰이기 때문에 어미초의 ㅎ을 확인할 수 없다. 더욱이 폐쇄음으로 끝나는 체언과 결합

될 때도 ㅎ이 나타나지 않기 때문에 조사의 기저형에 ㅎ을 설정하지 않을 수도 있다. 그러나 '밭(田)+-하구'의 결합에서 조사가 '-하구'라면 '*밭아구'가 되어야 할 것이다. 현재 의주방언에서는 '받아구'로 실현되는데 이는 '밭'이 평폐쇄음화되는 것을 전제로 해야만 한다. 즉 '밭'의 ㅌ이 조사의 ㅎ 앞에서 ㄷ으로 평폐쇄음화된 후 ㅎ의 약화가 일어나야만 '받아구'가 가능하기 때문에 조사의 기저형에 ㅎ을 설정해야 함을 알 수 있다.

(43b)는 ㅎ말음 어간이 모음으로 시작되는 어미와 결합될 때 ㅎ이 탈락되는 것을 보여준다. 의주방언에는 ㅎ으로 시작되는 어미가 없기 때문에 모음이나 유성자음으로 끝나는 어간이 ㅎ으로 시작되는 어미와 결합될 때의 유성음화는 확인할 수는 없다. '띻-+-어서'는 어간의 ㅎ이 먼저 탈락된 후 '이'말음어간과 같은 활용 양상을 보인다. '돟:-+-아두'에서도 어간의 ㅎ이 탈락되면 '오'말음어간과 같이 w첨가가 일어나 '도와두'와 같이 활용된다.

(44)는 *Corean Primer*의 예이다. *Corean Primer*에서는 ㅎ으로 시작되는 어미가 쓰인 일이 없으므로 곡용에서의 ㅎ의 약화나 탈락은 관찰할 수 없다. '됴운'은 어간 '돟-'에서 ㅎ이 탈락되고 어미 '-은'을 모음에 의한 원순모음화시킨 예로서 모음 사이에서 ㅎ이 탈락된 후 '오'말음어간과 같은 활용양상을 보임을 알 수 있다.

용언의 활용을 제외한 다른 환경에서 유성음간 ㅎ탈락이 수의적으로 일어나는 것은 ㅎ의 위치와도 관련이 있다. (43b)와 (44)에서 살펴보았듯이 음절말의 ㅎ이 모음으로 시작되는 형태소와 결합되는 것은 용언의 경우밖에 없는데 용언 음절말의 ㅎ은 그 지위가 약할 수밖에 없다. 활용에서 음절말의 ㅎ이 표면에 나타나는 경우는 매우 드물어서 모음으로 시작되는 어간과 결합될 때 격식체로 주의 깊게 발음할 때밖에 없다. 평음으로 시작되는 어미와 결합될 때도 후행 평음과 축약되어 유기음으로 실현될 뿐 그 존재가 표면에 드러나는 일은 없다. 따라서 용언 음절말의 ㅎ은 그 지위가 매우 약하고 그만큼 탈락이 쉽게 일어날 수 있다. 반면에 형태소의 첫머리에 있는 ㅎ은 음절말에 있는 것보다 음운론적 지위가 강하기 때문에 약화와 탈락의 영향을 덜 입는다. 의주방언에서의 모음간 ㅎ탈락은 형태소 내부와 경계를 가리지 않고 일어나는 보편적인 음운과정이다. 다만 그 필수성에 차이가 있는데 이는 음절에서의 ㅎ의 위치에 의한 것이다.

중부방언에서는 평음과 ㅎ이 결합되면 그 순서에 관계없이 축약에 의해 평음이 유기음으로 바뀐다. 예를 들면 어떤 환경에서든 'ㄱ+ㅎ'의 연쇄나 'ㅎ+ㄱ'의 연쇄가 발생하면 두 자음이 축약되어 ㅋ이 된다. 그런데 의주방언에서는 두 자음의 순서에 따라 유기음화가 일어나기도 하고 ㅎ이 탈락되기도 한다. 즉 'ㅎ+평음'의 연쇄에서는 유기음화가 일어나지만 '평음+ㅎ'의 연쇄에서는 ㅎ이 탈락된다. 이 방언에서 공시적으로 일어나는 폐쇄음 뒤 ㅎ 탈락의 예는 다음과 같다.

(45) 밥아구(밥+-하구, 食), 퐉아구(퐉+-하구, 赤豆), 젇아구(젖+-하구, 乳),
온아구(옷+-하구, 衣), 솓아구(솥+-하구, 鼎)

이 방언의 곡용과 활용에서의 폐쇄음 뒤 ㅎ 탈락은 (45)와 같은 체언과 조사의 결합에서만 나타난다. 이 방언에 ㅎ으로 시작되는 어미가 없기 때문에 용언의 활용에서는 ㅎ의 탈락을 관찰할 수 없다. 이는 ㅎ으로 시작되는 어미가 없기 때문에 나타나는 우연한 현상일 뿐이다. 이 때 음성적으로는 h의 탈락이 아닌 유성음화로 볼 수도 있다. 실제로 (45)의 예들은 음성적으로는 [paβɦgu], [p^{h}aɣɦagu], [ʧədɦagu], [odɦagu], [sodɦagu]와 같이 폐쇄음과 ㅎ 모두 유성음으로 실현된다. 이러한 현상에는 유기음화를 회피하여 체언과 조사의 원래 형태를 유지하기 위한 노력이 반영된 것으로 보인다. 이 예에서 조사 '-하구'는 용언 '하-'와 밀접한 관련을 맺고 있다. 따라서 비록 조사로 사용되기는 하나 용언 어간으로서의 인식이 강하기 때문에 체언말음의 평폐쇄음과 축약되기보다는 약화가 일어나는 것으로 보인다.32)

이상을 종합해 보면 의주방언에서 나타나는 폐쇄음 뒤의 ㅎ 탈락은 다소 불규칙하게 나타남을 알 수 있다. 음운론적 환경이 동일하더라도 형태론적 조건에 달리 나타난다. 또한 파생의 경우에는 접사의 종류에 따라 다르게 나타난다. 따라서 이 방언의 폐쇄음 뒤의 ㅎ 탈락은 음운론적 정보뿐만이 아닌 형태론적 정보까지 필요한 규칙임을 알 수 있다.

5.3.3. ㄹ 탈락

현대 의주방언에서 ㄹ말음 어간과 치음으로 시작되는 어미가 결합될 때 ㄹ이 탈락되는 현상이 있다. 곡용과 활용에서 ㄹ이 탈락되는 예는 다음과 같다.

(46a) 드는(들-+-는, cf. 들어라, 擧), 우:는(울:-+-는, cf. 울어라, 泣)

b) 부:니꺼니(불:-+-으니꺼니, cf. 불어라, 吹), 거:니꺼니(걸:-+-으니꺼니, cf. 걸어라, 掛), 어:니꺼니(얼:-+-으니꺼니, cf. 얼어두, 凍)

c) 아:시니꺼니(알:-+-으시니꺼니, cf. 알아두, 知), 사:신다(살:-+-으신다, cf. 살아두, 生)

d) 알:디(알:-+-디, 知), 사:디(살:-+-디, 生)

---

32) 이에 대해 보다 정확한 논의를 하기 위해서는 충청방언이나 서남방언에서 나타나는 같은 현상에 대해서도 설명해야 한다. 충청방언에서는 '-하구, -한티, -할라, -할차' 등의 ㅎ으로 시작되는 조사는 모두 이 방언과 같은 양상을 보인다. 이 조사들이 용언 '하-'에서 기원한 것인지가 분명히 밝혀진다면 같은 맥락에서 논의할 수 있을 것이다.

(46a)는 ㄹ말음 어간과 ㄴ으로 시작되는 어미가 직접 결합되는 경우로서 어간의 ㄹ이 탈락된다. (46b)는 어미의 '-으'가 ㄹ 뒤에서 탈락된 후 ㄹㄴ의 연쇄에서 ㄹ이 탈락되는 것을 보여준다. (46c)는 '-으시'와 결합될 때 어미초의 '-으'와 어간말의 ㄹ이 탈락됨을 보여준다. 그러나 (46d)의 경우는 ㄹ이 치음으로 시작되는 자음과 결합되더라도 ㄹ이 탈락되지 않는다. (46)에서 보이는 양상은 이 방언에서 유음탈락 규칙이 축소되어 가고 있음을 보여준다.

유음탈락은 활용에서만 나타난다. 곡용에서는 ㄹ말음 체언과 ㄴ으로 끝나는 조사가 직접적으로 결합하는 일도 없고, ㄹ말음 체언과 '-으'로 시작되는 조사가 결합될 때 '-으'가 탈락되는 일도 없다. 따라서 곡용에서는 유음탈락이 일어나지 않는다.

*Corean Primer*에서도 유음탈락을 확인할 수 있는데 구체적인 예는 다음과 같다.

(47a) 아너니 anuni(코5-6, 知)
b) 아디 adi(코5-6, 知), 끌디 gúldi(코11-42, 引)
cf. 날디 naldi(코9-24, 飛), 멀디 muldi(코11-15, 遠)
c) 달으시 darushi(코19-10, 計), 걸으시 gurushi(코5-18, 掛), 믠들으시 mendurushi(코7-10, 造)

(47)에서 확인할 수 있듯이 *Corean Primer*의 유음탈락 양상도 현대 의주방언과 크게 다르지 않다. (47a)는 ㄴ으로 시작되는 어미 앞에서 ㄹ이 탈락됨을 보여준다. (47b)는 어미 '-디'와 결합될 때의 예인데 어간말의 ㄹ이 탈락되기도 하고 유지되기도 한다. 현대 의주방언에서는 이 환경에서 ㄹ이 탈락되는 일이 드문 점을 고려하면 유음탈락은 그 규칙의 적용 영역이 점점 좁아지고 있음을 알 수 있다. (47c)와 같은 환경에서는 유음

탈락이 확인되지 않는 것으로 볼 수 있다. 그런데 (47c)의 어미는 주체존대 선어말어미 '-으시'이고 (47c)의 어미는 평대명령법 종결어미 '-으시'이다(최명옥 1985a:74).[33] 따라서 이 경우는 어미의 종류가 다르기 때문에 유음탈락의 양상이 다르게 나타나는 것이다.

파생과 합성에서의 유음탈락은 차떡(찰+떡, 찰떡), 부싼지(불+산지, 부삽)' 정도가 확인된다. 즉 합성에서 음절말의 ㄹ이 치음 앞에서 탈락되는 경우가 있었다. 그러나 이러한 ㄹ탈락은 필수적인 것은 아니다.

*Corean Primer*에는 형태소 내부뿐만 아니라 형태소 경계에서도 ㄹㄹ 연쇄를 가진 듯한 표기가 많이 나타나는데 그 구체적인 예는 다음과 같다.

(48a) 솔리를 sorrirul(코5-4, 聲), 소리 sori(코25-11, 聲), 석갈리를 suggarrerul (코7-16, 椽), 풀리 poorri(코8-12, 草), 올리 orri(코9-24, 鴨), 걸리여 gurriyu(코13-9, 道), 거려 guryu(코15-20, 道), 헐리도 hurrido(코24-20, 腰), 날리 narri(코23-11, 日)

b) 길리 girrinun(코7-1, 長)

c) 설러스니 surrusuni(코4-10, 未熟), 설러라 surrura(코4-13, 斷), 잘레갓넌 dsa*rr*êghannun(코4-17, 充), 스러라 surrura(코4-19, 掃), 허놀라고 hanurragho(코5-2, 爲), 열러라 yurrura(코6-15, 開), 두르시 durrushi(코7-14, 入)

현대 의주방언과 비교했을 때 (48)의 예들에서만 ㄹ이 중복되어 표기된 이유를 알기 어렵다. 특히 (48a)처럼 단일어 형태소 내부에서조차 ㄹ이 중복되는 이유를 알기 어렵고, '솔리 vs. 소리'와 같이 혼란스런 표기가 나타난다는 면에서 이해하기 어렵다. (48b, c)도 파생과 활용에서의

---

33) *Corean Primer*에서는 주체존대 선어말어미 '-으시'가 쓰인 예를 확인할 수 없다.

예인데 여기에서도 ㄹ이 중복될 이유를 찾기 어렵다. 따라서 현재로서는 (48)의 예들은 유음탈락과는 관계없는, 잘못된 표기로 볼 수밖에 없다.

5.3.4. 어간말 '으' 탈락

현대 의주방언의 활용에서 어간말 '으' 탈락을 확인할 수 있는 예는 다음과 같다.

(51a) 꺼서(끄-+-어서, cf. 끄구, 끄문, 消), 써두(쓰-+-어두, cf. 쓰구, 쓰문, 苦), 커서(크-+-어서, cf. 크구, 크문, 巨), 떠서(뜨-+-어서, cf. 뜨구, 뜨문, 浮), 터서(트-+-어서, cf. 트구, 트문, 龜)

b) 장가서(장그-+-아서, cf. 장그구, 장그문, 閉), 당가서(당그-+-아서, cf. 당그구, 당그문, 沈), 따라서(따르-+-아서, cf. 따르구, 따르문, 從), 모아서(모으-+-아서, cf. 모으구, 모으문, 集)

c) 퍼서(푸-+-어서, cf. 푸구, 푸문, 注), 아파서(아푸-+-아서, cf. 아푸구, 아푸문, 痛), 기뻐두(기뿌-+-어서, cf. 기뿌구, 기뿌문, 喜)

(49a)는 1음절 어간이고 (49b)는 2음절 어간인데 어간의 음절수에 상관없이 모두 어간말모음 '으'가 탈락된다. 그런데 (49c)는 김성규(1989)에서 지적되었듯이 표면적으로는 어간말모음 '우'인데도 말모음 탈락이 관찰된다. 즉, (49c)의 용언 모두는 기원적으로 '프-, 아프-, 기쁘-'였다가 순음 뒤 모음 '으'가 '우'로 되는 변화를 입었다. 따라서 현대 의주방언에서 이 용언의 기저형은 모두 말모음으로 '우'를 가지고 있다. 그럼에도 불구하고 활용은 '으' 말음 어간의 그것과 동일하게 나타난다.

*Corean Primer*에서도 어간말 '으' 탈락은 현대 의주방언과 동일한 양상으로 나타난다.

(52a) 써 주시súdsooshi(코1-14, 書), 커서 kusu(코16-12, 大)

b) 커디 kudi(코12-17, 大), 크야 kuya(코10-9, 大)

(50a)는 현대 의주방언과 마찬가지로 어간 말모음 '으'가 탈락된다. 그런데 (50b)는 다소 문제가 있다. '커디'는 '크-+-디'로 분석되는데 이것이 '커디'로 나타나야 할 이유는 없다. 반면에 '크야'는 '크-+-어야'로 분석되는데 이 때는 '커야'로 나타나야 한다. 이는 표기상의 혼란이지 실제의 활용형은 아닌 것으로 보인다. *Corean Primer*에서는 '어'와 '오'를 모두 *u*로 전사하면서 두 모음이 혼란스럽게 표기한 경우가 많은데 이 예도 그러한 혼란이 반영된 것으로 보인다.

그런데 곡용에서는 어간 말모음 '으'의 탈락이 발견되지 않는다. 곡용에서 모음충돌이 일어나려면 개음절 어간에 모음으로 시작되는 어미가 결합되어야 하는데 개음절 어간이든 폐음절 어간이든 교체를 보이지 않고 단일하게 결합되는 조사로는 처격조사 '-에'가 있다.34) 의주방언에서 '으' 말음 개음절 체언인 '빠:쓰(bus)'가 처격조사 '-에'가 결합되더라도 '*빠:쎄'가 되는 일은 없고 항상 '빠:쓰에'로 나타난다.

활용과 곡용에서 어간말모음 '-으'의 탈락 양상이 다르게 나타나는 것은 이 규칙이 형태론적 정보가 필요한 규칙임을 의미한다. 명사는 자립성이 있어 본래의 형태를 유지하려는 경향이 강하지만 용언은 자립성이 없이 늘 어미와 결합된 채로만 존재하고 형태의 변화를 입는 경향이 강하다. 어간의 이러한 자립성 여부에 따라 곡용과 활용에서의 '으' 탈락 양상이 다르게 나타나고 있는 것이다.

---

34) 주격조사 '-이', 계사 '-이-' 등도 모음으로 시작되는 조사이지만 개음절 체언에는 주격조사 '-가'가 결합되므로 모음충돌이 생기지 않는다. 또한 계사 '-이-'는 개음절 어간과 결합될 때 수의적으로 탈락되므로 '으'말음 개음절 체언과 결합될 때도 계사 '-이-'가 탈락된다.

5.3.5. 어미초 '으' 탈락[35)]

이 방언에서 어미초 '으' 탈락을 확인할 수 있는 예는 다음과 같다.

(53a) 자러(자-+-으러, 宿), 꼬러(꼬-+-으러, 紡), 꾸니꺼니(꾸-+-으니꺼니, 夢), 퓌니꺼니(퓌-+-으니꺼니, 開花), 티라구(티-+-으라구, 打), 퉤라구(퉤-+-라구, 計), 깨:문(깨-+-으문, 破), 헤:문(헤:-+-으문, 算), 갈(가-+-을, 去), 바꾸니꺼니(바꾸-+-으니꺼니, 換)

cf. 막으러(막-+-으러, 防), 막으니꺼니(막-+-으니꺼니), 막으라구(막-+-으라구), 막으문(막-+-으문), 막을(막-+-을)

b) 살:문(살:-+-으문, 生), 날문(날-+-으문, 飛)

cf. 먹으문(먹-+-으문)

b) 뒤:루(뒤:+-으루, 後), 자루(자+-으루, 尺), 귀루(귀+-으루, 耳)

(51)에서 보듯이 이 방언에서는 곡용과 활용 모두에서 어미초 '-으'의 탈락이 확인된다.[36)] (51a)는 현대 의주방언의 활용에서 개음절 어간과

---

35) 소위 매개모음 어미를 어떻게 설정하느냐에 따라 이 현상은 탈락으로 기술될 수도 있고 첨가로 기술될 수도 있다. 전통적으로는 '-으X'를 기저형으로 삼아 '으'가 탈락되는 것으로 보았으나 강창석(1982)는 '으' 탈락규칙의 자연성을 의심하며 기저형을 '으'가 없는 형태로 잡고 '으'가 첨가되는 것으로 보기도 했다. 그러나 '으' 첨가규칙은 더 많은 문제점이 있음이 지적되었다(배주채 1993, 1998). 배주채(1998)에서는 '-으X'와 '-X' 모두를 기저형으로 설정하고 선택규칙으로 설명하고 있다. 이 책에서는 전통적인 방식대로 '-으X'를 기저형으로 설정하고 탈락규칙으로 기술하고자 한다.

36) ㅎ말음 용언의 활용에서도 어미초 '으'가 탈락될 수 있는 환경이 조성되나 이 때는 어미초 '으'의 탈락이 일어나지 않는다. '노:니꺼니(놓-+으니까, 置), 싸:니꺼니(쌓-+-으니까, 産)' 등의 활용에서 모음간 ㅎ이 탈락되면 모음충돌이 발생한다. 그러나 기저에 단모음이었던 것이 표면에 장모음으로 실현되는 것으로 보아 이 때는 어미초 모음 '-으'가 탈락되는 것이 아니라 어간 말모음에 완전순행동화 되는 것으로 보는 것이 합당하다. 배주채(1998:96)에서도 이와 같은 환경에서 ㅎ탈락, '으'의 동화, 동모음축약이 연속적으로 일어나는 것으로 보았다.

'으'로 시작되는 어미가 결합될 때 어미의 '-으'가 탈락됨을 보여 준다 (5b)는 ㄹ말음 어간 뒤에서 어미초의 '-으'가 탈락됨을 보여준다. (51c)는 곡용에서 개음절 체언과 '으'로 시작되는 조사가 결합될 때 조사의 '-으'가 탈락됨을 보여준다.

*Corean Primer*에서도 현대 의주방언과 동일한 양상이 나타난다.

(53a) 곤하니 gonhani(코6-7, 困), 차니 tsani(코6-9, 冷), 보니 boni(코12-16), 디니면 dinemiun(코11-32, 過), 찌면 jímiun(코11-65, 干潮), 보면 bomiun(코15-2, 視), 오면 omiun(코22-16, 來), 크면 kumiun(코23-3), 되시 doishi(코17-17, 計)

cf. 니러안즈시 niruandsushi(코15-19, 起), 안으니 anuni(코14-8, 不), 시느니 shinuni(코24-12, 履), 마트니 matuni(코25-27, 嗅)

b) 마시 mashi(코8-17, 莫)

cf. 민들으시(코7-10, 作), 달으시 darushi(코19-10, 測)

c) 진세로 jinshêro(코1-15, 眞書), 어디로조차 udirodsotsa(코11-20, 何處), 어디로 udiro(코15-1, 何方)

cf. 언역으로 unyughuro(코1-16, 諺譯), 흘그로 hulguro(코7-5, 土)

(52a)는 개음절 어간 뒤에서 어미초 '-으'가 탈락됨을 보여준다. (52b)는 ㄹ말음 어간 뒤에서의 예인데 '말-(莫)'에서는 ㄹ과 '-으' 모두가 탈락되고 그 이외의 어간 뒤에서는 '-으'가 탈락되지 않는다(최명옥 1985b:737). (54c)는 곡용의 경우로서 현대 의주방언과 동일하다.

5.3.6. 어미초 '아/어' 탈락

국어의 부사형어미 '아/어'는 개음절 어간과 결합될 때 수의적으로 탈락된다. 의주방언에서도 이러한 양상은 동일하게 나타난다.[37]

(53a) 세서(세-+-어서, cf. 세구, 세문, 立), 헤:서(헤:-+-어서, cf. 헤:구, 헤:문, 算), 베:서(베:-+-어서, cf. 베:구, 베:문, 斬), 메:서(메:-+-어서, cf. 메:구, 메:문, 負)

b) 패서(패-+-어서, 打), 깨:서(깨-+-어서, 破), 재:서(재:-어서, 測), 새:서(새:-+-어서, 漏)

c) '어'말음 개음절 어간 없음

cf. 적어서(적-+-엇, 記), 섞어서(섞-+-어서, 混), 덮어서(덮-+-어서, 覆)

d) 자서(자-+-아서, 宿), 짜서(짜-+-아서, 鹽), 사서(사-+-아서, 買)

cf. 작아서(작-+-아서, 小), 막아서(막-+-아서, 防), 삭아서(삭-+-아서, 蝕)

f) 돼서(돼-+-어서, 計量)

이 방언에서 부사형어미의 '아/어'는 말모음이 '에, 애, 어, 아'인 개음절 어간 뒤와 말모음이 이중모음 '웨'인 개음절 어간 뒤에서 탈락된다. '어, 아' 어간 뒤에서는 항상 탈락이 일어나고, 격식체에서는 '에, 애, 웨' 어간 뒤에서 탈락이 일어나지 않는 경우도 있다.[38)]

(53a, b, f)는 부사형어미의 '아/어'가 무조건적으로 탈락한 것이 아닌 어간 말모음에 부사형어미가 완전순행동화된 후 동일모음축약이 일어났다고 볼 수도 있다(최명옥 1982, 배주채 1998). 그러나 적어도 이 방언의 '세-(立), 패-(打), 돼-(計量)'의 활용양상을 살펴보면 완전순행동화가 아닌 부사형어미의 '아/어' 탈락으로 보는 것이 합리적일 수 있다. (53a,

---

37) (53d)의 경우는 어간 말모음 '아'가 탈락된 것인지 어미초의 '-어'가 탈락된 것인지 분간하기 어렵다. 성조가 있는 방언에서는 성조의 실현 양상으로 어간말모음 '아'가 탈락된 것으로보기도 한다(정인상 1982, 곽충구 1994). 또한 ㅎ말음 용언의 활용 양상을 통해 어간 말모음이 탈락된 것으로 보기도 한다(배주채 1998). 그러나 이 방언의 '아'말음 개음절 어간의 활용양상만으로는 어느 쪽의 모음이 탈락되는지 파악하기 어렵다.

38) 이는 중부방언에서도 유사한 양상으로 나타나는 현상이다. 이 모음이 기원적으로는 하향이중모음이었다가 단모음화 된 것이어서 이러한 양상이 나타나는 것으로 보인다.

b, f)에서 완전순행동화가 일어났다면 모두 표면에 장음으로 나타나야 한다. 그런데 실제 활용형을 살펴보면 기저에서 장모음을 가지고 있던 용언은 장모음으로 실현되고 단모음을 가지고 있었던 용언은 단모음으로 실현되고 있다. 기저형 자체가 단모음인 '세-(立), 패-(打), 돼-(計量)'에서는 부사형어미 '-아/어'와 결합되었을 때에도 단모음으로 실현된다는 것은 부사형어미의 '아/어' 탈락이 일어났을 뿐 완전순행동화 과정은 일어나지 않았다는 것을 의미한다.

*Corean Primer*에서도 부사형어미의 '아/어' 탈락을 확인할 수 있는데 그 예는 다음과 같다.

(54a) 가서 gashu(코12-33, 去), 사서 sasu(코14-35, 買)
  b) 되야넌야 doiyanunya(코4-5, 化), 되엿슴메 doeyussummê(코4-6, 化)

(54a)는 단모음 개음절 어간 뒤에서 부사형어미의 '아/어'가 탈락됨을 보여준다. (54b)는 '외'말음 어간으로서 '외'의 단모음화 여부에 대해 시사하는 바가 크다. 기원적으로 하향이중모음 이었던 '외[oy]'는 현대 의주방언에서는 이중모음 '왜[wɛ]'로 바뀌었다. 그러나 (54b)는 *Corean Primer* 당시에는 '외'가 [ö]였음을 보여준다. '외'가 단모음 [ö]인 방언에서는 부사형어미 '-아/어'의 탈락은 일어나지 않고 어간이 활음화된 후 축약되거나 y가 삽입되는데 (54b)는 그러한 양상을 보여준다.

5.3.7. 어미초 '이' 탈락

국어 계사의 '이'는 개음절 체언 뒤에서는 탈락된다. 이 방언에서도 이러한 양상은 동일하게 나타난다.

(55a) 선스나라구(선스나+-이라구, 男兒), 함자라구(함자+-이라구, 獨), 서이다(서이+-이다, 三), 형데라구(형데+-이라구, 兄弟), 메사구라구(메사구+-이라구, 메기)

cf. 책이라구(冊), 산이라구(山)

b) 탕내이래(탕내이+-이래, 顎), 그따우 꺼래(거+-이래, 것), 광:이래(광:이+-이래, 猫),

cf. 닭이래(닭+-이래, 鷄), 책이래(책+-이래, 書)

(55a)는 개음절 체언 뒤에서 계사의 '이'가 탈락됨을 보여준다. 말모음의 종류와 상관없이 개음절 어간 뒤에서는 모두 계사의 '이'가 탈락된다. (55b)는 이 방언에 나타나는 독특한 조사인 '-이래'의 곡용에서의 예이다. 비록 '-이래'가 현재에는 주격 또는 대격을 나타내는 조사로 쓰이지만 기원적으로는 계사 '-이'에서 유래했음을 보여준다.

*Corean Primer*에도 계사의 '이' 탈락은 동일한 양상으로 나타난다.

(56a) 니웨 niwê(코12-20, 齒), 친고웨 chingowê(코5-12)

cf. 세 분이웨 shêbooniwê(코5-5, 人), 콩이웨(코12-30), 즈름길이웨 dsurumgiriwê(코14-34)

b) 왕기웨 wanggewê(코14-14, 王哥)

(56a)는 계사 '-이'와 평대 서술종결어미 '-웨'가 결합된 '-이웨'에서 계사의 '이'가 탈락되는 예를 보여준다.[39] (56b)는 계사의 '이'가 탈락되는 대신 y로 실현되는 듯한 양상을 보여준다. 즉 '왕ㄱ+-이웨'의 결합에서 '왕ㄱ웨'로 나타나야 할 것이 '왕기웨'로 나타나고 있는 것이다. 이러

39) *Corean Primer*의 문서술어는 최명옥(1985a)에서 자세히 분석되어 있다. 같은 평대 서술종결어미 '-이워니'에서도 계사 '-이'의 탈락이 일어날 수 있으나 *Corean Primer*에는 개음절 체언과 결합된 예가 없다.

한 변화를 거치더라도 모음충돌은 회피되지만 이 당시에 계사 '-이'나 주격조사 '-이'가 이러한 곡용형을 보여주었을지는 의문이다. 비록 (56b)와 같이 나타나는 예가 있기는 하지만 (56a)의 경우가 일반적이어서 *Corean Primer* 당시에도 계사의 '이' 탈락은 현재와 같은 양상으로 적용되었음을 알 수 있다.

5.4. 축약

국어에서 자음의 축약은 ㅎ과 평음이 만나 유기음으로 바뀔 때 나타난다. 즉, ㅎ의 전후로 평음이 놓이게 되면 유기음으로 바뀌는 변화가 일어나는 것이다. 그런데 이 방언의 곡용과 활용에서는 폐쇄음이 앞에 놓이는 경우의 유기음화는 나타나지 않는다. 이 경우에는 ㅎ의 약화나 탈락이 일어나기 때문이다. 따라서 곡용과 활용에서 유기음화를 발견할 수 있는 경우는 ㅎ말음 어간이 평음으로 시작되는 어미와 결합될 때밖에 없다. 의주방언에서 ㅎ과 자음의 축약을 확인할 수 있는 예는 다음과 같다.

(57a) 니:티요(넣:-+-디요 cf. 네:서, 添), 도:티(돟:-+-디 cf. 도와서, 好), 나쿠(낳-+-구 cf. 나:서, 産), 따터라(땋-+-더라 cf. 따:서, 辮), 망:쿠(많:-+-구 cf. 만아서, 多), 끌티(끓-+-디 cf. 끌어서, 沸), 귀티안터라(귀티않-+-더라 cf. 귀티안아서, 不便), 힐쿠(힗-+-구 cf. 힐어서, 失), 띠터라(띻-+-더라 cf. 띠어서, 搗), 골터라(곯-+-더라 cf. 골아서, 飢)

b) 살과(살+-과, 肉), 하늘두(하늘+-두, 天)

cf. 아낙과[40] 배캔(內外)

---

40) '안ㅎ(內)'은 현재 이 방언에서 '아낙'으로 나타난다. 이는 '안ㅎ'에 접사 '-악'이 붙은 후 ㅎ이 탈락되어 형성된 것으로 보인다.

(58a) 슬타 sulta(코1-10, 厭), 도타 dota(코4-1, 好), 됴티 안타 dioti anta(코7-3, 不好), 만쿠 만타 mankoomanta(코8-12, 多), 누러코 nooruko(코31-2), 안캇슴메 ankassummê(코15-15)

b) 코이 koi(코25-27, 鼻)

(57a)에서 보듯이 'ㅎ+평장애음'의 구개음화는 용언의 활용에서만 발견된다. (57b)에서 보듯이 현대 의주방언에는 ㅎ을 말음으로 가지는 체언이 없기 때문에 유기음화가 일어날 환경이 조성되지 않는다. (58)은 *Corean Primer*의 예로서 현대 의주방언과 동일하다.

의주방언에서의 유기음화는 자음과 ㅎ의 순서에 따라 달리 나타나는 음운과정이다. 중부방언에서는 두 자음의 순서와는 관계없이 유기음화가 일어나나 이 방언에서는 ㅎ이 뒤에 놓이게 될 경우에는 형태론적 제약을 많이 받는다. 이는 폐쇄음 뒤 ㅎ의 탈락과 관련하여 이 방언에 나타나는 독특한 현상이다.

6. 결론

이상에서 서북방언의 한 하위방언인 의주방언의 음운체계와 음운현상에 대해 알아보았다. 의주지역 현지조사가 불가능한 여건상 중국 단동지역에 살고 있는 화자를 대상으로 했지만 국어음운론 연구의 대상과 범위를 서북 방언의 한 하위방언인 의주 방언으로 넓혔다는 점에서 이 책의 의의를 찾을 수 있다. 또한 짧은 기간 동안이지만 19세기 후기와 현대의 의주방언을 비교·대조하여 변화의 양상을 살펴보았다는 데에서도 이 책의 의의를 찾을 수 있다.

국어음운론 연구는 개별 방언에 대한 귀납을 통해 이루어질 수 있다. 국어의 하위 방언인 각 방언의 음운체계와 음운현상이 명확하게 연구되었을 때 비로소 국어 전체를 대상으로 한 국어음운론 연구가 가능하기 때문이다. 이제까지 개별 방언을 대상으로 한 국어음운론 연구는 국어의 실체를 밝혀주는 데 많은 기여를 했지만 그 대상이 한반도 남쪽에만 한정되었다는 아쉬움이 있었다. 또한 자료의 부족으로 개별 방언의 역사적 변화에 관심을 가지지 못했다. 따라서 중국 단동 지역에 살고 있는 화자의 현대 평안북도 의주방언과 19세기 후기의 의주방언을 바탕으로 한 이 연구는 국어음운론의 연구대상을 공간적으로나 시간적으로 확대하여 국어음운론의 실체에 보다 접근할 수 있는 과정이 될 수 있을 것이다.

이 연구의 결론은 이상의 논의를 요약하고 앞으로 남은 과제를 덧붙이는 것으로 대신하고자 한다.

6.1. 음운체계

2장에서는 이 방언의 음운체계와 음운체계의 변화에 대해서 논의하였다. 이 방언의 음운체계 및 19세기 후기 이후 자음체계의 변화 양상은 다음과 같다.

먼저 자음체계와 그 변화를 보이면 자음과 같다.

(1a) 19세기 후기 의주방언의 자음체계

			양순음	치음	치조음	연구개음	성문음
장애음	파열음	평 음	ㅂ p	ㄷ t		ㄱ k	
		경 음	ㅃ p'	ㄸ t'		ㄲ k'	
		유기음	ㅍ p^h	ㅌ t^h		ㅋ k^h	ㆆ
	마찰음	평 음		ㅅ s			ㅎ h
		경 음		ㅆ s'			
	파찰음	평 음			ㅈ ʧ		
		경 음			ㅉ ʧ'		
		유기음			ㅊ $ʧ^h$		
공명음	비	음	ㅁ m	ㄴ n		ㅇ ŋ	
	유	음		ㄹ r			

b) 현대 의주방언의 자음체계

			양순음	치음	경구개음	연구개음	성문음
장애음	파열음	평 음	ㅂ p	ㄷ t		ㄱ k	
		경 음	ㅃ p'	ㄸ t'		ㄲ k'	
		유기음	ㅍ p^h	ㅌ t^h		ㅋ k^h	ㆆ
	마찰음	평 음		ㅅ s			ㅎ h
		경 음		ㅆ s'			
	파찰음	평 음			ㅈ ʧ		
		경 음			ㅉ ʧ'		
		유기음			ㅊ $ʧ^h$		
공명음	비	음	ㅁ m	ㄴ n		ㅇ ŋ	
	유	음		ㄹ r			

의주방언의 자음체계는 중부방언의 자음체계와 크게 다르지 않다. 이 방언의 자음은 숫자나 체계는 중부방언과 같다. 이 방언의 음성적 특징으로는 치음 계열의 조음위치가 중부방언보다 앞쪽이라는 것을 들 수 있다.

그런데 서북방언 전체와 비교해 보았을 때 파찰음 ㅈ, ㅉ, ㅊ이 치조위치가 아닌 경구개 위치에서 조음된다는 사실이 특징적이다. 이 방언의 ㅈ, ㅉ, ㅊ도 다른 서북방언과 마찬가지로 치조음이었으나 19세기 후기 이후 조음위치의 변화가 나타났다. 비록 이 방언의 ㅈ의 조음위치 변화가 중부방언에 비해 늦었지만 변화의 기제는 같았다. ㅅ은 ㅈ, ㅉ, ㅊ과 같은 변화를 보였지만 조음위치까지 변화되지는 않았다.

다음으로 모음체계와 그 변화를 보이면 다음과 같다.

(2a) 19세기 후기 의주방언의 이중모음체계 c) 현대 의주방언의 이중모음체계

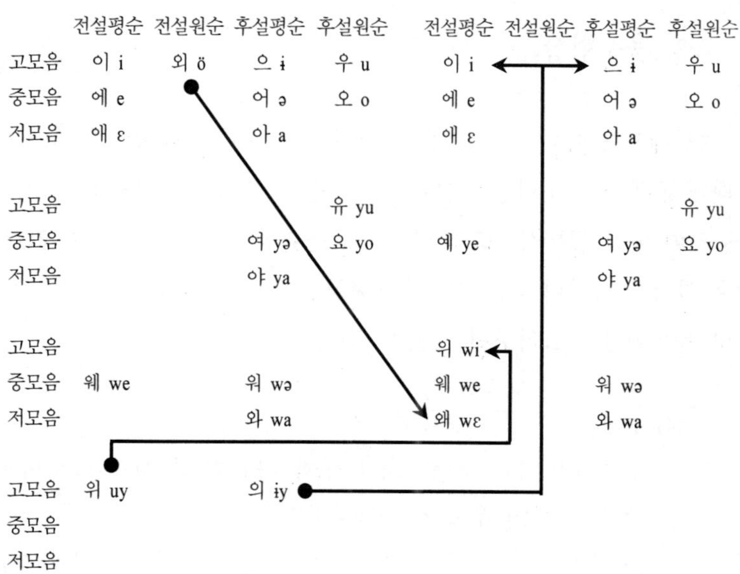

(3a) 활음체계(19세기 후기 이후 변화 없음)

전설평순	후설원순
y	w

현대 의주방언의 모음체계를 살펴보았을 때 전설원순 계열이 없는 것을 제외하고는 중부방언의 모음체계와 큰 차이가 없다. 19세기 후기에 '외'는 단모음이었으나 현대에는 이중모음 '왜'로 바뀌었다. 19세기 후기에 하향이중모음이었던 '위[uy]'는 현대에는 상향이중모음 '위[wi]'로 되었으며 최근에 들어 전설원순 단모음 [ü]로 발음되는 예가 나타나고 있다. 19세기 후기에 존재했던 하향이중모음 '의'는 현대 의주방언에 나타나지 않는다. 그리고 최근에 들어 '어'와 '오'의 합류가 일어나고 있어 두 모음이 음성적으로 잘 구별되지 않는 현상이 나타나고 있다.

6.2. 음운현상

3장에서 5장까지는 형태론적 환경별로 나누어 이 방언의 음운현상에 대해 논했다. 음운현상은 교체, 첨가, 탈락, 축약으로 나누어 논했는데 각 환경에 따라 공통적으로 나타나는 음운현상도 있고 나타나지 않거나 다른 양상을 보이며 나타나는 음운현상도 있다. 이상에서 논의된 이 방언의 음운현상을 요약하면 다음과 같다.

(4) 교체

a) 형태소 내부 : 자음동화(양순음화, 연구개음화), 어두 ㄹ의 변화, 원순모음화, 움라우트, 전설고모음화

b) 파생과 합성 : 자음동화(비음화, 유음화, 양순음화, 연구개음화), 평폐쇄음화, 경음화, 원순모음화, 움라우트

c) 곡용과 활용 : 자음동화(비음화, 유음화, 양순음화, 연구개음화), 평폐쇄음화, 경음화, 원순모음화, 움라우트

자음동화 중 비음화와 유음화는 파생과 합성 및 곡용과 활용에서는 발견되지만 형태소 내부에서는 발견되지 않는다. 비음화와 유음화가 적용되기 이전의 상태를 반영한 문헌이 없기 때문에 형태소 내부에서 비음화와 유음화가 일어났는지의 여부를 확인할 수 없다. 그러나 다른 환경에서의 비음화와 유음화를 통해 형태소 내부에서의 비음화와 유음화를 유추할 수 있다. 형태소 내부에서는 평폐쇄음화도 확인할 수 없다. 형태소 내부에서 이러한 음운현상이 발견되지 않는 것은 이전 단계의 모든 어형에 이 규칙이 적용되었기 때문이다. 이는 국어의 다른 방언에서도 마찬가지이다.

(5) 첨가

a) 형태소 내부 : 없음

b) 파생과 합성 : 없음

c) 곡용과 활용 : 활음첨가(y 첨가, w 첨가)

음운현상 중 첨가는 그리 활발히 나타나지 않는다. 자음이나 모음이 첨가되는 경우는 없고 곡용이나 활용시 모음 연쇄가 발생했을 때 모음충돌을 회피하기 위하여 활음이 첨가되는 예만 발견된다. 다른 음운현상은 다른 방언과 큰 차이가 없다.

(6) 탈락

a) 형태소 내부 : ㅎ 탈락, 활음 탈락

b) 파생과 합성 : 자음군단순화, ㅎ 탈락

c) 곡용과 활용 : ㅎ 탈락, ㄹ 탈락, 어간말 '으' 탈락, 어미초 '으' 탈락,

어미초 '아/어' 탈락, 어미초 '이' 탈락

(7) 축약

a) 형태소 내부 : 없음

b) 파생과 합성 : 폐쇄음화 ㅎ의 축약, ㅎ과 평장애음의 축약

c) 곡용과 활용 : ㅎ과 평장애음의 축약

중부방언과 비교해 보았을 때 이 방언에서 특징적인 것은 ㅎ 탈락과 유기음화의 양상이다. 중부방언에서는 유기음화가 일어나는 환경에서도 이 방언에서는 유기음화 대신 ㅎ의 탈락이 나타난다.

서북방언의 특징 중 하나는 구개음화가 없다는 것이다. 이 방언도 다른 서북방언과 마찬가지로 구개음화는 전혀 나타나지 않는다. 형태소 내부나 경계를 막론하고 이 방언에서는 구개음화를 발견할 수 없다. 이 방언이 중부방언과 마찬가지로 ㅈ의 조음위치 변화를 겪었지만 형태소 내부에서든 형태소 경계에서든 구개음화가 일어나지 않은 것은 흥미로운 사실이다. 이에 대해서는 보다 정밀한 논의가 필요하다. 그리고 이 방언에서는 치음 계열 자음 뒤의 y계 상향이중모음에서 모두 y의 탈락이 일어난 것도 특징적인데 이러한 변화가 선행됨으로써 '댜, 뎌, 됴, 듀' 등에서 구개음화가 일어나지 않았다.

이 방언을 중부방언과 비교·대조해 보면 상당히 많은 유사점이 발견된다. 인상적으로만 접근했을 때 서북방언은 중부방언과 많은 차이가 있을 것으로 볼 수도 있다. 인상적 판단의 가장 중요한 기준이 되는 것은 서북방언의 ㅈ의 조음위치가 다르다는 것과 이 방언이 통시적 구개음화든 공시적 구개음화든 모두 겪지 않았다는 것이다. 이것이 인상적으로는 큰 차이로 느껴질 수 있으나 음운론적인 관점으로 접근해 보면 그리 큰 차이는 없다. 다른 서북방언과 달리 이 방언은 중부방언과 마찬가지로

ㅈ의 조음위치 변화까지 겪었기 때문에 음운체계상 차이는 없다. 또한 음운과정을 살펴보았을 때에도 이 방언에 구개음화가 없었다는 것을 제외하고는 큰 차이를 발견할 수 없다.

이 책은 국어학의 연구 대상은 자연어이어야 하고, 국어의 실체는 자연어의 실제 모습인 방언에 대한 연구를 통해서만이 밝혀질 수 있다는 전제에서 출발하였다. 그리하여 현실적인 이유로 본격적인 연구를 할 수 없었던 서북방언에 대해 음운론적인 접근을 시도해보았다. 따라서 이 책을 통해 서북방언의 한 하위방언의 모습이 어느 정도는 드러났다고 볼 수 있다. 그러나 여전히 아쉬움으로 남는 것은 현지에서 현재 사용되는 언어를 대상으로 하지 못했다는 것이다. 언젠가는 의주 현지에 대한 직접조사는 물론 서북방언 전체, 나아가 한반도 전체의 방언을 대상으로 한 자유로운 조사와 체계적인 연구가 가능해져 이를 통해 국어의 실체가 밝혀질 수 있기를 기원하며 이 책을 끝맺는다.

참고 문헌

강신항(1983), "치음과 한글표기", 국어학 12, 국어학회.

강창석(1982), "현대국어의 형태소분석과 음운현상", 국어연구 50, 서울대 국어국문학과.

강창석(1985), "곡용과 활용에서의 형태론과 음운론", 울산어문논집 2, 울산대학교 국어국문학과.

고광모(1992), "국어의 음운 변화, syV > sV에 대하여", 논문집(목포대) 13-2.

곽충구(1980), "십팔세기 국어의 음운론적 연구", 국어연구 43, 서울대 국어국문학과.

곽충구(1982), "아산지역어의 이중모음과 이중모음화", 방언 7.

곽충구(1994), "북한 방언에 대한 연구 성과와 과제", 인문과학(경북대) 10.

곽충구(1994), 함북 육진방언의 음운론, 태학사.

곽충구(1995), "중부방언의 성격과 그 특징", 국어 방언연구의 현황과 전망.

곽충구(1996), "국어사 연구와 국어 방언", 이기문 교수 정년퇴임기념논총, 신구문화사.

곽충구(1997), "중국 연변지역의 함북 길주 · 명천방언에 대한 조사 연구", 애산학보 20, 애산학회.

곽충구(1998), "동북 · 서북방언", 문법연구와 자료(이익섭 선생 회갑 기념 논총), 태학사.

곽충구(2003, 근간), "현대국어의 모음체계와 그 변화 방향"

김경아(1990), "활용에서의 기저형설정과 음운현상", 국어연구 94, 서울대 국어국문학과.

김경아(1998), "용언어간말음 'ㅎ'의 교체에 대하여", 언어 23-1, 한국언어학회.

김병제(1959), 조선어 방언학 개요(상), 평양: 과학원출판사.

김병제(1965), 조선어 방언학 개요(중), 평양: 사회과학원출판사.

김병제(1975), 조선어 방언학 개요(하), 평양: 사회과학원출판사.

김병제(1980), 방언사전, 평양: 과학 · 백과사전출판사.

김봉국(2000), "강릉 · 삼척 지역어의 활음화", 한국문화 26, 서울대 한국문화연구소.

김봉국(2002), "강원도 남부지역 방언 어간말자음군의 음운론", 국어학 39.

김성규(1987), "어휘소 설정과 음운현상", 국어연구 77, 서울대 국어국문학과.

김성규(1988), "비자동적 교체의 공시적 기술", 관악어문연구 13, 서울대 국어국문학과.
김성규(1989), "활용에 있어서의 화석형", 주시경학보 3, 탑출판사.
김양선(1967), Ross Version과 한국 Protestantism, 백산학보 3.
김영배(1977), "평안방언의 음운체계 연구", 한국학연구총서 11(동국대).
김영배(1979), "평안방언과 구개음화, 동악어문논집 6, 동국대.
김영배(1981), "황해도 지역 방언 연구: 음운체계를 중심으로", 국어국문학논문집 11(동국대).
김영배(1982), "ROSS목사의 저작과 평안방언, 한국방언학 2, 한국방언학회.
김영배(1983a), "Corean Primer의 음운과 표기", 동악어문논집 17, 동악어문학회.
김영배(1983b), "Corean Primer의 음운현상", 한글 179, 한글학회.
김영배(1985a), "Corean Primer의 어휘(상)", 정익섭박사화갑기념논문집.
김영배(1985b), "Corean Primer의 어휘(하)", 월촌구수영선생화갑기념논총.
김영배(1992), "평안방언의 연구 현황과 과제", 남북한의 방언연구, 경운출판사.
김영배(1997a), 평안방언연구(증보), 태학사.
김영배(1997b), 평안방언연구(자료편), 태학사.
김영황(1982), 조선어방언학, 평양: 김일성종합대학출판사.
김옥화(1994), "고창방언의 이중모음에 대한 통시적 연구", 국어연구 121, 서울대 국어국문학과.
김옥화(2001), "부안지역어의 음운론적 연구", 서울대 박사학위논문.
김완진(1963), 국어모음체계의 신고찰, 일조각.
김완진(1964), "중세국어 이중모음의 음운론적 해석에 대하여", 학술원논문집(인문사회과학편) 4.
김완진(1971a), "음운현상과 형태론적 제약", 학술원 논문집(인문사회과학편) 10.
김완진(1971b), 국어음운체계의 연구, 서강대학교 인문학연구소.
김완진(1972), "형태론적 현안의 음운론적 극복을 위하여", 동아문화 11, 서울대 동아문화연구소.
김완진(1977), "중세국어성조의 연구", 국어학총서 4, 국어학회.
김이협(1981), 평북방언사전, 한국정신문화연구원.
김정현(1982), "한국의 첫 선교사", 계명대출판부.
김종규(1989), "중세국어 모음의 연결제약과 음운현상", 국어연구 90, 서울대 국어국문학과.

김주필(1985), “구개음화에 대한 통시론적 연구”, 국어연구 68, 서울대 국어국문학과.
김진우(1976), “국어음운론에 있어서의 모음음장의 기능”, 어문연구(충남대) 9.
김현(1997), “15세기 국어 자음연쇄에 대한 연구”, 국어연구 145, 서울대 국어국문학과.
김현(1999), “모음간 w탈락과 w삽입의 역사적 고찰”, 애산학보 23, 애산학회.
김현(2001), “활용형의 재분석에 의한 용언 어간의 재구조화”, 국어학 37, 국어학회.
김형규(1955), 국어학사(하), 백영사.
김형규(1974), 한국방언연구, 서울대학교출판부.
남기심・고영근(1985), 표준국어문법론, 탑출판사.
도수희(1977), “충남방언의 모음변화에 대하여”, 이숭녕선생 고희기념 국어국문학논총.
박창원(1983), “고성지역어의 모음사에 대하여”, 국어연구 54, 서울대 국어국문학과.
박창원(1988), “15세기 국어의 이중모음”, 경남어문논집 1, 경남대 국어국문학과.
방언연구회 편(2001), 방언학 사전, 태학사.
배주채(1989), “음절말자음과 어간말자음의 음운론”, 국어연구 91, 서울대 국어국문학과.
배주채(1991a), “고흥방언 ‘-아’ 활용형의 음운론적 고찰”, 국어학의 새로운 인식과 전개(김완진선생 회갑기념논총), 민음사.
배주채(1991b), “고흥방언의 음장과 음조”, 국어학 21, 국어학회.
배주채(1992), “음절말 평폐쇄음화에 대하여”, 관악어문연구 17, 서울대 국어국문학과.
배주채(1993), “현대국어 매개모음의 연구사”, 주시경학보 11, 탑출판사.
배주채(1996), 국어음운론 개설, 신구문화사.
배주채(1998), 고흥방언의 음운론, 태학사.
백두현(1992), 영남 문헌어의 음운사 연구, 태학사.
소강춘(1990), 방언분화의 음운론적 연구, 한신문화사.
송철의(1982), “국어의 음절문제와 자음의 분포제약에 대하여”, 관악어문연구 7, 서울대 국어국문학과.
송철의(1983), “파생어 형성과 통시성의 문제”, 국어학 12, 국어학회.

송철의(1987), "십오세기 국어의 표기법에 대한 음운론적 고찰", 국어학 16, 국어학회.
송철의(1990), "자음동화", 국어연구 어디까지 왔나(서울대 국어국문학과 국어연구회 편), 동아출판사.
송철의(1991), "국어 음운론에 있어서의 체언과 용언", 국어학의 새로운 인식과 전개(김완진선생 회갑기념논총), 민음사.
송철의(1995), "국어의 활음화와 관련된 몇 문제", 단국어문논집 창간호, 단국대 국어국문학과.
송철의(2000), "형태론과 음운론", 국어학 35, 국어학회.
신홍예(1997), "중국 심양 지역의 평안북도 방언에 대한 음운론적 연구", 덕성여대 석사학위논문.
안병희(1978), "십오세기 국어의 활용어간에 대한 형태론적 연구", 탑출판사.
오종갑(1983), "'야, 여, 요, 유'의 변천", 한국학논집 10, 계명대.
오종갑(1998), "'ㅔ, ㅐ'의 변화와 관련된 영남방언의 특성과 그 전개", 방언학과 국어학(청암 김영태 박사 화갑기념논문집), 태학사.
왕한석(1997), "언어생활", 중국 요녕성 한인동포의 생활문화, 국립민속박물관.
유필재(2001), "서울지역어의 음운론적 연구", 서울대 박사학위논문.
의주군민회(1975), 의주군지, 대한공론사.
이기갑(1986), 전라남도의 언어지리, 국어학총서 11, 탑출판사.
이기문 외(1991), "한국어 방언의 기초적 연구", 학술원논문집(인문사회과학 편) 30.
이기문(1964), "Mongolian Loan-Word in Middle Korean", *Ural-Altiasche Jahrbücher* 35b.
이기문(1972a), 국어음운사연구, 탑출판사.
이기문(1972b), 국어사개설(개정판), 탑출판사.
이병근(1970), "19세기 후기 국어의 모음체계", 학술원논문집 9.
이병근(1973), "동해안방언의 이중모음에 대하여", 진단학보 36, 진단학회.
이병근(1976), "19세기 국어의 모음체계와 모음조화", 국어국문학 72.
이병근(1976), "파생어형성과 i역행동화규칙들", 진단학보 42, 진단학회.
이병근(1977), "자음동화의 제약과 방향", 국어국문학논총(이숭녕선생고희기념).
이병근(1978), "국어의 장모음화와 보상성", 국어학 6, 국어학회.
이병근(1979), 음운현상에 있어서의 제약, 탑출판사.
이병근(1986), "발화에 있어서의 음장", 국어학 15, 국어학회.

이병근 · 송철의 편(1998), 음운 I, 국어학강좌 4, 태학사.
이병근 · 정인호(1999), "중국 조선어 방언 조사-원평북방언을 중심으로", 한반도와 중국 동북 3성의 역사 문화, 서울대학교출판부.
이병근 · 정인호(2003), "중국 심양 조선어의 특징", 한반도와 만주의 역사 문화, 서울대출판부.
이병근 · 최명옥(1997), 국어음운론, 한국방송대학교출판부.
이상규(1995), 방언학, 학연사.
이상신(1998), "VyV연쇄에 대한 통시론적 연구", 국어연구 155, 서울대 국어국문학과.
이승재(1982), "구례지역어의 음운", 국어연구 45.
이익섭(1981), 영동 영서의 언어분화-강원도의 언어지리학, 서울대학교출판부.
이진호(1997), "국어 어간말 자음군과 관련 현상에 대한 통시음운론", 국어연구 147, 서울대 국어국문학과.
이진호(1998), "국어 유음화에 대한 종합적 고찰", 국어학 31, 국어학회.
이진호(2001), "국어 비모음화(鼻母音化)와 관련된 이론적 문제", 국어학 37, 국어학회.
이진호(2002a), "화석화된 활용형에 대하여", 국어국문학 130, 국어국문학회.
이진호(2002b), "음운 교체 양상의 변화와 공시론적 기술", 서울대 국어국문학과 박사학위논문.
이태영(1983), "전북방언의 격조사 연구", 전북대 석사학위논문.
이혁화(1994), "금릉방언의 성조연구", 국어연구 119, 서울대 국어국문학과.
이혁화(2002), "국어 반모음 ɥ의 음성학과 음운론, 어학연구 38-1, 서울대 언어교육원.
임석규(1999), "영주 지역어의 음운론적 연구", 국어연구 160, 서울대 국어국문학과.
임석규(2002), "패러다임을 바탕으로 한 곡용 어간의 재구조화", 형태론 4-1, 박이정.
정승철(1988), "제주도방언의 모음체계와 그에 관련된 음운현상", 국어연구 84, 서울대 국어국문학과.
정승철(1995), 제주도방언의 통시음운론, 태학사.
정승철(1999), "제주방언의 음조와 음조군", 진단학보 88, 진단학회.
정연찬(1991), "현대국어 이중모음 체계를 다시 생각하여 본다", 석정 이승욱선생 회갑기념논총.
정용호(1988), 함경도방언연구, 평양: 교육도서출판사.
정인상(1982), "통영지역어의 용언활용에 대한 음운론적 고찰", 방언 6, 한국정신문화연구원.
정인호(1995), "화순지역어의 음운론적 연구", 국어연구 134, 서울대 국어국문학과.
정인호(1997), "ㅂ 불규칙 용언 어간의 변화에 대하여", 애산학보 20.
채옥자(1999), "중국 연변지역어의 활음화에 대하여", 애산학보 23.
최명옥(1980), 경북동해안방언연구, 영남대학교 출판부.
최명옥(1982), 월성지역어의 음운론, 영남대학교 출판부.
최명옥(1985a), "서북방언의 문서술어에 대한 형태론적 연구", 방언 8. 한국정신문화연구원.
최명옥(1985b), "19세기 후기 서북방언의 음운론", 인문연구 7-4, 영남대.
최명옥(1986), "19세기 후기 서북 방언의 음운 체계", 국어학신연구.
최명옥(1987), "평북 의주지역어의 통시음운론", 어학연구 23-1, 서울대 어학연구소.
최명옥(1988a), "변칙동사의 음운현상 : l -, l -, (y)-, h- 변칙동사를 중심으로", 어학연구 24-1, 서울대 어학연구소.
최명옥(1988b), "국어 Umlaut의 연구사적 검토 : 공시성과 통시성의 문제를 중심으로", 진단학보 65, 진단학회.
최명옥(1989), "국어 움라우트의 연구사적 고찰", 주시경학보 3, 탑출판사.
최명옥(1990), "방언", 국어연구 어디까지 왔나(서울대학교 대학원 국어연구회 편), 민음사.
최명옥(1992), "경상북도의 방언지리학 :부사형어미 '아X'의 모음조화를 중심으로", 진단학보 73, 진단학회.
최명옥(1993), "어간의 재구조화와 교체형의 단일화 방향", 성곡논총 24.
최명옥(1995), "'X ㅣ]Vst 어Y'의 음운론", 진단학보 79, 진단학회.
최명옥(1998a), 국어음운론과 자료, 태학사.
최명옥(1998b), 한국어 방언연구의 실제, 태학사.
최명옥(1998c), "현대국어의 성조소체계", 국어학 31, 국어학회.
최명옥(1999), "현대국어의 성조형과 그 분포", 진단학보 88, 진단학회.
최명옥(2000), "중국연변지역의 한국어 연구", 한국문화 25, 서울대 한국문화연구소.
최명옥 · 김옥화(2001), "전북 방언 연구", 어문학 73, 한국어문학회.
최명옥 · 한성우(2001), "충남방언 연구", 국어국문학 129, 국어국문학회.
최임식(1984), "19세기 후기 서북방언의 모음체계", 계명대 석사학위논문.
최전승(1986), 19세기 후기 전라방언의 음운현상과 그 역사성, 한신문화사.
최전승(1987), "이중모음 '외', '위'의 단모음화 과정과 모음체계의 변화", 어학 14(전북대).
최전승(1995), 한국어 방언사 연구, 태학사.
최학근(1991), 국어방언연구, 명문당.
한성우(1996), "당진지역어의 음운론적 연구", 국어연구 141, 서울대 국어국문학과.
한영균(1985), "음운변화와 어휘부의 재구조화", 관악어문연구 10, 서울대 국어국문학과.
한영균(1988), "비음절화 규칙의 통시적 변화와 그 의미", 울산어문논집 4, 울산대 국어국문학과.
한영균(1995), "'외, 위'의 단모음화와 방언분화-강원도 방언의 경우", 국어사와 차자표기, 태학사.
한영순(1956a), "평안북도 의주 피현 지방 방언의 어음론적 특성(상)", 조선어문 4.
한영순(1956b) "평안북도 의주 피현 지방 방언의 어음론적 특성(하)", 조선어문 5.
한영순(1967), 조선어방언학, 김일성종합대학출판사.
허웅(1964), 치음고, 국어국문학 27, 국어국문학회.
허웅(1968), "국어의 상승적 이중모음 체계에 있어서의 '빈간(case vide)'", 이숭녕박사송수기념논총, 을유문화사.
홍윤표(1987), "근대국어의 어간말자음군 표기에 대하여", 국어학 16, 국어학회.
홍윤표(1994), 근대국어연구(Ⅰ), 태학사.

小倉進平(1929), "平安南北道の方言", 京城帝大法文學部硏究調査冊子 No. 1.
小倉進平(1930), "咸鏡南北道及び黃海道方言の硏究", 京城帝大法文學部硏究調査冊子 No. 1.
小倉進平(1931), "濟州島 方言", 靑丘學報 5.
小倉進平(1944), 朝鮮語方言の 硏究(上下), 東京: 岩波書店.

小倉進平(1964), 增訂補註朝鮮語學史, 刀江書院.

Bynon, T., *Historocal Linguistics*, Cambridge Univ. 1977.

Catford(1988), *A Practical Introduction to Phonetics*, Clarendon Press, Oxford.

Chomsky, N. & M. Halle(1968), *The Sound Pattern of English*, New York: Harper and Row.

Hooper, J. B.(1976), *An Introduction to Natural Generative Phonology*, New York: Academic Press.

Hyman, L. M.(1975), *Phonology : Theory and Analysis*, NewYork : Holt, Rinehart & Winston.

Jeffers & Lehiste(1979), *Principles and methods for historical lingustics*, The MIT Press.

Kenstowicz, M. & C. Kisseberth(1979), *Generative Phonology*, New York: Academic Press.

Kenstowicz, M.(1994), *Phonology in Generative Grammar*, Cambridge, Massachusetts: Blackwell Publishers.

Kim-Renaud, Young-Key(1975), Korean Consonantal Phonology, Doctoral dissertation, Hawaii University, Tower press.

King, R. D.(1969), *Historical Linguistics and Generative Grammar*, New York: Prentice-Hall.

Ladefoged(1982), *A Course in Phonetics*, Second Edition, Harcourt Brace Jovanovich, Inc.

Lass, R.(1984), *Phonology*, Cambridge University Press.

Schane. S. A.(1973), *Generative Phonology*, Prentice-Hall.

용언활용표

가-(去)	간다 ◦ 가더라 ◦ 가구 ◦ 가두 ◦ 가서 ◦ 가문 ◦ 가라
가깝-(近)	가찹다 ◦ 가찹떠라 ◦ 가착꾸 ◦ 가차와두 ◦ 가차와서 ◦ 가차우문
가늘-(細)	가늘다 ◦ 가늘더라 ◦ 가늘구 ◦ 가늘라두 ◦ 가늘라서 ◦ 가늘문
가렵-(痒)	개릅다 ◦ 개릅떠라 ◦ 개륵꾸 ◦ 개르와두 ◦ 개르와서 ◦ 개르우문
가리-(選)	고른다 ◦ 고르더라 ◦ 고르구 ◦ 골라두 ◦ 골라서 ◦ 고르문 ◦ 골라라
가리-(閉)	가리운다 ◦ 가리우더라 ◦ 가리우구 ◦ 가리워두 ◦ 가리워서 ◦ 가리우문 ◦ 가리워라
가물-(旱)	가문다 ◦ 가물더라 ◦ 가물구 ◦ 가물라두 ◦ 가물라서 ◦ 가물문
가볍-(輕)	가빕다 ◦ 가빕떠라 ◦ 가빅꾸 ◦ 가비와두 ◦ 가비와서 ◦ 가비우문
갉-(搔)	깡는다 ◦ 깍떠라 ◦ 깍꾸 ◦ 깎아두 ◦ 깎아서 ◦ 깎으문 ◦ 깎아라
감-(捲)	감:는다 ◦ 감:떠라 ◦ 강:꾸 ◦ 감아두 ◦ 감아서 ◦ 감우문 ◦ 감아라
감-(洗髮)	감:는다 ◦ 감:떠라 ◦ 강:꾸 ◦ 감아두 ◦ 감아서 ◦ 감우문 ◦ 감아라
감-(閉)	감:는다 ◦ 감:떠라 ◦ 강:꾸-감:꾸 ◦ 감아두 ◦ 감아서 ◦ 감우문 ◦ 감아라
같-(同)	갇다 ◦ 갇떠라 ◦ 각꾸 ◦ 같애두 ◦ 같애서 ◦ 같으문
갚-(報)	감는다 ◦ 갑떠라 ◦ 각꾸 ◦ 갚아두 ◦ 갚아서 ◦ 갚우문 ◦ 갚아라
갸름하-(長)	갈람허다 ◦ 갈람허더라
거두-(收)	거둔는다 ◦ 거둗떠라 ◦ 거둑꾸 ◦ 거둬두 ◦ 거둬서 ◦ 거두문 ◦ 거둬라
건지-(救)	건딘다 ◦ 건디더라 ◦ 건디구 ◦ 건데두 ◦ 건데서 ◦ 건디문
걷-(步)	건는다 ◦ 걷떠라 ◦ 걱꾸 ◦ 걸어두 ◦ 걸어서 ◦ 걸으문 ◦ 걸어라
겨누-(視)	겐는다 ◦ 겐떠라 ◦ 겍꾸 ◦ 게:두 ◦ 게:서
견디-(忍)	겐딘다 ◦ 겐디더라 ◦ 겐데서 ◦ 겐디문 ◦ 겐디구 ◦ 겐데두 ◦ 겐데라

결리-(痛)	겔린다 ∘ 겔리더라 ∘ 겔리구 ∘ 겔레두 ∘ 겔레서 ∘ 겔리문
고-(煮)	곤:다 ∘ 곧:떠라 ∘ 곧:꾸 ∘ 과:두 ∘ 과:서 ∘ 고:믄 ∘ 과:라
고치-(改)	고틴다 ∘ 고티더라 ∘ 고티구 ∘ 고테두 ∘ 고테서 ∘ 고티문 ∘ 고테라
고프-(餓)	고푸다 ∘ 고푸더라 ∘ 고푸구 ∘ 고파두 ∘ 고파서 ∘ 고푸문
곯-(飢)	골른다 ∘ 골터라 ∘ 골쿠 ∘ 골아두 ∘ 골아서 ∘ 골으문
곱-(麗)	곱:따 ∘ 곱:떠라 ∘ 곡:꾸 ∘ 고와두 ∘ 고와서 ∘ 고우문
괜찮-(無妨)	괘탄타 ∘ 괘탄터라 ∘ 괘탕꾸 ∘ 괘티안아두 ∘ 괘티안아서 ∘ 괘탄으문 ∘ 괜티안터라
괴-(溜)	고인다 ∘ 고이더라 ∘ 고이구 ∘ 고예두 ∘ 고예서 ∘ 고이문
구기-(毁)	꾸긴다 ∘ 꾸기더라 ∘ 꾸기구 ∘ 꾸게두 ∘ 꾸게서 ∘ 꾸기문
구르-(轉)	굴린다 ∘ 굴리더라 ∘ 굴리구 ∘ 굴레두 ∘ 굴레서 ∘ 굴리문 ∘ 굴레라
구부리-(屈)	꼬부린다 ∘ 꼬부리더라 ∘ 꼬부리구 ∘ 꼬부레두 ∘ 꼬부레서 ∘ 꼬불문
굵-(太)	굴:따 ∘ 굴떠라 ∘ 굴:꾸 ∘ 굵:어두 ∘ 굵:어서 ∘ 굵:우문
굶-(飢)	굼:는다 ∘ 굼:떠라 ∘ 궁:꾸 ∘ 굶어두 ∘ 굶어서 ∘ 굶우믄 ∘ 굶어라 ∘ 굶었다
굽-(炙)	군:는다 ∘ 굳:떠라 ∘ 국:구 ∘ 구워두 ∘ 구워서 ∘ 구:문 ∘ 궈:라
권하-(勸)	권안다 ∘ 권아더라 ∘ 권아구 ∘ 권애두 ∘ 권애서 ∘ 권어문 ∘ 권애라
귀찮-(厭)	귀티안타[küt^{h}iant^{h}a] ∘ 귀티안터라 ∘ 귀티앙쿠 ∘ 귀티안아서 ∘ 귀티안으문
그렇-(當)	그러타 ∘ 그러터라 ∘ 그러쿠 ∘ 그래두 ∘ 그래서 ∘ 그러문
그리-(畵)	그린다 ∘ 그리더라 ∘ 그리구 ∘ 그레두 ∘ 그레서 ∘ 그리문 ∘ 그레라
그을리-(煙)	글른다 ∘ 글더라 ∘ 글꾸 ∘ 글어두 ∘ 글어서 ∘ 글으문 ∘ 글었다
그치-(止)	그쳈다 ∘ 그치더라 ∘ 그치구 ∘ 그체두 ∘ 그체서 ∘ 그치문 ∘ 끄체라
긁-(搔)	글른다 ∘ 글떠라 ∘ 글꾸 ∘ 긁어두 ∘ 긁어서 ∘ 긁으문 ∘ 긁어라
긋-(引)	근는다 ∘ 귿떠라 ∘ 귿꾸 ∘ 거:두 ∘ 거:서 ∘ 그문 ∘ 고:라
기-(匍)	겐:다 ∘ 게더라 ∘ 게:구 ∘ 게:두 ∘ 게:서 ∘ 게:문 ∘ 게:라 ∘ 게:간다
기다리-(待)	기대린다 ∘ 기대리더라 ∘ 기대리구 ∘ 기댈레두 ∘ 기댈레서 ∘ 기댈리믄 ∘ 기댈레라

기대-(依)	지댄다 ∘ 지대더라 ∘ 지대구 ∘ 지대두 ∘ 지대서 ∘ 지대문 ∘ 지대라
기쁘-(喜)	기뿌다 ∘ 기뿌더라 ∘ 기뿌구 ∘ 기뻐두 ∘ 기뻐서 ∘ 기뿌문
기울-(傾)	기운다 ∘ 가울더라 ∘ 기울구 ∘ 기울러두 ∘ 기울러서 ∘ 기울문
길-(長)	길:다 ∘ 길:더라 ∘ 길:구 ∘ 길어두 ∘ 길어서 ∘ 길문
깁-(縫)	김는다 ∘ 깁떠라 ∘ 긱꾸 ∘ 기워두 ∘ 기워서 ∘ 기우문 ∘ 기워라
깊-(深)	깁따 ∘ 깁떠라 ∘ 긱꾸 ∘ 깊어두 ∘ 깊어서 ∘ 깊우문
까-(産)	깐다 ∘ 까더라 ∘ 까구 ∘ 까두 ∘ 까서 ∘ 까문 ∘ 까라
까맣-(黑)	껌어다 ∘ 껌어더라 ∘ 껌어구 ∘ 껌애두 ∘ 껌애서 ∘ 껌어문
까불-(箕)	까분다 ∘ 까불더라 ∘ 까불구 ∘ 까불라두 ∘ 까불라서 ∘ 까불문 ∘ 까불라라
깎-(削)	깡는다 ∘ 깍떠라 ∘ 깎꾸 ∘ 깎아두 ∘ 깎아서 ∘ 깎으문 ∘ 깎아라
깨-(破)	깨틴다 ∘ 깨티더라 ∘ 깨티구 ∘ 께테두 ∘ 께테서 ∘ 깨티문 ∘ 깨테라
깨닫-(覺)	깨단는다 ∘ 깨닫떠라 ∘ 깨닥꾸 ∘ 깨달아두 ∘ 깨달아서 ∘ 깨달으문 ∘ 깨달아라
꺾-(切)	껑는다 ∘ 꺽떠라 ∘ 꺽꾸 ∘ 꺾어두 ∘ 꺾어서 ∘ 꺽으문 ∘ 꺾어라 ∘ 꺾어야
꼬-(紡)	꼰다 ∘ 꼬더라 ∘ 꼬구 ∘ 꽈:두 ∘ 꽈:서 ∘ 꼬문 ∘ 꽈:라
꼬시-(味)	꼬소하다 ∘ 꼬소하더라 ∘ 꼬소허구 ∘ 꼬소해도 ∘ 꼬소해서 ∘ 꼬소허문
꽂-(揷)	꼳는다 ∘ 꼳떠라 ∘ 꼭꾸 ∘ 꽂아두 ∘ 꽂아서 ∘ 꽂으문 ∘ 꽂아라
꾸-(夢)	뀐다[k'ünda] ∘ 뀌더라 ∘ 뀌구 ∘ 꿰:두 ∘ 꿰:서 ∘ 뀌문 ∘ 꿰:라
꿇-(跪)	꿇운다 ∘ 꿀터라 ∘ 꿀쿠 ∘ 꿀어두 ∘ 꿀어서 ∘ 꿀우문
꿰-(通)	껜다 ∘ 께더라 ∘ 께구 ∘ 께두 ∘ 께서 ∘ 께문 ∘ 께라
뀌-(屁)	뀐다 ∘ 뀌더라 ∘ 뀌구 ∘ 꿰:두 ∘ 꿰:서 ∘ 뀌문 ∘ 꿰:라
끊-(切)	끈는다 ∘ 끈터라 ∘ 끙쿠 ∘ 끈어두 ∘ 끈어서 ∘ 끈으문 ∘ 끈어라
끌-(引)	끈:다 ∘ 끌:더라 ∘ 끌:구 ∘ 끌어두 ∘ 끌어서 ∘ 끌:문 ∘ 끌어라
끓-(沸)	끌른다 ∘ 끌터라 ∘ 끌쿠 ∘ 끌어두 ∘ 끌어서 ∘ 끌으문 ∘ 끌어라
끓이-(沸)	끌인다 ∘ 끌이더라 ∘ 끌이구 ∘ 끌에두 ∘ 끌에서 ∘ 끌이문 ∘ 끌에라

끼-(霧) 낀다。끼더라。끼구。꼐:두。꼐:서。끼문

끼-(挿) 낀다。끼더라。끼구。꼐:두。꼐:서。끼문。꼐:라

나누-(分) 나눈다。나누더라。나누구。나눠두。나눠서。나누문。나눠라

날-(飛) 난다。날더라。날구。날아두。날아서。날문。날아라

남-(餘) 남는다。남떠라。낭꾸。남아두。남아서。남우문

낫-(愈) 난:는다。낟:떠라。낙:꾸。나:두。나:서。나:문。나:라

낮-(低) 낟따。낟떠라。낙꾸。낮아두。낮아서。낮으문

낳-(産) 난는다。나터라。나쿠。나:두。나:서。나:문。나:라

내리-(降) 내린다。내리더라。내리구。내레두。내레서。내리문。내레라

넓-(廣) 널따。널떠라。널꾸。널궈두。널궈서。널구문

넘-(越) 넘:는다。넘:떠라。넝:꾸。넘어두。넘어서。넘우문。넘어라

넣-(入) 넌:는다。니:터라。니:쿠。네:두。네:서。니:믄。네:라

노랗-(黃) 놀:아다。놀아더라。놀:애구。놀:애두。놀:애서。놀:애문

녹-(融) 농는다。녹떠라。녹꾸。녹아두。녹아서。녹으문

놀라-(警) 놀랜다。놀래더라。놀래구。놀래두。놀래서。놀래문

높-(高) 놉다。놉떠라。녹꾸。높아두。높아서。높우문

놓-(放) 논는다。노터라。노쿠。놔:두。놔:서。노:믄。놔:라

누-(尿) 눈는다。누떠라。누꾸。누워두。누워서。누:문。누워라

누르-(壓) 누른다。누르더라。누르구。눌러두。눌러서。눌르문。눌러라

누비-(縫) 누빈다。누비더라。누비구。누베두。누베서。누비문。누베라。꾸매라

눋-(燋) 눌:더라。눌:꾸。눌어두。눌어서。눌으믄。눌었다

눕-(臥) 눈눈다。누떠라。눅꾸。누워두。누워서。누우문~누:문。누워라

느리-(漫) 느리다。느리더라。느리구。느레두。느레서。느리문

늘-(增) 는다。늘더라。늘구。늘어두。늘어서。늘문

늙-(老) 늘른다。늙었다。늘떠라。늘꾸。늘거두。늘거서。늘으문

늦-(漫) 늗따。늗떠라。늑꾸。늦어두。늦어서。늦으문

다듬-(整) 다듬는다。다듬떠라。다둥꾸。다듬아두。다듬아서。다듬으문。

다듬아라

다르-(異)　따르타∘따르터라∘따르쿠∘딸라두∘딸라서∘딸르문

다리-(熨)　대린다∘대리더라∘대리구∘대레두∘대레서∘대리문∘데레라

다치-(傷)　다틴다∘다티더라∘다티구∘다테두∘다테서∘다티문∘다테라

닫-(閉)　단는다∘닫떠라∘닥꾸∘닫아두∘닫아서∘닫으문∘닫아라

달래-(撫)　얼린다∘얼리더라∘얼리구∘얼레두∘얼레서∘얼리문∘얼레라

달이-(煎)　때린다∘때리더라∘때리구∘때레두∘때레서∘때리문∘때레라

닮-(似)　담:는다∘담떠라∘당:꾸∘닮아두∘닮아서∘닮우문∘닮아라

닳-(磨)　달른다∘달터라∘달쿠∘달아두∘달아서∘달으문∘달아딘다

담-(盛)　담:는다∘담:떠라∘당:꾸∘담아두∘담아서∘담우문∘담아라

담그-(藏)　당근다∘당그더라∘당그구∘당가두∘당가서∘당그문∘당가라

당기-(引)　당긴다∘당기더라∘당기구∘당게두∘당게서∘당기문∘당게라

닿-(接)　단:는다∘다:터라∘다:쿠∘다:두∘다:서∘다:문

더듬-(摸)　더듬는다∘더듬떠라∘더둥꾸∘더듬아두∘더듬아서∘더드무문∘더듬아라

더럽-(汚)　더:럽다∘더:럽떠라∘더:럭꾸∘더러워두∘더러워서 더러우문

던지-(投)　떤진다∘떤지더라∘떤지구∘떤제두∘떤제서∘떤지문∘떤제라

덥-(暑)　덥다∘덥떠라∘덕꾸∘더워두∘더워서∘더우문

덮-(覆)　덤는다∘덥떠라∘덕꾸∘덮어두∘덮어서∘덮우문∘덮어라

데우-(溫)　데운다∘데우더라∘데우구∘데워두∘데워서∘데우문∘데워라

돕-(助)　돔는다∘돕떠라∘독꾸∘도와두∘도와서∘도우문∘도와라

되-(硬)　돼:다∘돼:더라∘돼:구∘돼:두∘돼:서∘돼:문

되-(計)　됀다∘돼더라∘돼구∘돼두∘돼서∘돼문∘돼라

되-(化)　됀다∘돼더라∘돼구∘돼두∘돼서∘돼문

두-(置)　둔다∘두더라∘두구∘둬:두∘둬:서∘두문∘둬:라

두껍-(厚)　두껍다∘두껍떠라∘두꺽꾸∘두꺼워두∘두꺼워서∘두꺼우문

두드리-(敲)　뚜딘다∘뚜딜더라∘뚜딜구∘뚜딜러두∘뚜딜러서∘뚜딜이문∘뚜딜어라

뒤지-(索)	뒤딘다 ∘ 뒤디더라 ∘ 뒤디구 ∘ 뒤데두 ∘ 뒤데서 ∘ 뒤디문 ∘ 뒤데라
드물-(稀)	드물다 ∘ 드물더라 ∘ 드물구 ∘ 드물어두 ∘ 드물어서 ∘ 드물문
듣-(聽)	든는다 ∘ 듣떠라 ∘ 득꾸 ∘ 들어두 ∘ 들어서 ∘ 들으문 ∘ 들어라
들-(擧)	든다 ∘ 들더라 ∘ 들구 ∘ 들어두 ∘ 들어서 ∘ 들문 ∘ 들어라
딛-(踏)	딤는다 ∘ 딥떠라 ∘ 딕꾸 ∘ 딮어두 ∘ 딮어서 ∘ 딮우문 ∘ 딮어라
따르-(隨)	딸른다 ∘ 따르더라 ∘ 따르구 ∘ 딸라두 ∘ 딸라서 ∘ 따르문 ∘ 딸라라
땋-(辮)	딴는다 ∘ 따터라 ∘ 따쿠 ∘ 따:두 ∘ 따:서 ∘ 따:문 ∘ 따:라
때리-(打)	때린다 ∘ 때리더라 ∘ 때리구 ∘ 때레두 ∘ 때레서 ∘ 때리문 ∘ 때레라
떼-(離)	뗀:다 ∘ 떼:더라 ∘ 떼:구 ∘ 떼:두 ∘ 떼:서 ∘ 떼:문 ∘ 떼:라
뚫-(貫)	뚤은다 ∘ 뚤으더라 ∘ 뚤으구 ∘ 뚤러두 ∘ 뚜러서 ∘ 뚤으문 ∘ 뚤어
뜨-(浮)	뜬다 ∘ 뜨더라 ∘ 뜨구 ∘ 떠두 ∘ 떠서 ∘ 뜨문 ∘ 떠라
뜨시-(溫)	뜨시다 ∘ 뜨시더라 ∘ 뜨시구 ∘ 뜨세두 ∘ 뜨세서 ∘ 뜨시문
뜯-(摘)	뜬는다 ∘ 뜯떠라 ∘ 뜩꾸 ∘ 뜯어두 ∘ 뜯어서 ∘ 뜯으문 ∘ 뜯어라
마렵-(催)	매릅다 ∘ 매릅떠라 ∘ 매릇꾸 ∘ 매르와두 ∘ 매르와서 ∘ 매르우문
마르-(乾)	마른다 ∘ 마르더라 ∘ 마르구 ∘ 말라두 ∘ 말라서 ∘ 마르문
마시-(飮)	마신다 ∘ 마시더라 ∘ 마시구 ∘ 마세두 ∘ 마세서 ∘ 마시문 ∘ 마세라
마치-(終)	마친다 ∘ 마치더라 ∘ 마치구 ∘ 마체두 ∘ 마체서 ∘ 마치문 ∘ 마체라
막-(防)	망는다 ∘ 막떠라 ∘ 막꾸 ∘ 막아두 ∘ 막아서 ∘ 막으문 ∘ 막아라 ∘ 막아야
만나-(逢)	만낸다 ∘ 만내더라 ∘ 만내구 ∘ 만내두 ∘ 만내서 ∘ 만내문 ∘ 맨내라
만들-(造)	맨든다 ∘ 맨들더라 ∘ 맨들구 ∘ 맨들어두 ∘ 맨들어서 ∘ 맨들문 ∘ 맨들어라
만지-(觸)	맨진다 ∘ 맨지더라 ∘ 맨지구 ∘ 맨제두 ∘ 맨제서 ∘ 맨지문 ∘ 맨제라
많-(多)	만:타 ∘ 만:터라 ∘ 망:쿠 ∘ 만:아두 ∘ 만:아서 ∘ 만:으문
말-(捲)	만:다 ∘ 말:더라 ∘ 말:구 ∘ 말아두 ∘ 말아서 ∘ 말:문 ∘ 말아라
말리-(乾)	말리운다 ∘ 말리우더라 ∘ 말리우구 ∘ 말리워두 ∘ 말리워서 ∘ 말리우문 ∘ 말리워라
말리-(仲裁)	말린다 ∘ 말리더라 ∘ 말리구 ∘ 말레두 ∘ 말레서 ∘ 말리문 ∘ 말레라

맑-(淸) 말따∘말떠라∘말꾸∘맑아두∘맑아서∘맑으문

맞추-(組合) 마귄다[magünda]∘마귀더라∘마귀구∘마궤두∘마궤서∘마귀문∘마궤라

맡-(任) 만는다∘맏떠라∘막꾸∘맡아두∘맡아서∘맡으문∘맡아라

매-(結) 맨:다∘매:더라∘매:구∘매:두∘매:서∘매:문∘매:라

맵-(辛) 맵다∘맵떠라∘맥꾸∘매와두∘매와서∘매우문

먹-(食) 멍는다∘먹떠라∘먹꾸∘먹어두∘먹어서∘먹으문∘먹어라

메-(負) 멘:다∘메:더라∘메:구∘메:두∘메:서∘메:문∘메:라

메우-(塡) 메킨다∘메키더라∘메키구∘메케두∘메케서∘메키문∘메케라

모르-(不知) 모른다∘모르더라∘모르구∘몰라두∘몰라서∘모르문

모으-(集) 몬:다∘모:더라∘모:구∘모아두∘모아서∘모:문∘모아라

모이-(集) 모인다∘모이더라∘모이구∘모예두∘모예서∘모이문∘모예라

모자라-(不足) 모자른다-모잘한다∘모자르더라∘모자르구∘모자래두∘모자래서∘모자르문

못하-(劣) 몯안다∘몯아더라∘몯아구∘몯애두∘몯애서∘몯어문

무겁-(重) 무겁다∘무겁떠라∘무걱꾸∘무거워두∘무거워서∘무거우문

무르-(軟) 물따∘물떠라∘물꾸∘묽어두∘묽어서∘물그문

무섭-(恐) 무섭다∘무섭따라∘무석꾸∘무서워두∘무서워서∘무서우문

무치-(和) 무틴다∘무티더라∘무티구∘무테두∘무테서∘무티문∘무테라

묶-(束) 뭉는다∘묵떠라∘묵꾸∘묶어두∘묶어서∘묶우문∘묶어라

묻-(埋) 문는다∘묻떠라∘묵꾸∘묻어두∘묻어서∘묻으문∘묻어라

묻-(問) 문는다∘묻떠라∘묵꾸∘물어두∘물어서∘물으문∘물어라

미끄럽-(滑) 미끄럽다∘미끄럽떠라∘미끄럭꾸∘미끄러워두∘미끄러워서∘미끄러우문

믿-(信) 민는다∘믿떠라∘믹꾸∘믿어두∘믿어서∘믿으문∘믿어라

밉-(憎) 밉다∘밉떠라∘믹꾸∘미워두∘미워서∘미우문

바꾸-(換) 바꾼다∘바꾸더라 바꾸구 바꽈:두∘바꽈:서∘바꾸문∘바꽈:라∘바꽜:다

바르-(禮) 바르다 ∘ 바르더라 ∘ 바르구 ∘ 발라두 ∘ 발라서 ∘ 바르문

바쁘-(忙) 바뿌다 ∘ 바뿌더라 ∘ 바뿌구 ∘ 바빠두 ∘ 바빠서 ∘ 바뿌문

반갑-(歡) 방갑다 ∘ 방갑떠라 ∘ 방각꾸 ∘ 방가와두 ∘ 방가와서 ∘ 방가우문

밝-(明) 발따 ∘ 발떠라 ∘ 발꾸 ∘ 밝아두 ∘ 밝아서 ∘ 밝으문

밟-(踏) 밤:는다 ∘ 발:떠라 ∘ 발:꾸 ∘ 밟아두 ∘ 밟아서 ∘ 밟우문 ∘ 발아라 ∘ 발:핀다

배우-(學) 배운다 ∘ 배우더라 ∘ 배우구 ∘ 배와두 ∘ 배와서 ∘ 배우문 ∘ 배와라

뱉-(唾) 반는다 ∘ 받떠라 ∘ 박꾸 ∘ 받아두 ∘ 받아서 ∘ 받으문 ∘ 받아라

버리-(捨) 버린다 ∘ 버리더라 ∘ 버리구 ∘ 버레두 ∘ 버레서 ∘ 버리문 ∘ 버레라

버리-(毁) 내틴다 ∘ 내티더라 ∘ 내티구 ∘ 내테두 ∘ 내테서 ∘ 내티문 ∘ 내티니꺼니 ∘ 내테라

벌-(得) 번:다 ∘ 벌:더라 ∘ 벌:구 ∘ 벌어두 ∘ 벌어서 ∘ 벌:문 ∘ 벌어라

벌리-(隔) 벌린다 ∘ 벌리더라 ∘ 벌리구 ∘ 벌레두 ∘ 벌레서 ∘ 벌리문 ∘ 벌레라

벗-(脫) 번는다 ∘ 벗떠라 ∘ 벅꾸 ∘ 벗어두 ∘ 벗어서 ∘ 벗으문 ∘ 벗어라

베-(斬) 뷘:[pü:nda]다 ∘ 뷔:더라 ∘ 뷔:구 ∘ 붸:두 ∘ 붸:서 ∘ 뷔:믄 ∘ 붸:라

베-(枕) 벤:다 ∘ 베:더라 ∘ 베:구 ∘ 베:두 ∘ 베:서 ∘ 베:문 ∘ 베:라

보-(見) 본다 ∘ 보더라 ∘ 보구 ∘ 봐:두 ∘ 봐:서 ∘ 보문 ∘ 봐:라

볶-(炒) 보꾼다 ∘ 보꾸더라 ∘ 보꽈두 ∘ 보꽈서 ∘ 보꾸문 ∘ 보꽈라

부끄럽-(恥) 부끄럽다 ∘ 부끄럽떠라 ∘ 부끄럭꾸 ∘ 부끄러워두 ∘ 부끄러워서 ∘ 부끄러우문

부러지-(折) 뿌러딘다 ∘ 뿌러디더라 ∘ 뿌러디구 ∘ 뿌러데두 ∘ 뿌러데서 ∘ 뿌러디문 ∘ 뿌러데라

부르-(呼) 부른다 ∘ 부르더라 ∘ 부르구 ∘ 불러두 ∘ 불러서 ∘ 부르문 ∘ 불러라

부수-(碎) 부신다 ∘ 부시더라 ∘ 부시구 ∘ 부세두 ∘ 부세서 ∘ 부시문

부시-(照) 시운다 ∘ 시울더라 ∘ 시울구 ∘ 시울러두 ∘ 시울러서 ∘ 시울믄 ∘ 시울다

분지르-(折) 불거틴다 ∘ 불거티더라 ∘ 불거티구 ∘ 불거테두 ∘ 불거테서 ∘ 불거티문 ∘ 불거테라

붇-(增)　분:는다 ∘ 붇:떠라 ∘ 북:꾸 ∘ 불어두 ∘ 불어서 ∘ 불우문

불-(吹)　분:다 ∘ 불:더라 ∘ 불:구 ∘ 불어두 ∘ 불어서 ∘ 불:문 ∘ 불어라

불리-(增)　불퀸다 ∘ 불쿠더라 ∘ 불쿠구 ∘ 불퀴두 ∘ 불퀴서 ∘ 불쿠문 ∘ 불퀴라

붓-(腫)　분는다 ∘ 붇떠라 ∘ 북꾸 ∘ 붜두 ∘ 붜:서 ∘ 부:문

붓-(注)　분:는다 ∘ 붇:떠라 ∘ 북:꾸 ∘ 부어두 ∘ 붜:서 ∘ 부:문 ∘ 붜:라

붙-(附)　분는다 ∘ 붙더라 ∘ 붙구 ∘ 붙어두 ∘ 붙어서 ∘ 붙으문 ∘ 붙어라

비-(空)　뷘:다[pü:nda] ∘ 뷔:더라 ∘ 뷔:구 ∘ 붸:두 ∘ 붸:서 ∘ 뷔:문 ∘ 뷀:따

비비-(擦)　비빈다 ∘ 비비더라 ∘ 비비구 ∘ 비베두 ∘ 비베서 ∘ 비비문 ∘ 비베라

비틀-(捻)　비뜬다 ∘ 비뚤더라 ∘ 비뚤구 ∘ 비뚤어두 ∘ 비뚤어서 ∘ 비뚤으문

빗-(梳)　빈는다 ∘ 빋떠라 ∘ 빅꾸 ∘ 빗어두 ∘ 빗어서 ∘ 빗으문 ∘ 빗어라

빨-(吸)　빤:다 ∘ 빨:더라 ∘ 빨:구 ∘ 빨아두 ∘ 빨아서 ∘ 빨:문 ∘ 빨아라

빻-(粉)　본:다 ∘ 보:더라 ∘ 보:구 ∘ 봐:두 ∘ 봐:서 ∘ 보:문 ∘ 봐:라

빼-(拔)　뺀:다 ∘ 빼:더라 ∘ 빼:구 ∘ 빼:두 ∘ 빼:서 ∘ 빼:문 ∘ 빼:라

빼앗-(奪)　빼튼다 ∘ 빼틀더라 ∘ 빼틀구 ∘ 빼틀러두-빼틀라두 ∘ 빼틀러서 ∘ 빼틀문 ∘ 빼틀러라

뽑-(選)　뽐는다 ∘ 뽑떠라 ∘ 뽁꾸 ∘ 뽑아두 ∘ 뽑아서 ∘ 뽑우문 ∘ 뽑아라

뾰족하-(尖)　뽀족아다 ∘ 뽀죽아더라 ∘ 뽀죽아구 ∘ 뽀죽애두 ∘ 뽀죽애서 ∘ 뽀죽어문

사-(買)　산다 ∘ 사더라 ∘ 사구 ∘ 사두 ∘ 사서 ∘ 사문 ∘ 사라

사귀-(交)　사귄다[sagünda] ∘ 사귀더라 ∘ 사귀구 ∘ 사궤두 ∘ 사궤서 ∘ 사귀문 ∘ 사궤라

사납-(猛)　사:납다 ∘ 사:납떠라 ∘ 사:낙꾸 ∘ 사나와두 ∘ 사나와서 ∘ 사나우문

살-(生)　산다 ∘ 살더라 ∘ 살구 ∘ 살아두 ∘ 살아서 ∘ 살문 ∘ 살아라

삶-(烹)　삼:는다 ∘ 삼:떠라 ∘ 상:꾸 ∘ 살마두 ∘ 살마서 ∘ 살무문

서-(止)　센다 ∘ 세더라 ∘ 세구 ∘ 세두 ∘ 세서 ∘ 세문 ∘ 세라

섞-(混)　성는다 ∘ 석떠라 ∘ 석꾸 ∘ 섞어서 ∘ 섞어두 ∘ 섞으문 ∘ 섞어라

섧-(哀)　설:따 ∘ 설:떠라 ∘ 설:꾸 ∘ 설어두 ∘ 설어서 ∘ 설문

세-(强)　쎈:다 ∘ 쎄:더라 ∘ 쎄:구 ∘ 쎄:두 ∘ 쎄:서 ∘ 쎄:문

세-(算)　헨:다 ∘ 헤:더라 ∘ 헤:구 ∘ 헤:두 ∘ 헤:서 ∘ 헤:문 ∘ 헤:라

속-(欺)　송는다◦속떠라◦속꾸◦속아두◦속아서◦속으문

속이-(欺)　쏙인다◦쏙이더라◦쏙이구◦쏙에두◦쏙에서◦쏙이문◦쏙에라

솎-(跋)　소꾼다◦소꾸더라◦소꾸구◦소꽈두◦소꽈서◦소꾸문◦소꽈라

쇠-(老)　쇈:다◦쇄:더라◦쇄:구◦쇄:두◦쇄:서◦쇄문

숨-(隱)　쉼:는다◦쉼:떠라◦싱:꾸◦쉼어두◦쉼어서◦쉼우문◦쉼어라

쉬-(饐)　쉰:다[sü:nda]◦쉬:더라◦쉬:구◦쉐:두◦쉐:서◦쉬:문

쉬-(嗄)　쉰:다[sü:nda]◦쉬더라◦쉬:구◦쉐:두◦쉐:서◦쉬:문◦쉤:다

쉬-(休)　쉰:다[sü:nda]◦쉬더라◦쉬:구◦쉐:두◦쉐:서◦쉬:문◦쉐:라

쉽-(易)　쉽:다◦쉽:떠라◦쉭:꾸◦쉬워두◦쉬워서◦쉬우문

슬-(産)　슨다◦슬더라◦슬구◦슬어두◦슬어서◦슬문

슬프-(哀)　슬푸다◦슬푸더라◦슬푸구◦슬퍼두◦슬퍼서◦슬푸문

시-(酸)　시다◦시더라◦시구◦세:두◦세:서◦시문

시키-(使)　시긴다◦시기더라◦시기구◦시게두◦시게서◦시기문◦시게라

식-(冷)　싱는다◦식떠라◦식꾸◦식어두◦식어서◦식으문

식히-(冷)　시킨다◦시키더라◦시키구◦시케두◦시케서◦시키문◦시케라

신-(履)　신는다◦신떠라◦싱꾸◦신어두◦신어서◦신으문◦신어라◦신어야

싣-(載)　신는다◦싣떠라◦식꾸◦실어두◦실어서◦실으문◦실어라

싫-(憎)　실타◦실터라◦실쿠◦실어두◦실어서◦실으문

심-(植)　싱근다◦싱그더라◦싱그구◦싱거두◦싱거서◦싱그문◦싱거라

싶-(望)　십다◦십떠라◦식꾸◦싶어두◦싶어서◦싶우문 ※먹구프다◦먹구파두◦먹구파서

싸-(廉)　눅다◦눅떠라◦눅꾸◦눅어서◦눅으문

싸우-(爭)　싸운다◦싸우더라◦싸우구◦싸와두◦싸와서◦싸우문◦싸와라

썩-(腐)　썽는다◦썩떠라◦썩꾸◦썩어두◦썩어서◦썩으문

썰-(斷)　싼:다◦쌀:더라◦쌀:구◦쌀아두◦쌀아서◦쌀:문◦쌀아라

쏘-(射)　쏜다◦쏘더라◦쏘구◦쏴:두◦쏴:서◦쏴:라

쏘-(針)　쏜:다◦쏘:더라◦쏘:구◦쏴:두◦쏴:서◦쏘:문◦쏴:라

쐬-(風)　쐔:다◦쐐:더라◦쐐:구◦쐐:두◦쐐:서◦쐐:문◦쐐:라

쑤-(粥)　　쑨다∘쑤더라∘쑤구∘쒀:두∘쒀:서∘쑤믄∘쒀:라

쓰-(苦)　　쓰다∘쓰더라∘쓰구∘써두∘써서∘쓰문

쓰-(書)　　쓴다∘쓰더라∘쓰구∘써두∘써서∘쓰문∘써라

쓰다듬-(撫)　쓰다듬는다∘쓰다듬떠라∘쓰다둥꾸∘쓰다듬아두∘쓰다듬아서∘쓰다듬으문

쓸-(掃)　　쓴다∘쓸더라∘쓸구∘쓸어두∘쓸어서∘쓸문∘쓸어라

씹-(嚼)　　씸는다∘씹떠라∘씩꾸∘씹어두∘씹어서∘씹우문∘씹어라

씻-(洗)　　씬는다∘씯떠라∘씩꾸∘씾어두∘씾어서∘씾으문∘씾어라

아깝-(惜)　아깝다∘아깝떠라∘아깍꾸∘아까와두∘아까와서∘아까우문

아니-(否)　아니다∘아니더라∘아니구∘아녜서∘아니문

아리-(痛)　아린다∘아리더라∘아리구∘아레두∘아레서∘아리문

아프-(痛)　아푸다∘아푸더라∘아푸구∘아파두∘아파서∘아푸문

안-(抱)　　안:는다∘안:떠라∘앙:꾸∘안아두∘안아서∘안으문∘안아라

앉-(座)　　안는다∘안떠라∘앙꾸∘앉아두∘앉아서다)∘앉으문∘앉아라

알-(知)　　안:다∘알:더라∘알:구∘알아두∘알아서∘알:문∘알아라

앓-(痛)　　알른다∘알터라∘알쿠∘알아두∘알아서∘알으문

얇-(薄)　　얄:따∘얄:떠라∘얄:꾸∘얄:과두∘얄:과서∘얆우문

얕-(淺)　　얃따∘얃떠라∘얃꾸∘얕아두∘얕아서∘얕으문

어둡-(暗)　어둡다∘어둡떠라∘어둑꾸∘어두워두∘어두워서∘어두우문

얻-(得)　　언:는다∘얻:떠라∘억:꾸∘얻어두∘얻어서∘얻:으문∘얻어라

얼-(凍)　　언:다∘얼:더라∘얼:구∘얼어두∘얼어서∘얼:문∘얼언따

얼리-(鬪)　얼린다∘얼리더라∘얼리구∘얼레두∘얼레서∘얼리우문∘얼레라

업-(負)　　엄는다∘업떠라∘업꾸∘업어두∘업어서∘업우문∘업어라

없-(無)　　업:따∘업:떠라∘업:꾸∘없어두∘없어서∘없으문

엉기-(凝)　엉킨다∘엉키더라∘엉키구∘엉케두∘엉케서∘엉키문∘엉케라

엮-(編)　　영는다∘역떠라∘엮꾸∘엮어두∘엮어서∘엮으문∘엮어라

옜-(載)　　옌는다∘옏떠러∘옝꾸∘옜어두∘옜어서∘옜으문∘옜어라

오-(來)　　온다∘오더라∘오구∘와두∘와서∘오문∘와라

오르-(昇)	오른다 ◦ 오르더라 ◦ 오르구 ◦ 올라두 ◦ 올라서 ◦ 오르문
오시-(來)	오신다 ◦ 오시더라 ◦ 오시구 ◦ 오세두 ◦ 오세서 ◦ 오시문
옮-(遷)	옴:는다 ◦ 옴:떠라 ◦ 옹:꾸 ◦ 올마두 ◦ 올마서 ◦ 올무문
옮기-(遷)	옹긴다 ◦ 옹기더라 ◦ 옹기구 ◦ 옹게두 ◦ 옹게서 ◦ 옹기문 ◦ 옹게라 ◦ 옹겠다
옳-(當)	올타 ◦ 올터라 ◦ 올쿠 ◦ 올아두 ◦ 올아서 ◦ 올으문
외-(暗)	오인다 ◦ 오이더라 ◦ 오이구 ◦ 오예두 ◦ 오예서 ◦ 오이문 ◦ 오예라
울-(泣)	운:다 ◦ 울:더라 ◦ 울:구 ◦ 울어두 ◦ 울어서 ◦ 울:문 ◦ 울어라
웃-(笑)	운는다 ◦ 욷떠라 ◦ 욱꾸 ◦ 웃어두 ◦ 웃어서 ◦ 웃우문 ◦ 웃어라
-이-(繫辭)	책이다 ◦ 책이더라 ◦ 책이구 ◦ 책이래두 ◦ 책이여서 ◦ 책이문
이-(葺)	닌는다 ◦ 니터라 ◦ 니쿠 ◦ 네:두 ◦ 네:서 ◦ 니:믄 ◦ 네:라
이-(載)	인:다 ◦ 이:더라 ◦ 이:구 ◦ 예:두 ◦ 예:서 ◦ 이:문 ◦ 예:라
이기-(勝)	이긴다 ◦ 이기더라 ◦ 이기구 ◦ 이게두 ◦ 이게서 ◦ 이기문 ◦ 이게라
익-(熟)	닝는다 ◦ 닉떠라 ◦ 닉꾸 ◦ 닉어두 ◦ 닉어서 ◦ 닉으문 ◦ 닉어야
일-(淘)	인:다 ◦ 일:더라 ◦ 일:구 ◦ 일어두 ◦ 일어서 ◦ 일으문 ◦ 일어라
일으키-(起)	닐킨다 ◦ 닐키더라 ◦ 닐키구 ◦ 닐키워서 ◦ 니리키문 ◦ 니리키워라
읽-(讀)	니른다 ◦ 닐떠라 ◦ 닐꾸 ◦ 닐어두 ◦ 닐어서 ◦ 닐으문
잃-(失)	힐른다 ◦ 힐터라 ◦ 힐쿠 ◦ 힐어두 ◦ 힐어서 ◦ 힐으문 ◦ 힐어라
입-(衣)	임는다 ◦ 입떠라 ◦ 익꾸 ◦ 입어두 ◦ 입어서 ◦ 입우문 ◦ 입어라
입히-(衣)	이핀다 ◦ 이피더라 ◦ 이피구 ◦ 이페두 ◦ 이페서 ◦ 이피문 ◦ 이페라
잇-(續)	닌는다 ◦ 니터라 ◦ 니쿠 ◦ 네:두 ◦ 네:서 ◦ 니:문 ◦ 네:라
있-(有)	읻따 ◦ 읻떠라 ◦ 읻꾸 ◦ 있어두 ◦ 있어서 ◦ 있으문
자-(宿)	잔다 ◦ 자더라 ◦ 자구 ◦ 자두 ◦ 자서 ◦ 자문 ◦ 자라
자빠지-(倒)	자빠딘다 ◦ 자빠디더라 ◦ 자빠디구 ◦ 자빠데두 ◦ 자빠데서 ◦ 자빠디문 ◦ 자빠데라
잠그-(閉)	장근다 ◦ 장그더라 ◦ 장그구 ◦ 장가두 ◦ 장가서 ◦ 장그문 ◦ 장가라
잡-(抱)	잠는다 ◦ 잡떠라 ◦ 작꾸 ◦ 잡아두 ◦ 잡아서 ◦ 잡우문 ◦ 잡아라
잣-(紡)	잔는다 ◦ 잗떠라 ◦ 작꾸 ◦ 자:두 ◦ 자:서 ◦ 자:문 ◦ 자:라

저리-(痛)	제린다 ◦ 제리더라 ◦ 제리구 ◦ 제레두 ◦ 제레서 ◦ 제리문
절이-(鹽)	절쿤다 ◦ 절쿠더라 ◦ 절쿠구 ◦ 절궈두 ◦ 절궈서 ◦ 절쿠문 ◦ 절궈라
젊-(少)	점따 ◦ 점떠라 ◦ 점꾸 ◦ 절머두 ◦ 절머서 ◦ 절무문 ◦ 젊었다
젓-(漕)	전:는다 ◦ 전:떠라 ◦ 적:꾸 ◦ 저:두 ◦ 저:서 ◦ 저:문 ◦ 저:라
젖-(潤)	전는다 ◦ 전떠라 ◦ 적꾸 ◦ 젖어두 ◦ 젖어서 ◦ 젖으문 ◦ 젖었다
조르-(縮)	쪼리다 ◦ 쪼리더라 ◦ 쪼리구 ◦ 쪼레두 ◦ 쪼레서 ◦ 쪼리문 ◦ 쪼레라
졸-(睡)	존:다 ◦ 졸:더라 ◦ 졸:구 ◦ 졸아두 ◦ 졸아서 ◦ 졸:문 ◦ 졸아라
좁-(俠)	좁다 ◦ 좁떠라 ◦ 족꾸 ◦ 좁아두 ◦ 좁아서 ◦ 좁우문
좋-(好)	도:타 ◦ 도:터라 ◦ 도:쿠 ◦ 도와서 ◦ 도와두 ◦ 도우믄
죄-(締)	조인다 ◦ 조이더라 ◦ 조이구 ◦ 조예두 ◦ 조여서 ◦ 조이문 ◦ 조에라
주-(授)	준다 ◦ 주더라 ◦ 주구 ◦ 줘:두 ◦ 줘:서 ◦ 주문 ◦ 줘:라
죽-(死)	중는다 ◦ 죽떠라 ◦ 죽꾸 ◦ 죽어두 ◦ 죽어서 ◦ 죽우문 ◦ 죽어라
줄-(縮)	준:다 ◦ 줄:더라 ◦ 줄:구 ◦ 줄어두 ◦ 줄어서 ◦ 줄:문
줍-(拾)	준는다 ◦ 준떠라 ◦ 죽꾸 ◦ 주워두 ◦ 주워서 ◦ 주:문 ◦ 주워라
쥐-(握)	쥔:다[ʧü:nda] ◦ 쥐:더라 ◦ 쥐:구 ◦ 줴:두 ◦ 줴:서 ◦ 쥐:문 ◦ 줴:라
지-(負)	진다 ◦ 지더라 ◦ 지구 ◦ 제:두 ◦ 제:서 ◦ 지문 ◦ 제:라
질-(泥)	질다 ◦ 질더라 ◦ 질구 ◦ 질어두 ◦ 질어서 ◦ 질문
짓-(造)	진는다 ◦ 짇떠라 ◦ 직꾸 ◦ 제:두 ◦ 제:서 ◦ 지:문 ◦ 제:라
짖-(哭)	진는다 ◦ 짇떠라 ◦ 직꾸 ◦ 짖어두 ◦ 짖어서 ◦ 짖으문 ◦ 짖어라
짜-(鹽)	짜다 ◦ 짜더라 ◦ 짜구 ◦ 짜두 ◦ 짜서 ◦ 짜문
짧-(短)	딸따 ◦ 딸떠라 ◦ 딸꾸 ◦ 딸과두 ◦ 딸과서 ◦ 딸구문
쪼-(啄)	쫀는다 ◦ 쫃떠라 ◦ 쪽꾸 ◦ 쫘:두 ◦ 쫘:서 ◦ 쪼문 ◦ 쫘:라
쪼-(啄)	쫀다 ◦ 쪼더라 ◦ 쪼구 ◦ 좌:두 ◦ 쫘:서 ◦ 쪼:문 ◦ 쫘:라
쪼개-(割)	쪼갠다 ◦ 쪼개더라 ◦ 쪼개구 ◦ 쪼개두 ◦ 쪼개서 ◦ 쪼개문 ◦ 쪼개라
쫓-(追)	쫀는다 ◦ 쫃떠라 ◦ 쪽꾸 ◦ 쫓아두 ◦ 쫓아서 ◦ 쫓으문 ◦ 쫓아라
쬐-(照)	쨴:다 ◦ 쨔:더라 ◦ 쨔:구 ◦ 쨔:두 ◦ 쨔:서 ◦ 쨔:문 ◦ 쨔:라
찌-(蒸)	띤다 ◦ 띠더라 ◦ 띠구 ◦ 떼:두 ◦ 떼:서 ◦ 떼:문 ◦ 떼:라
찧-(搗)	띤는다 ◦ 띠터라 ◦ 띠쿠 ◦ 떼:두 ◦ 떼:서 ◦ 띠:문 ◦ 떼:라

차-(冷)	차다 ◦ 차더라 ◦ 차구 ◦ 차두 ◦ 차서 ◦ 차문
차-(滿)	찬다 ◦ 차더라 ◦ 차구 ◦ 차두 ◦ 차서 ◦ 차문
차-(蹴)	찬다 ◦ 차더라 ◦ 차구 ◦ 차서 ◦ 차두 ◦ 차문 ◦ 차라
차리-(備)	채린다 ◦ 채리더라 ◦ 채리구 ◦ 채레두 ◦ 채레서 ◦ 채리문 ◦ 채레라
추-(舞)	춘다 ◦ 추더라 ◦ 추구 ◦ 춰:두 ◦ 춰:서 ◦ 춰:라
춥-(寒)	춥다 ◦ 춥떠라 ◦ 축꾸 ◦ 추워두 ◦ 추워서 ◦ 추우문
치-(試)	츤다 ◦ 츠더라 ◦ 츠구 ◦ 처두 ◦ 처서 ◦ 츠문 ◦ 처라
치-(打)	틴다 ◦ 티더라 ◦ 티구 ◦ 테:두 ◦ 테:서 ◦ 티문 ◦ 테:라
치우-(除)	치운다 ◦ 치우더라 ◦ 치우구 ◦ 치워두 ◦ 치워서 ◦ 치우문 ◦ 치워라
켜-(引)	친다 ◦ 치더라 ◦ 치구 ◦ 체:두 ◦ 체:서 ◦ 치문
켜-(点)	헨다 ◦ 헤더라 ◦ 헤구 ◦ 헤두 ◦ 헤서 ◦ 헤문 ◦ 헤라
크-(長)	큰다 ◦ 크더라 ◦ 크구 ◦ 커두 ◦ 커서 ◦ 크문 ◦ 커라
키우-(育)	키운다 ◦ 키우더라 ◦ 키우구 ◦ 키워두 ◦ 키워서 ◦ 키우문 ◦ 키워라
타-(乘)	탄다 ◦ 타더라 ◦ 타구 ◦ 타두 ◦ 타서 ◦ 타문 ◦ 타라
튀-(發)	뛴다 ◦ 뛰더라 ◦ 뛰구 ◦ 뛔:두 ◦ 뛔:서 ◦ 뛰문 ◦ 뛔:라
파랗-(碧)	팔아다 ◦ 팔아더라 ◦ 팔하구 ◦ 팔애두 ◦ 팔애서 ◦ 팔애문
팔-(賣)	판다 ◦ 팔더라 ◦ 팔구 ◦ 팔아두 ◦ 팔아서 ◦ 팔문 ◦ 팔아라
펴-(伸)	펜다 ◦ 페더라 ◦ 페구 ◦ 페두 ◦ 페서 ◦ 페문 ◦ 페라
푸-(汲)	푼다 ◦ 푸더라 ◦ 푸구 ◦ 퍼두 ◦ 퍼서 ◦ 푸문 ◦ 퍼라
푸르-(青)	펄아다 ◦ 팔아더라 ◦ 팔아구 ◦ 팔애두 ◦ 팔애서 ◦ 팔아문
피-(開)	퓐[pʰünda]다 ◦ 퓌더라 ◦ 퓌구 ◦ 풰:두 ◦ 풰:서 ◦ 퓌문
피우-(喫煙)	퓐다[pʰünda] ◦ 퓌더라 ◦ 퓌구 ◦ 풰:두 ◦ 풰:서 ◦ 퓌문 ◦ 풰:라
하-(爲)	한다 ◦ 하더라 ◦ 허구 ◦ 해:두 ◦ 해:서 ◦ 하문 ◦ 해:라
하얗-(白)	하야다 ◦ 하야구 ◦ 하야더라 ◦ 하얘두 ◦ 하얘서 ◦ 하야문
핥-(舐)	할른다 ◦ 할떠라 ◦ 할꾸 ◦ 할아두 ◦ 할아서 ◦ 할으문 ◦ 할아라
홀리-(誘)	홀린다 ◦ 홀리더라 ◦ 홀리구 ◦ 홀레두 ◦ 홀레서 ◦ 홀리문 ◦ 홀리더라
후비-(挑)	쒸신다[s'üsinda] ◦ 쒸시더라 ◦ 쒸시구 ◦ 쒸세두 ◦ 쒸세서 ◦ 쒸시문 ◦ 쒸세라

훑-(扱)	흘른다∘흘떠라∘흘꾸∘훑어두∘훑어서∘훑으문∘훑어라
훔치-(盜)	흠친다∘흠치더라∘흠치구∘흠체두∘흠체서∘흠치문∘흠체라
휘-(曲)	휜:다[hü:nda]∘휘:더라∘휘:구∘훼:두∘훼:서∘휘:문∘훼:라
흐르-(流)	흘른다∘흐르더라∘흘르구∘흘러두∘흘러서∘흘르문
흩-(散)	헤틴다∘헤티더라∘헤티구∘헤테두∘헤테서∘헤티문∘헤테라
희-(白)	히다∘히더라∘히구∘헤:두∘헤:서∘히문

한성우
서울대학교 국어국문학과 졸업, 문학사(1994)
서울대학교 국어국문학과 문학석사(1996)
서울대학교 국어국문학과 문학박사(2003)
현재 가톨릭대학교 교양교육원 교수

평안북도 의주방언의 음운론

초판 1쇄 인쇄 • 2006년 4월 25일
초판 1쇄 발행 • 2006년 5월 1일
지은이 • 한 성 우
펴낸이 • 박 성 복
펴낸곳 • 도서출판 月印
서울특별시 강북구 수유2동 252-9
등록 • 제6-0364호 / **등록일** • 1998년 5월 4일
대표전화 • (02) 912-5000 / **팩스** • (02) 900-5036
http://www.worin.net

ISBN 89-8477-320-4 93710

값 11,000원